实用生鲜运营指导

朱珍 主编

吉林人民出版社

图书在版编目（CIP）数据

实用生鲜运营指导 / 朱珍主编. -- 长春 ： 吉林人
民出版社, 2023. 1（2024. 8 重印）
ISBN 978-7-206-19772-7

Ⅰ. ①实… Ⅱ. ①朱… Ⅲ. ①农产品－商业企业管理
－运营管理－研究－中国 Ⅳ. ①F724.72

中国国家版本馆 CIP 数据核字（2023）第 014217 号

实用生鲜运营指导
SHIYONG SHENGXIAN YUNYING ZHIDAO

主　　编：朱　珍
责任编辑：孙　一　　　　　　　　　封面设计：张会丽
出版发行：吉林人民出版社（长春市人民大街 7548 号　邮政编码：130022）
印　　刷：三河市悦鑫印务有限公司
开　　本：787mm×1092mm　　　　　1/16
印　　张：16　　　　　　　　　字　　数：358 千字
标准书号：ISBN 978-7-206-19772-7
版　　次：2023 年 1 月第 1 版　　　印　　次：2024 年 8 月第 2 次印刷
定　　价：79.00 元

如发现印装质量问题，影响阅读，请与出版社联系调换。

感谢你加入生鲜事业，无论你此刻是一位生鲜经营者、从业者，或是正准备走上生鲜创业、从业之路，这本书都可以给你提供有价值的参考。

这不是夸大运营手册的价值，正是我们从中收获了价值，并用实例证明生鲜从业者运用这套工具可以快速产生更多的价值。

希望未来我们对你的服务不仅局限在运营手册的文字资料，更能与你共同推进生鲜行业更好地发展，能够彼此成就。

一、这是一本什么书

这本书，是迄今为止，我们关于生鲜运营管理的全部心法和方法。

二、这本书是干什么的

为生鲜从业者赋能。

三、为生鲜从业者赋能是什么意思

当你运用了书中心法和方法却不再需要书中的内容时，你迭代了更适合自己的运营宝典，具备以下多种能力的时候，你就真正成为生鲜运营专家：

（1）你能以 3 个月的时间组建一个新的生鲜运营团队；

（2）你可以定义团队的工作目标，并在约定的时间内完成它；

（3）如果运营中碰到问题，可以快速地找到问题的本质，并解决它。

四、避免几个误解

不要认为手册是个姿态，很多工作中的难题，都能在这里找到应对策略。

不要忘记当面沟通的重要性，我们已经竭尽全力，把能表达的一切都写在了手册里。但还有大量的信息，需要你和我们一起共同去推进。

不要期待一成不变。书中所有的说法都会有升级的空间，我们也会竭尽全力去更新迭代。

五、生鲜商学院能做什么

1. 生鲜商学院是什么

什么是生鲜商学院？下列一些说法，总有一款适合你：

（1）生鲜商学院要为生鲜行业培养专业人才；

（2）生鲜商学院是生鲜从业者高效学习并可实操的研学基地；

（3）生鲜商学院是生鲜从业者资源链接的俱乐部；

（4）生鲜商学院是用专业的行业知识为从业者赋能；

（5）生鲜商学院的任何产品都是帮助从业者利润最大化。

2. 生鲜商学院的产品有哪些板块

（1）生鲜运营手册；

（2）线上生鲜运营培训课程；

（3）线下生鲜实操培训课程；

（4）生鲜职业经理人输出；

（5）生鲜行业企业管理咨询。

我们对生鲜商学院好产品的定义是：

（1）具有从用户真实需求出发的服务姿态，做出让用户行之有效的可落地工具；

（2）具有生鲜行业资源链接可形成长期互动关系的价值影响力。

我们的产品研发者准入标准是：

（1）具有长期从事生鲜行业经营管理基础，并取得优异成绩的业内专家；

（2）具有认真投入产品研发，同时能够兼顾运营管理和教育培训的专家；

（3）对生鲜行业的理解及深度认知，有洞察行业未来的智慧。

3. 生鲜商学院的用户画像

我们服务的用户是"对自身有高标准要求的生鲜从业者"，无论是"生鲜创业者""生鲜职业经理人""生鲜高级管理者"还是"生鲜骨干"或者是"生鲜小白"，他们把学习当作提升自身存在度和竞争力的基本手段。在这个时代，不能持续获取知识增量的能力的人，实际上已经无法生存更别说做大做强。

4. 以深耕行业 20 年实战经验并利用技术、数据驱动行业更快发展

（1）武汉恒康捷餐饮管理有限公司简介：

武汉恒康捷餐饮集团位于风景优美、经济发达、交通便利的国家级武汉临空港经济开发区，公司成立于 2007 年 7 月，注册资金人民币 5000 万元，是一家集净菜、农产品加工配送；机关、学校食堂托管承包及中央厨房食品生产、电子商务等于一体的集团化运营企业。为省内及周边客户提供"一站式"的健康膳食系统解决方案。

品质提升，硬件先行。2016 年公司投入近亿元，打造了恒康捷食品科技园，兴建了华中地区最先进的"一体化"中央厨房，占地面积万余平方米，并配备近千平方米的大型冷冻库、保鲜库和原料库。拥有生鲜配送车 60 余辆、食品冷藏配送车 10 余辆，为广大客户提供了安全、快捷的供给保障。集团拥有自营农业生态园 500 余亩，并与周边农业种植合作社签约了数千亩蔬菜种植和水产养殖基地，从源头为客户把控了食材的安全关，真正做到了从田间到餐桌的供应链模式。

诚信经营，誉满华中。恒康捷始终秉承"以一流品质获得市场信任，以优质服务赢得客户满意，以持续创新谋求企业发展，以卓越管理树立企业品牌"的经营理念，近年来连续获得"全国团餐百强企业""全国绿色食品示范基地""湖北省餐饮和配送质量 20 强""湖北省餐饮服务安全示范企业""武汉市重合同守信用单位""武汉市食品卫生等级 A 级单位"等荣誉称号，属于武汉市"菜篮子工程"的核心成员，第七届世界军人运动会指定供应商，新冠疫情期间政府指定保供企业。

企业发展的同时注重人才梯队的建设与培养，不断引进行业内的高、精、尖级管理人才和大师级团队，现有员工800余人，服务团餐客户200余家，2019年营业额突破2亿元人民币。不忘初心，砥砺前行，造就了"恒康捷"的品牌形象和影响力；展望未来，我们将与合作伙伴携手前行，进一步强化"产、供、服"能力，满足市场标准化、品质化、多元化的服务要求，立志成为一家"安全、健康、营养、快捷"的业界明星餐饮集团公司。

（2）江西菜东家农业发展有限公司简介：

菜东家农业集团成立于2016年，是一家农产品交易大数据公司，总部位于南昌，是省级电子商务示范企业，省级服务业龙头企业，市级农业产业化龙头企业，全资子公司黑蚂蚁信息技术公司为国家级高新技术企业。

集团长期致力于为传统生鲜从业者提供电商化整体解决方案的技术研究与推广应用，结合互联网大数据和云计算等技术，通过"两端一链一平台"（基地端、消费端、农产品供应链、农产品大数据应用平台）建设，全面打通农产品"产采仓配销"信息流。以平台提供交易信息、物流、质量安全溯源等为核心，构建基于农产品进销存+供应链管理+第三方电子支付+物流配送+仓储服务等相关的整合应用平台。

目前，在全国300多个城市拥有1家生鲜商学院、5家分公司、50多家城市合伙人、300多家业务合作伙伴，将逐步"全域布点，以点联线，以线织面，以面成体"，打造菜东家农产品"产供销"生态体系。利用农产品全产业链交易大数据分析，提升现有农批体系的流通、交易、仓储等信息的可视化管理，通过对海量多样化交易数据进行分析，助推农业产业振兴，最终实现汇通天下菜的企业愿景！

目录

第 1 章　生鲜运营商业篇——公司与外部的关系 ················· 1

　1.1　打造属于企业的护城河 ···················· 1

　1.2　生鲜创业者可别在注册公司上走弯路 ············ 6

　1.3　客户定位 ···························· 9

　1.4　客户都在哪里，怎样精准地找到他们 ··········· 11

　1.5　满足团餐客户需求 ····················· 14

　1.6　如何与客户达成合作 ··················· 15

　1.7　如何赢得客户的认可——打造个人与公司品牌 ······ 18

　1.8　参加招投标 ························· 19

　1.9　产品定位 ························· 26

　1.10　价格定位 ························ 27

　1.11　如何让国家政策支持项目发展 ············· 31

第 2 章　生鲜运营管理篇——公司与内部的关系 ·············· 38

　2.1　核心团队筹建 ······················· 38

　2.2　如何制定公司的使命、愿景、价值观 ··········· 57

　2.3　生鲜产品属性知识 ···················· 60

　2.4　食品安全管理 ······················ 89

　2.5　食品安全品控管理 ···················· 93

　2.6　食材质量保障措施 ···················· 95

　2.7　从业人员健康管理制度 ················· 95

　2.8　食品安全之底线篇 ···················· 96

　2.9　食品安全之金线篇 ···················· 96

　2.10　应急措施 ························ 97

　2.11　不合格食品退换货方案 ················ 103

　2.12　对账核单技巧详解 ·················· 104

　2.13　进销项发票知识详解 ················· 106

　2.14　收付款注意事项 ··················· 109

　2.15　企业应收账款催收文件及注意事项 ········· 113

2.16 管理者的仪表盘数据思维 ……………………………………… 115

第 3 章 生鲜运营员工篇——员工能力提升技巧 ……………………… 120

3.1 如何选人——工作中的重中之重 ……………………… 120
3.2 如何育人——标准流程制定 …………………………… 124
3.3 提升员工的领导力 ……………………………………… 143
3.4 如何用人——人员岗位安排 …………………………… 145
3.5 如何留人——点燃员工热情 …………………………… 147
3.6 运营组织架构设立 ……………………………………… 150
3.7 运营薪酬设计 …………………………………………… 153
3.8 绩效考核管理 …………………………………………… 160
3.9 团队调休制度 …………………………………………… 166
3.10 岗位沟通协调机制 …………………………………… 167
3.11 配送中心基础岗位工作流程图 ……………………… 169
3.12 运营安全管理 ………………………………………… 177
3.13 运营卫生管理 ………………………………………… 179

第 4 章 生鲜运营工具篇 ………………………………………… 184

4.1 场地选址技巧 …………………………………………… 184
4.2 场地设计技巧 …………………………………………… 188
4.3 企业 VI 设计 …………………………………………… 195
4.4 生鲜运营中心员工手册 ………………………………… 196
4.5 分拣中心物品清单 ……………………………………… 197
4.6 生鲜 ERP 管理软件 …………………………………… 200
4.7 生鲜运营工作制度 ……………………………………… 205
4.8 生鲜运营中心管理表格 ………………………………… 209
4.9 岗位说明书 ……………………………………………… 221

第 5 章 生鲜企业风险篇——经营风险及未来发展 ……………… 226

5.1 生鲜企业经营的各类风险 ……………………………… 226
5.2 生鲜企业经营的生命周期 ……………………………… 238
5.3 生鲜企业的未来方向 …………………………………… 242

后记：鲜活的生鲜人 ……………………………………………… 246

第1章 生鲜运营商业篇——公司与外部的关系

作为一名服务过很多生鲜企业的操盘手，经常遇到很多的问题，其中最多的一类就是："我想从事生鲜行业，我这个外行能做吗？值得做吗？能赚钱吗？多长时间能收回成本？"另一类问题："生鲜行业我做了这么多年，业绩不死不活，还有增长的空间吗？我这个配送中心营业额很大就是没利润甚至还亏本，还能有救吗？"

不管是生鲜创业者口中的"能做吗"，还是待提升的生鲜经营者"还能活吗"，这些问题全提错了。

正确的问法是"在这个亿万市场的生鲜行业中，怎么样做才会有我的一席之地？"

这个行业不会关心你的死活，大量的资本涌入，科技的高速迭代，只会让生鲜从业者进入行业的门槛越来越高。且必须关心商业的方向，跟生鲜行业紧密相关的国家政策导向、行业动态、竞争对手的优势，让自己不被淘汰才能有生的机会。

无论你是生鲜创业者、生鲜管理者，还是已经颇具规模的生鲜企业家，或者是一个生鲜行业最普通的从业者，我们都要看透当下生鲜行业的商业环境，了解生鲜行业的未来趋势。把生鲜行业从业者日夜颠倒，365天无节假日，日复一日的辛勤付出用对用好，让每一分努力都收获财富。

1.1 打造属于企业的护城河

护城河就是别人攻不破的壁垒，是企业的战略优势。股神巴菲特把护城河总结为四类：

第一类：无形资产，包括许可和品牌；

第二类：成本优势，包括规模和管理；

第三类：网络效应，包括用户和生态；

第四类：迁移成本，包括习惯和资产。

本章节的篇幅我们主要针对以上四大类进行阐述，教授我们如何打造属于自己，生鲜行业的企业护城河。

1.1.1 无形资产——许可

什么是许可？就是我能做，但你不能做的事情。大家都知道做金融、经营加油站、做电力利润非常可观，但是我们能随随便便地去开一家公司做金融、开加油站或去发电吗？结果当然是不可以，因为这些行业需要准入许可。而这些许可正是这些行业赚钱的最大利器。

那你说不就一个做生鲜的吗，哪能跟这些行业比？

虽不能同这些行业比肩，但生鲜行业的体量同样不可小觑，随着人民群众生活水平的提高，生鲜经营者门槛也会水涨船高，如何去取得对企业经营更有利的许可也将越来越重要。

（1）×××政府"菜篮子工程"核心成员；

（2）××届世界军人运动会"指定供餐单位"；

（3）×××学校团餐指定供货商；

（4）×××军区合作供应商；

（5）×××单位指定供应商；

（6）×××品牌区域总代理；

（7）危害分析与关键控制点（HACCP）体系认证；

（8）质量管理体系认证；

（9）食品安全管理体系认证；

（10）其他。

类似以上的行政许可、商业特许经营许可以及各种认证、资质等，都是为了把对手排除在利润区外，减少竞争。

1.1.2 无形资产——品牌

我在云南本地种的橙子与"褚橙"一模一样，还比它们便宜。一样的产品、一样的土地、一样的甜度，褚橙赚了那么多的钱，太不公平？

某某大品牌的大米在同等质量下贵那么多为什么销量还这么大？

大品牌，是不是应该比同品质的创业者多赚钱呢？

对于诸如此类的问题，都有一个统一且扎心的答案：应该多赚钱。

想创造利润就必须产生交易，产生交易就会有价值成本，生活中对于众多商品的选择都会有如下考虑，例如时间成本、退换货成本以及使用产品时的荣誉感、大品牌的价值等等。大品牌的选择直接降低了消费者在无数小品牌挑选中的"比较成本"，节省了更多时间，同样在品质保障、售后服务方面则有着更多保障，如遇到问题则能更好地妥善解决。

所以请记住：大品牌就该多赚钱。对于我们生鲜行业企业而言，要做的不是嫉妒不是仇富，而是撸起袖子拿起铁锹，默默地修筑自己品牌的护城河。

品牌的影响力不是一天铸造的，需要长期的经营和维护。让我们努力从三个角度来修筑自己品牌的护城河。

（1）了解：打开企业的知名度，用钱或是用更多精力来修筑。

现在的品牌推广不同于之前狠砸电视广告或请明星代言就可以一夜爆红，在互联网私域流量称王的时代，用网络传播的力量增加品牌曝光度，比如抖音、快手、视频号等。做好前期基础工作的铺垫，一旦爆发，流量将是你源源不断的财富。

（2）信任：就是愿无偿为企业传播的美誉度，需要用时间来修筑。

例如在武汉市场，因为长期的耕耘与付出，"恒康捷"品牌影响力一直源源不断地在扩大，同样品牌的维护也是因为消费者的不断监督、督促、建议，企业自身也通过反馈、修改来赢得客户的口碑。消费者随着时间的积累，才会选择无条件地信任，而又因为信任产生更多的传播，说到底金杯银杯不如老百姓的口碑。

（3）偏好：就是客户对企业的忠诚度，需要用感情来修筑。

在合作过程中，通常是喜欢合作了 10 年的供应商，还是突然更换的？先撇开沟通问题不谈，就单纯感情上也未必说得过去。只要在对客户的服务过程中，产品符合客户的要求，同时又服务认真仔细，相信没客户愿意突然更换供应商，这种基于感情偏好的品牌价值喜好，需要重视且要长期维护。

可口可乐之父伍德鲁夫曾自豪地说："即使一夜之间在世界各地的可口可乐工厂都化为灰烬，我也完全可以凭可口可乐这块牌子从银行获取贷款，东山再起！"想想看品牌是多么巨大的无形资产。

1.1.3 成本优势——规模

在企业经营管理中，基本的成本公式：

$$成本=（固定成本/销售规模）+变动成本$$

现在要修筑企业的成本护城河，降低成本，要怎么操作？根据上面的公式，可以通过降低固定成本、降低变动成本或增加销售规模来实现。

例如"恒康捷"就采用了增加销售规模来修筑自己的成本护城河，用上亿元的投资证明了规模在行业的影响力。

那为何没有选取降低固定成本和变动成本，当然这个成本也是需要降低的，只是这两项成本的降低都有下限，降到一定程度就再无下降的空间。首先拿固定成本来说，降低生产线的投入、降低人工成本都会影响交货效率及服务满意度的下降。其次降低变动成本，比如降低菜品原材料的采购价，超过供货商的承担极限势必会影响菜品品质。最后规模的提升却没有天花板，只要你看准了且有把握的业务，就可以用压倒式的方式直接升级规模，把竞争对手吓退在护城河之外。

1.1.4 成本优势——管理

我们时刻要谨记，在经营企业中，在生鲜运营中"精细化管理是永远的护城河"。

每一个公司的成立，对创业者来说都是满怀壮志雄心，对未来前景的美好想象也会让自己觉得成功志在必得，但企业经营容不得半点马虎，作为企业的老板及经营者，真的需要扪心自问做过管理吗？认认真真学过管理吗？给你一个团队，是准备照着书养还是把团队当猪养？当然这句话可以当笑话开心一笑，但当厂房要付租金，货款需要支付，还有团队每日开支，这些付款场景都不会跟你开一次玩笑。

通常企业的老大最喜欢去关注战略、行业以及如何把我们的竞争对手给干掉。当然这些关注点都无可厚非，可为何一碰到具体的管理问题就头痛心烦呢？心里总想手下这些团队骨干为何不能聪明伶俐一些。

员工越招越多，效率越来越慢，如何用 10 个人把现在 15 个人的活给干了？

居高不下的菜品损耗，到底出在哪个环节，怎么从 15 个点的毛利润，提高到 20 点以上？

分拣时不停搬运的动作、时间及人工的浪费，怎么去优化流程，从 5 个小时的分拣时间减少到 4 个小时，人工搬运次数从 4 次减到 2 次？

财务收款的时间从 50 天，怎么提前到 40 天？付款的时间从 40 天延长至 50 天，来减轻资金压力？

员工又要加薪，怎么提高员工的个人贡献度，怎么做绩效考核？

以上这些通通都是生鲜行业常见的管理问题。

战略是恢宏的决策，管理是每日的功课。因为默默无闻，所以总被人忽视。

这本手册我们会带你做如何设置工作岗位，让 10 个人拿 13 个人的工资却做 15 个人的事，让员工最大化发挥他的价值。生鲜损耗居高不下，我们会给你工具从采购损耗、仓库损耗、分拣损耗、配送损耗、退换货损耗甚至客服岗位的间接损耗等等层层剥开损耗的本质，快速堵住漏洞。

我们会指引你在设计场地时就充分考虑到菜品流动的线路，让员工不走冤枉路，最大化合理利用空间。

我们会从配送单梳理、账单核对、发票开具、上门催收等动作加速加款时间，会从供货商筛选、供货商合作协议、供货商管理等方法延长付款日期。

我们会给你员工考核标准、晋升制度、资励方案等一系列方法，让员工的效能最大化。

虽然以上知识体系并不都适合你企业现状，但总会给你提供启发和参考，打通你获得宝贵能量的渠道。

面对这么多遇见的问题，以及更多没遇见的问题，在这本运营手册里都将一一找到解决方案。你能做到，别人做不到，企业就在成本上拥有优势。管理所带来的成本降低，永远都是那条在短期内竞争对手不可逾越的护城河。

1.1.5 网络效应——用户

现在是一个互联网信息高度影响我们生活的时代，每个人都成为一个独立的媒体，我们不能小瞧某个政府单位食堂的洗菜阿姨，因为我们作为食材供应者，用户的体量与层次不仅大，更多的是千差万别。

在服务用户时更要站在用户的立场去思考，有投诉必有问题，无论是菜品本身还是售后服务或者其他未被满足的需求。让用户对我们的产品主动去传播、去发朋友圈、去发抖音，所散发出的正向及裂变的网络效应是具有强大生命力的。

我们可以利用下单商城、公众号、朋友圈好友、抖音好友等网络工具来批量服务我们的客户，建立属于自己的用户生态。

1.1.6 网络效应——生态

用户，是单边网络效应；生态，是多边网络效应。

都知道一个小吃街理论，如果一条街道只有零星的一两家小吃店，那他的生意火爆的可能性很小，但是如果一条街全是小吃，很有可能跃升为美食网红打卡地。

在这个网红打卡的网红小吃街，会出现很多人排队的店更多人排队，然后就越多人打卡定位，成为人气加码的正向飞轮，这就是多边网络效应。

作为经营的生鲜店、生鲜配送公司、生鲜加工厂，是不是也可以打造自己的生态。配送中心为生鲜超市赋能，生鲜超市就是生态；为学校配送，校园师生就是你的生态；为大型展会提供服务，展会的参展者都是你的生态。

坚持深耕，直到那个爆发点。因为一旦到了爆发点，用户和生态就会像拥有生命一样，自我成长。同样业务订单及利润就会源源不断而来，经营者的谈判筹码也会越来越多。

1.1.7　迁移成本——习惯

前面篇幅说的护城河：无形资产、成本优势、网络效应，都是阻挡竞争对手进来，而最后一个迁移成本，则是防止用户离开我们。

用户 365 天通过企业的 app 商城下单，用不到 2 分钟的时间完成了菜品选购，之后他可以自由支配自己的时间，这是不是习惯？

每天早上 8 点干净整洁且服务专业的配送车辆准时出现在客户的食堂门口，请您签收菜品，这是不是习惯？

企业的客服小姐姐，定期与客户沟通服务满意度，做用户回访调查以便更好地服务客户，这是不是习惯？

一天不来咋就空落落的呢？久而久之，客户会被一些习惯"锁"在某个禁闭的城池里，所以需要企业建立更多的"习惯锁"让客户很难逃离，筑好自己的护城河。

1.1.8　迁移成本——资产

开一家企业需要注册资金、需要建造或租赁厂房、需要增加设备，这些资产都很容易理解，因为没有办法在短时间之内迁移，就算迁移也需要成本。而另一种资产同样需要思考，如何让它们的迁移成本也一样价值不菲？

供应商资产、客户资产、数据资产、维护投入的感情资产等等。站在客户的角度来分析，筛选生鲜供货商需要大量的精力与时间，生鲜的价格要多方参考比对、生鲜的品质需要反复测试、生鲜的配送效率需要准时、生鲜的售后服务处理需要快、应急事件处理的反应能力等等，一旦磨合期通过更换供货商的可能性是极小的，因为沟通成本和试错成本已降至最低。

现在是一个数据被高效利用的社会，那我们恰恰可以利用这一点帮助我们的客户做生鲜数据分析，助力对方食堂管理。客户点菜的喜好与饮食的营养搭配是否相符，经过对方的许可，我们可以给出更健康的食谱供客户参考。

感情资产的建立平常要特别注重与客户的连接，除了业务上的服务，我们可以多关心客户的日常生活，与客户做朋友，多交流多沟通，通过长期维护，来形成客户的感情资产，提升对企业的忠诚度。

这章详说企业的护城河，是想让每一位生鲜从业者牢记，我们现在以及未来所做的每一个动作都在挖企业的护城河，布局越多，护城河也就越深。生鲜行业的未来注定辉煌璀璨，只有努力提升自己企业的竞争力，打造属于企业的护城河，筑好企业迎战盔甲，才能立于不败之地！

看到这里我想请你盘点一下，你的公司有护城河吗？如果有的话，你最深的那条护城河是什么？如果没有，你打算挖哪一条？让我们带着这个问题，打开生鲜运营之门，开启亿万市场的新航线！

1.2 生鲜创业者可别在注册公司上走弯路

1.2.1 注册

确定好成立公司的行业、性质，确定好几个合伙人，也就是股东有几个（如何做股权架构，后面会有详细讲解）。注册资本多少，注册在哪个地方园区？园区的税收优惠政策怎么样？后面办事是否便利？在确定公司"法定代表人"时，年龄是否合适，这些都要了解清楚。

众所周知，对于一个公司而言，公司法人是一个极其重要的职位，虽然凡具有完全民事行为能力的人依法都可以成为法人，但公司法人在财产、社会关系、社会地位等各个方面都有着不同的要求，年纪太大或太小后期都会影响你的银行开户、贷款及融资需求。

了解清楚这些后，该给公司起个名称了。一般正常情况：区域城市+字号+行业，主要是字号，在起名称时多想几个名称，建议多选几个跟我们所做的生鲜行业比较契合的。大多数常见的字都不容易过，尽量不要起3或4个词组在一起的字号，词越多越不容易过。作为生鲜行业创业者可以把"×××农业发展有限公司""×××餐饮管理有限公司""×××供应链管理有限公司""×××农产品公司"等作为起名的参考。在后期的政策扶持方面可以去争取农业局、商务局、供销社、发展改革委、工信委等部门的支持。

经营范围：在注册公司时很多朋友选经营范围的时候会犯难，这么多的范围要怎么选跟自己业务最匹配的呢，下面我就优选了几个例子供大家参考。

（1）江西菜东家农业发展有限公司经营范围包含：许可项目：食品生产，食品经营（销售散装食品），食品经营（销售预包装食品），食品互联网销售（销售预包装食品）（依法须经批准的项目，经相关部门批准后方可开展经营活动）。一般项目：新鲜蔬菜批发，新鲜蔬菜零售，蔬菜种植，水果种植，新鲜水果零售，新鲜水果批发，水产品批发，水产品零售，食用农产品批发，休闲观光活动，初级农产品收购，农副产品销售，国内贸易代理，销售代理，低温仓储（不含危险化学品等须许可审批的项目），普通货物仓储服务（不含危险化学品等须许可审批的项目），谷物销售，谷物种植，日用品销售，软件开发，互联网安全服务，粮油仓储服务。（除许可业务外，可自主依法经营法律法规非禁止或限制的项目）。

（2）南昌菜东家供应链管理有限公司经营范围包含：许可项目：城市配送运输服务（不含危险货物）（依法须经批准的项目，经相关部门批准后方可开展经营活动）。一般项目：初级农产品收购，非食用农产品初加工，低温仓储（不含危险化学品等须许可审批的项目），供应链管理服务，农副产品销售，农产品智能物流装备销售，日用品销售，厨具卫具及日用杂品批发，互联网销售（除销售需要许可的商品）。（除许可业务外，可自主依法经营法律法规非禁止或限制的项目）。

（3）南昌少东家农产品有限公司经营范围包含：一般项目：供应链管理服务，水果、蔬菜、米、面制品及食用油、肉、禽、蛋、奶及水产品、盐及调味品销售，城市配送服务，企业管理咨询服务，会议服务，国内贸易代理（除销售需要许可的商品）。（除许可业务外，可自主依法经营法律法规非禁止或限制的项目）

（4）武汉恒康捷餐饮管理有限公司经营范围包含：餐饮服务；餐饮管理；住宿服务；酒店管理、物业管理；保洁服务；食品配送及相关咨询；食品生产加工、销售；食品加工技术咨询；对餐饮业、旅游业的投资；园林绿化工程的设计与施工；农产品、水产品、酒店用品、预包装食品兼散装食品、出版物批发兼零售；道路货物运输；货运代理；日用百货、办公用品、劳保用品的批发兼零售。蔬菜、瓜果、农作物的种植及销售；水产养殖。（依法须经审批的项目，经相关部门审批后方可开展经营活动）

核名：名称想好后开始网上申请核名，材料就按照工商局要求准备。现在的核名都是网上申请办理，便捷的同时也增加了通加的难度，更需要我们多准备几个备选名称。

工商注册：名称核准通知书下来后，准备工商注册登记材料，签字，提交，等发营业执照。

1.2.2 印章

执照下来后根据有关规定，公司需要刻以下几种章：

（1）公章，通常公司对外发出的函件、文书、证明等法律文件都需要使用公司的公章；

（2）财务章，公司财务往来结算等有关事项都需要使用财务章；

（3）法人私章；

（4）合同章，主要针对对外签订合同时才会使用，在合同上加盖合同的专用章，公司就必须承担相应的法律责任；

（5）发票章；

（6）还有同行业都会用到的"发货专用章""农残检测合格专用章"等。

1.2.3 开户许可证

办理银行开户。自己选择一家比较优惠、办事方便的银行机构开户。公司账户开户及对公账户开户流程：

（1）提前预约银行客户经理或直接带相关材料前去；

（2）在客户经理的指引下签相关文件、盖章；

（3）银行会将相关资料报送央行，一般需要5个工作日，央行会下发开户许可证（以前有开户许可证，现在简化了基本是用A4纸打印的一张证明材料）；

（4）等待客户经理通知去取证、回单卡、U盾等；

（5）在客户经理的指引下进行账户存款等剩余操作；

（6）注：一般来说，在开户和取证中，法定代表人至少亲自到场一次；

（7）所需材料：营业执照正本、副本；公司章程；法定代表人身份证原件及复印件；合伙人或股东身份证复印件；经办人身份证原件及复印件；五章（公章、财务章、法人章、合同专用章、发票专用章）；当地银行要求提供的其他材料。

1.2.4 食品经营许可证

食品经营许可证办理流程：网上登记→提交材料→现场核查→食品药品监督管理局审查材料→打证发照。（准备材料如下）

（1）"食品经营许可证"申请书；

（2）营业执照扫描件；

（3）法人身份证及电话号码；

（4）店面租赁合同（原件上传）要明确详细地址；

（5）四个制度：食品进货查验记录制度/从业人员健康检查管理制度/突发食品安全事故紧急报告及处理制度/食品安全自检自查报告制度；

（6）经营场所店内外照各一张（4寸不需要过塑），经营场所内部平面图一份；

（7）房屋租赁协议一份（要明确详细地址）；

（8）从业人员健康管理（市级医院体检表）及身份证复印件（一般提供两个人，餐饮要多提供几个）；

（9）代理人应当提交授权委托书以及代理人的身份证扫描件。

1.2.5 税务登记证

纳税人到主管税务机关办税服务大厅领取并填写《税务登记表（适用单位纳税人）》1份（联合办证2份）和《房屋、土地、车船情况登记表》1份（联合办证须提供2份）。

纳税人应提供资料（见单位纳税人办理税务登记证须提供以下证件和资料）：

（1）营业执照副本复印件（基本开户信息）；

（2）开户许可证复印件（银行开户成功后提供）；

（3）公司章程复印件；

（4）法人身份证复印件，财务负责人身份证复印件，办税人身份证复印件；

（5）公章，发票章，法人章；

（6）委托书（盖公章和法人章）；

（7）首次办理需法人本人到场采集个人信息。

备注：所有资料盖公章。

纳税人办理业务的时限要求：从事生产、经营的纳税人应当自领取营业执照或者自有关部门批准设立之日起30日内，或者自纳税义务发生之日起30日内，到税务机关领取税务登记表，填写完整后提交税务机关，办理税务登记。

1.2.6 其他证件类

（1）健康证：各大医院体检均可办理健康证，只要接触食品人员都需要办理。

（2）食品安全责任险：平安、人寿、太平洋等各大保险公司都可办理。可以随公司业务增长逐步提高保额，建议承保不低于 200 万元，有利于公司招标。

（3）员工意外保险：所有员工都购买意外保险（员工离职可随时更换新员工名单）。

（4）社保/医保：一般情况只要入职就应当购买社保/医保，但需要根据公司实际情况来设定入职时间给员工购买社保。首次需要到社保局窗口登记公司，取得公司社保账号及密码，后续增减人员可直接到网上操作。

（5）食品安全管理体系、质量管理体系、职业健康安全管理体系、环境管理体系、AAA 信用体系、危害分析与关键控制点（HACCP）体系认证等的办理。

（6）商标注册：直接联系第三方办理。

1.3　客　户　定　位

谁是我们的客户，如何做客户精准定位。生鲜行业的客户业态非常广，我们要从中精准定位我们的客户在哪里。

1.3.1　生鲜电商 C 端的业务有你的未来吗

生鲜行业的体量与业态容纳广度是创业者选择进入这个行业的基础，更是有着无限商机的大未来。菜市场的摊位可以养活一家老小，社区的生鲜小超市也可以服务几百住户，但随着各大生鲜平台疯狂的补贴大战，生鲜电商对零售端业务的冲击越来越大，销售占比也逐步增大。或许下面的这一组数据更直接明了（此数据为 2021 年 5 月底生鲜平台调研数据）：

（1）十荟团日订单最高突破 1500 万单；

（2）兴盛优选目前在全国共有 50 万自提点，日均订单 1200 万单；

（3）美团优选的日订单量已经突破了 2000 万单，日均交易总额在 1 亿元左右；

（4）多多买菜日单量 1500 万单，日交易额为 1.65 亿元；

（5）橙心优选日单量突破 1000 万单，日交易额过亿；

（6）每日优鲜日均用户 50 万；

（7）叮咚买菜日均用户 140 万。

看到上面如此庞大的用户体量及交易额？你想到什么？是不是也有想做生鲜电商的冲动？在这个已成红海，甚至是火海的战场我们投进去的钱能看到浪花吗？可能连小气泡都没有。生鲜（零售）TOC 的市场那是资本的游戏，资本从来都有它的生财之道，现在用户流量的获取成本高达 500 元每人，就算 500 元的生鲜全免费只要能获取活跃用户一样有利可图，平台可以让用户去订电影票、去买吃的用的玩的、让用户买保险买理财，让用户一步步成为资本利益的最大贡献者。

作为用户能享受平台带给我们的便利和贴心服务这也是幸事一件，但是如果创业来做这个生意，建议大家看看口袋里的钱，可否能同上面的平台拼一拼，你能不能做到客户一棵大白菜的订单都要服务上门的成本？送到客户手里的肉变味了需要退货，只能报废赔款，这样的售后处理层出不穷，你能不能做好售后服务？

在 2020 年底，市场监管总局联合商务部召开规范生鲜社区团购秩序行政指导会，要求互联网平台企业严格遵守"九不得"。今年 3 月，市场监管总局对橙心优选、多多买菜、美团优选、十荟团、食享会 5 家社区团购不正当价格行为分别做出顶格罚款，并责令改正违法行为。

随着监管趋严，社区团购大范围的补贴暂停，一分钱秒杀商品活动均被下架。风口上的社区团购正经历急刹车，同时用户订单量的停滞导致资本对社区团购的兴趣也逐渐下降。据有关统计显示，2021 年 1—7 月，部分社区团购共获得 7 笔融资，其中 1—4 月的有 6 起，5 月之后的仅有 1 起，可见资本在生鲜社区团购赛道的投资变得更加谨慎。失去资本的助力，以及政策监管，补贴减弱，直接导致对于价格敏感的消费者，购买欲望降低，复购率也持续走低。因此，生鲜社区团购平台发展降速，大部分平台单量开始陷入停滞。资本变得谨慎，供应商不再疯狂，网格仓持续亏损，团长佣金率降低 50%以上，生鲜社区团购也必须开始寻求新的突破点。

1.3.2 生鲜 B 端业务让盈利触手可及

生鲜（零售）TOC 的业务就让资本去大展鸿图，生鲜（团餐）TOB 的业务是不是有我们的未来。B 端业务客单价高、购买频次稳定、配送地点固定、货款结算安全、售后服务方便处理等优势，正成为有资本、有人脉、有管理团队的各区域性大佬所青睐的投资或转型首选。

清晰的客户定位是我们少走弯路的最快捷径，这是恒康捷集团、菜东家集团走了无数弯路用血的教训换取的，请现在准备转战生鲜创业的伙伴们慎重地去考虑，想做 C 端市场那就等我们的 B 端业务利润可以支撑投入时再做打算。当下让我们一起开启万亿市场的生鲜赛道，从 B 端市场淘取自己生鲜行业的第一桶金。

生鲜食配行业 B 端客户梳理：

（1）政企机关单位食堂：人民政府、公安局、检察院、法院、税务局等；

（2）教育系统食堂：党校、大学、中学、小学、幼儿园、培训学校等；

（3）军队系统食堂：地方部队、武装部、消防救援队、武警等；

（4）监狱系统食堂：看守所、监狱、女子监狱等；

（5）央企国企食堂：供电公司、烟草公司、电信公司等；

（6）银行系统食堂：人民银行、工农建中、地方银行等；

（7）医疗系统食堂：人民医院、中心医院、地方医院等；

（8）各基建项目类食堂：中铁、中建、地方项目部等；

（9）上市公司或民营企业食堂：双胞胎、海螺水泥、富士康等；

（10）餐饮连锁、超市、各大餐饮公司、酒店、超市等。

1.4　客户都在哪里，怎样精准地找到他们

1.4.1　客户搜索

服务 B 端客户是我们初期阶段的业务定位，生鲜服务的半径有限让我们依所在区域 20 公里半径的范围（区域半径也会因地制宜）展开客户搜索。可以通过人脉法、列举法、筛选法、网络信息等方式找到我们的精准客户。

（1）人脉法。老板、股东、合伙人、高管等公司核心层人员逐层挖掘客户信息，并全部做详细记录。由核心层强度关联人脉往外扩展，每人写出 10 位以上客户资源，这也是公司创业初期最早的业务来源渠道。

（2）列举法。通过上一节的 B 端客户目录，进行系统梳理。例如教育类，列举当地所有你能想到的学校名称，或直接通过某部门拿到所有教育系统在册的名单及负责人联系电话等信息。

（3）筛选法。通过人脉资源收集客户信息、某主管部门机构一次性拿到名单等方式，再进行客户的精准筛选。可划分为 A 类、B 类、C 类或长期待跟进类客户。

（4）重点区域突破法。生鲜配送的特性是需求时间相对统一，如果客户分散配送成本会非常高，所以在同一区域只要拿下一个客户，必须想办法在同一区域拓展多个业务，以支撑运营成本。

（5）网络信息法。公共资源平台的招标信息、招标代理机构的信息等多方收集。

（6）增加曝光度法。可以尝试互联网和生鲜专业的知识领域开拓。互联网曝光，可以在知乎、抖音、公众号、微博、小红书等平台分享公司与业务相关的视频，吸引客户。生鲜专业知识领域可以通过参加分享会、讲座等方式获得客户。

在公司初创阶段用以上方式可以快速地找到客户，业务启动之后最快获取客户增长的就是口碑和转介绍，客户愿意同我们长期合作并转介绍一定是基于公司高水平的服务和对公司的信任。

1.4.2　客户的属性及特点

团餐业务的最大特点是流程和复杂。本节我们好好聊一下在生鲜行业中团餐业务你可能不知道的事。

（1）用每一笔钱都需要理由需要预算。想要赚企业、政府、学校、部队、医院等等生鲜食材配送或团餐服务的钱，就要知道这些单位是不是有这笔预算，是怎么使用这笔钱的。每一年，只要有团体用餐需求都会有一笔预算。这笔预算，可以用来直接采购成品工作餐、食堂托管服务、净菜加工、食材配送服务等等。要搞清楚这些单位每年预算的额度，之前的合作供货商什么时候到期，在合同到期之前就要做好详细的准备工作。理解这一点，做事就不会盲目。很多人做 TOB 的生意，会经常跑到甲方那里，说我们公司的服务有什么优势，列了一大串介绍了半天人家未必理你。其实真实情况是人家不是不愿意与你合作，

而是时间不合适或预算已经用完。所以，做 TO B 的生意，要知道企业会在什么地方花钱，预算放在哪里，才能在合适的时候，找到合适的人去拿下这个业务。

（2）决策流程长。团餐和个人的最本质区别，在于决策流程。团餐的决策流程太长了，长到几乎可以抹平一切的冲动，让所有冲动购买最终趋于平静。个人的消费决策，以"秒"计；团餐的消费决策，以"月"计，甚至以"年"计。

假如你要买一家人的菜，再贵再贵，大不了我这次就买一餐的用量。但是你要买 1000 人的食堂 365 天的菜，那可不是一点钱的事，一个大的食堂就是几百万，一个业务可能上千万。就算私交关系再好，再铁，再喜欢，再冲动，但是几百万上千万的金额，哪怕打碎牙咽到肚子里，也没办法迅速决策。审批、走流程、开会立项、招标投标、打分评分、交付服务，这当中每一步，都是马拉松式的谈判和斡旋。所以团餐的生意，不是靠产品和冲动消费来拿下客户，必须有销售，冲进去持续跟进。团餐业务，除了依靠我们的产品竞争力，更要依靠销售和服务，去磨，去耗，去说服。团餐的生意，是持久战，是消耗战，是堑壕战。

（3）面对的是一个复杂的系统。企业里面部门众多，沟通复杂，决策链条如何传递，是团餐生意必须知道的事情。同时也要思考一个问题：企业与你的合作，是怎么发生的？是像大多数人认为的，甲方提出需求乙方满足，这么简单吗？还是因为厨师长、后勤部经理、采购部经理、财务部经理、分管的老大等？所以，当你面对甲方的谈判人员时，你面对的不是一个人，而是背后一整套系统。很多人做不成团餐的生意，是无法与甲方达成共识，这个配送时间我做不到，这条要负责厨房打扫不符合我的原则，这不是我们的价值观凡此种种，那结果只有一个，不能合作了，于是一个好好的业务就这样草草结束。

也许更好的做法是说我其实可以做什么，为了促成我们的合作，能不能麻烦你把这个新的方案传递给你其他的同事，应该也能满足你们的需求。厨师长→后勤部经理→采购部经理→财务部经理→老大，一步一步向上推进，和你谈生意的人，只是系统中的一个环节，但是任何一个环节，都不能代表整个系统。

团餐的生意，管理的不是一个人，而是管理整个系统，清晰理解系统的存在，才能做好团餐的生意。

（4）找可以拍板的人沟通。理解了组织系统的存在就知道系统是一步一步向上管理，是自下而上的管理。因为没有任何一个人能够做出决定，所以需要一层一层向上汇报，这个过程漫长艰辛。甚至你有时会发现，和厨师长、采购部经理明明谈好的事情，突然反悔了。虽然你很懊恼，但同时你也要理解，因为有很大的可能，是在最后的阶段，老板介入了。只要老板不满意，要求下面的人再去谈判，财务部门去核算采购成本，当然也是身不由己。所以，如果有可能，一定要知道谁是那个说话最管用的人，谁是真正能拍板做决策的人，尽量直接和他去谈。总的来说自上而下的管理更加高效简单，做团餐的生意只要让老大接受认可你，再去分别找采购部、后勤部、厨师长等是不是就更容易促成合作？

（5）在同很多的人打交道。个人的生意，只要和消费者这一个脑袋打交道，但团餐的生意，要和系统里几十个甚至上百个脑袋打交道，每个脑袋都有自己的诉求和利益。每个脑袋之间，都在激烈地博弈，所以，为了实现一个团餐的生意，务必需要一张"作战地图"，运筹帷幄，精心谋划。作战地图上，可能会有这些信息：

1）企业的背景资料：规模、业务范围、经营状况、组织结构、部门之间如何分工等等；

2）和项目相关的人员资料（每天签单收菜的大姐、下单的厨师、负责管理的厨师长、管理食堂的行政、负责对账的文员、转款的出纳、审批的老大甚至是负责放行的门卫等等），每个人的工作、行程、生日、爱好，甚至家里养的是什么宠物；

3）每个部门和人员之间错综复杂的关系：谁是采购的？谁是付款的？谁是执行的？他们之间，是信赖，还是同盟？是竞争，还是斗争？他们对我，是支持，还是反对？是犹豫，还是中立？

总之这张"作战地图"，可能花花绿绿，密密麻麻，写满贴满了调研结果和谈判计划。但是这个调研结果越清晰，我们业务成功的概率就越大。

（6）理解财务、厨师长、后勤主管岗位的工作。做团餐的生意，你可能会非常"痛恨"这三种人：财务、厨师长、后勤主管。

因为他们总挑毛病也最会挑毛病，为了业务的促成我们不免花了很多时间，开了很多会，吃过多次饭，但是马上要签合同或者已经在试合作阶段了，却又提出来很多条件，这个条款不行，那个服务不对，那个价格不接受，又要重新报价重新找供货商。

这个时候别抱怨自己有多难，换位思考，他们也不容易，作为企业的底线，他们更应该坚守企业的准则。举个例子：今天送过去的 300 斤土豆，就是个头小了点但没有任何质量问题，可是厨师长说今天吃土豆丝太难切了不能用，要退货；送过去的大豆油因换了品牌没来得及提前备案拒收，现在补办备案也不行。诸如此类问题，再恼也没用，他们必须维护企业的食品安全，要对自己的工作负责。我们应该保持理解，同时提高自己的服务标准，遇见了解决了，才是我们面对业务难度对自己最大的交代和提升。

（7）合作的条款都体现在合同里。团餐的生意中，企业的变化实在太快太大，不是世风日下，人心不古。经常会有这样的情况：你和某家企业合作供应 2000 人工作餐的食材配送，前期和负责人聊得不错，谈得很好，双方也很快答应了对彼此的承诺，而且你的公司也为此投入了不小的成本，增加了配送人员、分拣人员、车辆等。但过了一段时间，这位负责人升迁了，调任了，来了一位新的领导，而这位新的领导，完全有新的思路，不认可之前的承诺要增加供货商，这肯定会大大降低你的利润。当你去拜访这位领导强调之前的合作承诺，很有可能会被直接否认或拒绝。人事的变动，厨师长的更换，采购部老大换人，甚至包括领导意志的转移，都是合作中难以预料的风险。

所以在和团餐企业合作的过程中，只有白纸黑字写在合同里的条款才是有效的，在合作之前或合作试用期过后，双方必须郑重地签一份合同，来确定合作意向。

（8）进入供应商名单。还有些企业，会建立供应商名单，企业想要采购产品或服务，只能和清单里的公司合作。企业会控制这份清单，对公司做以下审查：是否合法经营、能力如何、报价条件、服务客户有哪些等，在一系列严苛的调研之后，才允许你进入它的名单。这意思直截了当，所以想要和一些企业合作，事先最好弄清楚，合作的门槛是什么，怎样才能进入供应商名单，这样才能更好地达成合作。务必好好去了解你的目标团餐客户，有哪些是以这种方式筛选合作伙伴的。

（9）招投标方式。现在的政府部门、国企、银行系统、大型私企等采购合同超过一定数额往往都要进行招投标。参与招投标是检验一个公司实力强弱与管理水平好坏的利器，同时招投标流程是一个公司多部门高效配合的体现，鉴于篇幅问题，后面会有单独章节来详细叙述。

1.5　满足团餐客户需求

1.5.1　安全

（1）全程监控：从基地到分拣中心，从采购员到配送员全部配备高清摄像头；

（2）专业检测：按省级标准投资建设专业的农残检测室，并每天公布农残检测结果，如发现农残超标的菜品，不予配送；

（3）溯源系统：公司与所有的种植合作社及食品供应商签订供应合同，在公司全程溯源平台，直接扫码就可追溯产品的全过程，并可以找到所有责任人；

（4）安全保险：为客户购买一份 1000 万元的食品安全责任险，提高抗风险和特殊意外的处置能力。

1.5.2　实惠

（1）基地直供：大部分菜品都是由本地种植大户直接供应，去掉中间批发商的差价，形成价格优势；

（2）集采分销：配送中心模式就是把各单位的采购量集中起来，对供应商形成较强的议价能力，从而也产生采购优势；

（3）提供订制化专供产品：配送中心根据大数据分析，可专门向生产商订制市场同价位段的优质产品，例如食用油，为了保证油品的安全，公司可以×万元/个配方的保证金，购买专用配方以确保食用油是非转基因油；

（4）新鲜无损耗：配送中心提供的菜品都是通过分拣员仔细分拣包装后，统一配送至客户，基本上没有什么损耗；

（5）无缺斤少两：配送中心的称重都是连接了电脑系统的专用订制秤，绝对不会出现缺斤少两的情况；

（6）节省人工成本：由专职司机送菜上门，客户完全可以少聘请一名采购人员，即便是老板本人购买也节省了好多事，客户只要在家签收就行；

（7）政府补贴：配送中心所有的检测设备、冷库及配送车辆等可申请政府补贴，这样就不会对菜价造成影响。

1.5.3　方便快捷

（1）手机下单：配送中心都有属于自己的 app 下单系统，用户直接通过微信平台就可以全天候看到全部的菜品，菜价即时更新。

（2）品种齐全：app 下单平台上总共有菜品近千种，基本上涵盖了食堂，餐饮日常需要的所有品类。用户如有特殊菜品要求，可以直接在订菜平台用户留言区注明需求，公司客服会及时与用户沟通以解决用户需求。

（3）免费送货上门：配送中心可以根据用户的时间节点要求，准时按时段免费送货上门。

（4）支持补货：如用户临时需求增加菜品，配送中心须配置补菜采购员，随时待命补货。

（5）专业客服：配送中心配置专业的客服人员 24 小时待命服务，可以为用户提供专业的配菜方案。

（6）对账服务：提供标准配送单，精细化对账服务。

（7）专业发票：提供正规发票及账期服务。

1.6　如何与客户达成合作

TOB 客户销售成交相比 TOC，销售难度是直线上升的。其中最大的特点是销售金额大、决策链条长、专业性强。有人很形象地说，这就像打游戏，TOC 是打一关就有奖励，TOB 则是游戏通关才有奖励，其中任何一关出了问题，都得从头再来一遍。

很多情况都有可能遇到，例如前面谈得好好的，结果到了关键决策人，一句话就中止推进了；又例如所有业务部门的对接都很好，关键决策人也点头了，结果到了客户财务部门，说预算不够；当然还有最难的，客户的意愿、预算都到位了，突然半路杀出个程咬金，直接截获了你的大单，真的让人苦不堪言。

总之，作为业务的拓展者，我们必须知道怎么提前避坑、怎么应对突发情况、怎么让客户在众多竞争中让对方与我们合作，诸如此类我们都需要一些战略战术来逐一解惑。

1.6.1　如何破冰

例如加了客户微信，但发消息客户总也不回怎么办？

要注意发信息一定要简单明了，说目的，说场景，说效果。

联系前要有备而来。你跟客户沟通的每条信息，都应该是有所准备的，如直观的价格对比图，可以找 10 个常用的本公司菜品价格，逐一与农贸市场、超市、批发商的价格对比，同时将不再雇用采购人员可节约的成本，食品安全的风险转移、食材采购清单清晰易对账等数据进行呈现展示，直观地让客户感受到价格差异及预期收益。

打造朋友圈人设，以最不打扰客户的方式去影响他。朋友圈潜移默化宣传业务，促进成交。通常为陈述事实：借他人之口+引用第三方证据+事实细节+对客户的价值。

1.6.2　怎么最快找到关键决策人，让成交一锤定音

想要缩短 TOB 销售周期，关键在于你能不能找到整个链条里的那个"关键决策人"，找到销售链条里的利益攸关者，只要能找到他，确定他，交易难度就能从 TOB 降成 TOC。

其中有两个原则：

（1）能找到利益攸关者，就不找采购部；

（2）能找到老板，就不找采购部。

其实做业务的过程中不要害怕去找老板。总之，大家都知道，老板才是最高权力者，是最有话语权可以一锤定音的人，但通常大部分业务人员都不会直接去。事实上业务顾虑无非两种，要么觉得老板不会去管这个小事，食堂这种事情都是下面的人在管理，老板可不会花精力去管；要么就是不敢去找老板，觉得老板日理万机，位高权重都不会理陌生的业务销售。

事实上呢，很多时候并没有想得那么可怕，当有条件的时候一定直接联系老板，带上自己充分的准备，直面老板进行业务的洽谈。

老板的信息可以通过企查查或同行人脉介绍，以及所在公司的员工处取得。拜访之前需要提前做好相应功课，简单了解一下老板的职业背景、生平事迹、相关新闻等等，准备一些谈资和话题，可以方便更好地进行沟通。

1.6.3 怎么在品牌弱，公司小的情况下去争夺市场

作为一家生鲜配送公司的老板或业务人员，拿下一个客户的成就感，真的就像打了胜仗一样，尤其是面对一个食堂的业务量，面对百万业务订单，这种成就感是做 TOC 零售生意所没有办法体会的。当然无奈的是，很多事也不都在自己的控制范围之内，就像初创公司或小型的配送中心，在市场上没有大品牌的影响力，也没有很强的采购优势，这时候如果拿着低价去跟龙头企业血拼就会很吃亏。这种情况时常都会遇到，破解方法唯有主动创造差异化价值一条路可走。

生鲜行业的难点在于长期性的服务认可。不难发现，客户某些环节的服务要求，一些层次不高的供货商就是提供不了，除非这个配送公司有标准的流程并严格按照要求执行。所以在品牌弱公司小的情况下就只能深挖客户需求并提供满意的服务。

举一个提供差异化价值的例子：客户所需要的发票服务。

这项服务是最常见且与收款息息相关的日常工作，为什么有很多的供货商做不到让客户满意呢？原因有多种：

（1）发票的额度不够。小规模纳税人每年最多只能开到 500 万元销售额的发票，一旦超过这个额度就自动升为一般纳税人，同时对公司的税务监管力量加大，小规模纳税人在短时间之内很难做到财务制度健全，财务人员全部配备。

（2）发票的明细要求。例如一个食堂每月需要开 30 万元的销项发票，这 30 万元总清单包括 5 大品类的 150 个品种，这个食堂的财务人员要求依实际采购量并附上清单明细。但实际情况是当面对一个月配送单的合并项，如果没有各部门的配合及系统平台做自动汇总，这项工作用人工在短时间之内是无法完成开票工作的。

（3）账单核对。每天配送单的回签、退换货处理、价格数量的调整、跟踪确认无误存档，不得有任何一个环节失误，否则就会造成问题无从查起。

（4）发票及配送清单。配送单签收原件应由专人送达服务，保证客户签收并满意。

单从发票这一项内容进行了服务详解，这当中每个步骤都需要跟客户进行沟通，产生连接，让客户看见我们服务的诚意，也对我们的品牌建立信心。打造差异化服务价值，让客户看到我们的不可替代性，给客户一个选择我们的理由。

1.6.4 如何把新客户变成长期客户

客户流失是我们做团餐业务最痛心的地方，好不容易花几个月甚至更长时间拿下的食堂，做着做着合同就不同我们续签了。然后又只能重新筛选客户、登门拜访、再次价格拉扯等等，一切都要从头再来。

其实想完全杜绝客户流失那是不可能的，但是如何判断自己的客户维护工作做得好不好呢？只能用流失率来判断，如果年客户流失率超过 20%，就说明你的客户维护工作没有做到位，所以建议一定要多做到以下几点：

（1）多去客户的食堂实地走访，多跟客户聊聊。要明确聊天内容，不是简单的东拉西扯，家长里短，而是了解客户对我们的菜品品质、价格、服务等多维度的意见建议，自我分析并确定我们的菜品和服务的潜在提升点。

（2）研究竞争对手的产品。花时间看看竞争对手都解决了哪些问题，做了哪些事情，提供了哪些服务等等，自己同他们的差距在哪儿，需要提升和改进的地方如何解决。

（3）要定期同公司采购部、分拣部、配送部、售后服务部门沟通，反馈整个竞争对手及行业的新动向，主动推进公司产品及服务的迭代升级。

（4）要留住客户，不在于态度在于服务体验，不光让客户觉得自己被重视、被尊重，主要得解决客户的真正需求。面对强大的竞争对手，对于中小企业，他们不屑于提供的贴身服务，我们要如何去做得更好。

1.6.5 遇到内部协作问题怎么从内部突围

首先冷静地思考，正确的沟通流程是怎么样的？问题出在哪个环节？常见的例如菜品的报价环节，多次报价客户反复不认可，是不是报价部门与公司采购部门沟通有误，与客户提供的品牌、规格、质量等级不符而造成报价差异较大。

公司是否已经有流程支持该项目的推进，如果没有，应该如何创建一个让所有参与部门都认可的流程，甚至后期可形成的永久流程？例如上述的报价流程，报价前要收集什么样的信息、报价中要提供不同价位给客户参考、报价后如何根据客户的反馈情况做价格分析和调整等。

在工作中对同事进行工作建议商讨时，需要提前准备好提议的细节并进行有理有据的阐述，一定要确保该提议是以公司整体利益为先，而不是以个人或部门利益为先。同时也要多考虑协作部门的难处及商讨解决办法，对内达成多方满意且对外一致的最终结果。

相关部门领导带头解决问题，多去跟踪每个环节，每位工作人员，如工作遇难题，尽早地协调其他个人或部门，尽快找到问题，解决问题，大家积极主动配合，同心协力解决。

1.6.6 怎么从外部包抄，利用好外部资源帮你成交大客户

当你只是项目中的其中一项，先别急着"拒绝"，也别急着表明态度"我只处理自己负责的那一项"，先想想，是不是能拉通相关供应商，协调其他外部资源进行整合。因为有些食堂的食材采购，因金额或其他的约束，会找不同品类的供应商进行供货，但因客户的供应商渠道同客户要求不符，需要另外寻找其他供应商时，你的机会也就随之而来。

当然也有人质疑，整合那么多资源，到最后为别人做嫁衣，图啥？

首先撇开这单生意能不能赚钱，对自己而言这里至少有几个好处是显而易见的：

（1）可以间接提升我们的签单率。很多情况下你如果不帮客户解决问题，那你根本没有机会拿到这一单。

（2）增加被动接单的概率。因为一个区域内行业的业务关联度极高，你所协调的那些供应商，将来也会有机会把你当作一个资源去推荐给他的客户。

（3）提高客户黏性。别人没有能力协调到的资源，你却有能力协调，实际上也是向客户展示了你的差异化价值，以后若有需求，则会优先想到你，同时更是老客户转介绍的基础。

1.6.7 如何搞定行业大客户

行业大客户：一年的采购潜力百万级别甚至更高，例如部队、高校、大型企业、连锁餐饮、某大型项目等等，但是很可惜目前我们在这些行业中的占比很小，甚至完全没有打开，对这种客户从营销战略的角度应该怎么样去拿下呢？

这种客户必须主动进攻组建"大客户攻坚小组"，那这个小组的人你要怎么选？

首先在业务的进攻阶段，必须选择狼性硬派，敢于陌生拜访不怕被拒绝。如果公司销售团队在短时间内组建不起来，那老板带队就是最好的人选。

例如在选人时面对"李云龙和赵刚"或"孙悟空和沙和尚"，作为公司领导者的你会选择谁？可以确定的是面对这样的行业大客户一定要选进攻性的销售人员，李云龙和孙悟空是好的人选。

这样的员工他们共同的特点就是敢打敢拼，总能找到办法战胜困难。一旦遇见大客户就要动用一切力量快速拿下，不停地让他们勇夺下一个高地。同时公司相应地也必须出台激励措施，让员工以利益驱动来不断开拓公司新的业务，这样才更有动力去攻下更多的高地。

1.7 如何赢得客户的认可——打造个人与公司品牌

客户对我们的认可是成交的前提，那如何来打造个人与公司品牌是我们业务能力提升的关键。以下维度可以提升客户对我们的认可：

1.7.1　找到适合你与公司相结合的优势定位，提高公司辨识度

如果你想要让公司的产品对消费者产生影响力，我们首先要学会自我分析，明确个人和公司的长处及优势，并不断地放大这项长处及优势，让别人想到你就认可你是"生鲜行业的专家"，你能提供别人不能提供的服务，你知道别人不知道的行业知识。

1.7.2　抢占强烈特征的个人与公司特长与优势的标签

主动引导，给自己贴标签。例如恒康捷的食品安全检测室的配置在武汉同行业中绝对排名第一，每天对食品检测严格执行的标准也是同行业第一，这样做长期持续的标签打造，很容易让客户对我们食品安全管理的专业度进行认可。

1.7.3　持续展示，积累品牌效应带来的认可度

一次性简单建立的认可度是不够的。现在信息太纷杂，很容易就会把刚建立的一点认可度给抹掉，企业必须得持续地输出和传播品牌以及服务的专业度，打造长期的认可度。

1.7.4　作为业务销售人员，成交不是结束，成交只是一个开始

再小的食堂我们都需要亲自去客户的现场做满意度调查，一对一地保证每个客户的满意度，相信只要"多想一步、多做一点"就可以给客户增加 50% 以上的好感。

1.7.5　让我们提供的服务超出客户的预期

获得认可的另一个途径，就是我们提供的服务能多次超出客户的预期。采购成本低于预算、售后服务高效、与前供货相比菜品品质提高等等，这些都是我们可以获得认可的渠道。

1.8　参加招投标

1.8.1　生鲜食材配送主要历经了四个发展阶段

第一阶段：业务以上门推广为主，业务员在各个地区拜访客户，发放宣传资料，拓展市场，因为先前的市场竞争还没这么激烈，毛利比较高；

第二阶段：由于进入行业配送企业越来越多，客户开始有比价意识，甚至限价，毛利逐渐开始下降了；

第三阶段：各种电商平台发展迅速，资本的推动使得行业竞争加剧，毛利也是急速缩水；

第四阶段：也是目前行业所处的阶段，市场化操作，以招投标为主，市场竞争残酷。

在行业摸爬滚打多年的食配人，应该都会有这样的感受，市场越来越大，可是利润却越来越低，尤其是封闭渠道的政府、部队、医院、学校等客户，以前靠关系就能搞定，现在基本上都要招投标。以恒康捷及菜东家为例，近几年的招投标客户比之前翻了几番，投标部经常是要灯火通明地赶标书。可以说在阳光采购和食品安全的时代背景下，食材配送行业由关系导向转为市场化操作，是必然趋势，食材配送的白热化竞争时代已经真正来临。

招投标对业务增长的重要性，需要我们更专业的团队去把握市场机会，详细了解招投标的一些重点关注环节，更精准地找到控分点，拿下业务。

1.8.2 招标方式的种类

政府采购招标（6种）。

（1）公开招标；

（2）邀请招标；

（3）竞争性谈判；

（4）单一来源采购；

（5）询价；

（6）政府采购监督管理部门认定的其他采购方式。

其他投资类型的采购招标（非政府采购招标）（2种）。

（1）公开招标；

（2）邀请招标。

重点理解公开招标、邀请招标的知识：

公开招标：又称无限竞争性招标，是指招标人以招标公告的方式邀请不特定的法人或者其他组织投标，公开招标的投标人不少于3家，否则就失去了竞争意义；

邀请招标：又称有限竞争性招标，是指招标人以招标邀请的方式邀请特定的法人或者其他组织投标，公开招标的投标人不少于3家，否则就失去了竞争意义。

1.8.3 招标信息的来源

（1）政府网站：如政府采购官网、公共资源交易中心网站等；

（2）招标代理机构：也就是指招标公司；

（3）专业提供招标信息收集和查询服务的平台：例如标事通，会整合全国权威招投标信息，确保信息量大、准确，支持关键词订阅推送，不过几乎都需要付费才能查询；

（4）人脉分享：在招投标领域，无论是获取商机项目，还是招标信息，人脉资源都是不可忽视的存在；

（5）菜东家集团软件研发部利用公司的技术优势，开发了一款自用的软件可以自动抓取全国的生鲜食材招标信息，现在我公司已经通过这项服务让很多的城市合伙人及合作伙伴受益，再也不会因错过报名时间而遗憾。

1.8.4　如何快速获取招标文件里的重点内容

（1）时间：招标文件购买时间、地点、投标截止时间、开标时间等；

（2）金额：标的预算、投标保证金、中标合同保证金、报价方式等；

（3）投标资格：详细查看各项资格是否具备；

（4）废标条款：此为投标红线，一定不能踩红线；

（5）评分标准：价格分、商务分、技术分各项占比及细则；

（6）其他需要特别注意的事项：例如有多个包的招标事项、限制了有关联企业的投标人等等；

（7）确认公司是否具备投标资格，投标资格具备准备报名材料，做报名准备。

1.8.5　如何报名获取参标资格

（1）首先是办理 CA 数字证书，下面是 CA 办理的流程（此流程为江西公共资源交易网 CA 数字证书，其他地区可参照当地的办理流程），准备如下资料去所在地数字证书办证大厅办理即可。

（2）申请单位填写的《单位数字证书申请表》一、二、三联，三联均须加盖单位公章。

（3）最新的组织机构代码证原件（正副本均可）和复印件一份，复印件须加盖公章。

1）项目业主组建的无组织机构代码的项目管理机构，请出具上级主管单位的代码证原件和复印件一份并加盖本单位公章。

2）新设的区、开发区行政事业单位采购人无组织机构代码的由新区、开发区政府采购管理部门汇总预算单位名称，并在主管部门的组织机构代码证下设分号，加盖公章后统一提交办证机构。

（4）最新的企业法人营业执照或事业单位法人证书原件（正副本均可）和复印件一份，复印件须加盖公章。

（5）经办人身份证原件和复印件一份（身份证正反两面复印并加盖公章）。

（6）按《单位数字证书申请表》、组织机构代码证复印件、企业法人营业执照或事业单位法人证书复印件、经办人身份证复印件顺序整理，在左上角用订书机装订。

（7）其他招标平台的 CA 数字证书依平台流程办理，非公共资源交易的招标平台办理流程会简单些，把资料准备好做办理申请一般在两个工作日即可完成，不过如果不在一个地区 CA 数字证书的邮寄需要时间。

特别注意：一个公司有招标的需求与准备，最好是提前办理 CA 数字证书，现在报名的时间限制从挂网到报名结束，时间通常是 7 天，这 7 天还包括节假日，一旦你得知招标的信息之后又因节假日不能办理 CA 数字证书而错过报名机会，那就太不应该。建议各位提前做好准备工作。

（8）依招标公告要求提交报名资料交纳报名费（是否收费依招标公告），招标代理机构会根据采购方的要求对报名方进行报名资格审查，资格初审通过报名通过。报名方可下载招标文件或招标代理机构把招标文件通过邮件形式发送。

（9）报名成功，收到招标文件后依文件要求做项目评估（此项非常有必要）。

1.8.6 如何做招标项目评估

在没有看到完整的招标文件之前，你所能掌握的信息是有没有资格参加，可不可以参加，所以报名阶段只是最初始的评估。拿到招标文件之后，要进行一个整体的评估，自己企业有没有能力承接这个项目，承接这个项目的风险是不是可以把控，同时需要分析资金占用率、团队服务能力、回报率等等。各部门负责人根据实际情况分析项目可行性，依最终结果签字，同意即全力投入本项目，不同意请阐述理由并充分解释，即为下次招标做自身方面的整改方案。（详见表 1-1）

表 1-1　菜东家项目投标一览表

菜东家项目投标一览表			
项目名称	南昌开关有限公司 2021 年员工食堂食材采购项目	填表日期	2021 年 5 月 19 日
甲方单位	南昌开关有限公司	标的金额	400 万元左右
代理机构	江西省久安招标代理有限公司	结款方式	月结
项目性质	货物标　　服务标　　项目标	投标保证金	78500 元
项目编号	JXJA-NK2021-059-0401	履约保证金	中标金额 10%
开标地点	江西省南昌市高新技术产业开发区创新路 1 号综合服务楼 05-02 室	标书售价	500 元
价格调整周期	三个月报一次价	中标费	中标金额×1.1%×95%
报名时间	2021 年 5 月 10 日	履约时限	一年
开标时间	2021 年 5 月 20 日 10:00	履约地点	南昌开关厂食堂
违约责任	1. 中标人不得配送假冒伪劣商品，否则采购人有权拒收，并要求中标人承担假冒伪劣商品金额三倍的违约金，如因中标人所供货物出现食品安全问题，采购人有权单方解除合同，并没收履约保证金，由此产生的一切法律后果及损失由中标人承担。 2. 中标人不得无故停止配送商品，否则造成采购人损失中标人应双倍赔偿。 3. 中标人所供货物如因包装、运输、装卸造成的质量问题，由中标人负责。 4. 中标人承诺向采购人交付的货物不存在侵犯任何第三方权利的情形。因第三方向采购人主张权利造成采购人损失的，中标人应当负责全部赔偿，同时支付采购人人民币 5 万元的违约金。		
违约责任	5. 因中标人责任导致交货延迟或配置疏漏的，每出现一次供货不符合投标承诺标准的，处罚 5000 元。若中标人出现三次供货不符合投标承诺标准的，采购人有权解除合同。 6. 中标人应按照采购人当次出具的采购清单及时供货，中标人不得以任何理由拒绝供应当次采购清单中的任何一种商品。中标人每出现一次此类情况的，处罚 5000 元。若中标人出现三次此类情况的，采购人有权解除合同。 7. 中标人送货给采购人时要遵守采购人的有关规定，并签署承诺书，如有违反按承诺书条款承担责任。 8. 因一方原因导致项目无法继续履行的，违约方应向守约方支付人民币 5 万元作为违约金（本合同另有约定的除外），同时违约方对守约方的损失应负责赔偿。逾期交货或无正当理由拒收的，违约金按逾期交货金额的 5% 计收，但违约金的最高限额为迟交货物或没有损失服务的中标金额的 20%。一周按 7 天计算，不足 7 天按一周计算，如果达到最高限额，采购人有权解除合同。		
项目实施人		项目责任人	

标书制作 配合人		标书制作人	
项目基本 情况介绍	甲方关系描述： 预计正常毛利： 20 %；预计纯利润率： 12 %； 预计利润： 400 万元× 8.5 折× 12 %＝ 40 万元 周转金的资金占用： 50 万元× 6 %× 12 个月＝ 36 万元 履约保证金的资金占用： 34 万元× 6 %× 12 个月＝ 2.5 万元 中标费： 400 万元× 8.5 折× 1.1 %× 95 %＝ 3.55 万元 预计利润总额：40 万元-3.2 万-2.5 万-3.55 万-0.1 万=30.65 万元		
项目投标审批签字			
财务评估		项目责任 人签字	
项目实施 人评估		董事会 代表签字	

1.8.7 如何高效且依文件要求编制标书

收集资料小窍门（此项为持续之功）：

（1）切记要养成平日里做资料整理分类存档的习惯，方便随时调用；

（2）证件资质类（营业执照、食品经营许可证、法人身份证）必备项；

（3）财务状况报告（财务审计报告、财务报表等）；

（4）纳税证明（依法缴纳税收和社会保障资金的相关材料）；

（5）资产证明（厂房、设备、车辆、冷库等购买或租赁合同，购买发票等）；

（6）体系认证材料（质量、食品、环境、安全、AAA 信用等体系认证类）；

（7）荣誉类（政府颁发的各项荣誉）；

（8）同类业绩合同（往年的业绩合同扫描件、配送单、发票等证明文件）；

（9）专利类（公司各项发明专利）；

（10）接待政府领导来访的照片（随时做好留存备用）；

（11）公司员工团建的照片（体现企业文化的元素，随时做好留存备用）；

（12）公司各项规章制度文档及应急预案（有更新时及时更新留存）；

（13）公司员工的档案：身份证扫描件、学历证书、健康证等。

仔细阅读招标文件，把重点项做详细标注，特别是招标文件中"黑色、红色加粗字体"，一定要仔细阅读确保完全理解文件要求。投标人须知部分要反复阅读，另外请注意会产生废标、流标的一些错误操作一定要重视提前避免。

详细理解招标文件编制部分的要求，依投标文件格式逐项添加整理。建议把评审标准项打印出来，在做标书时一项一项核对，确保以评分要求准备所需材料。（表 1-2 所列为一个 400 万元的食材配送项目评分标准，可做参考。）

表 1-2　400 万元的食材配送项目评分标准

评标指标	评议内容	分值
	（一）价格得分（35 分）	
价格得分	1. 价格分采用低价优先法计算，即满足招标文件要求且投报折扣率最低的投报折扣率为评标基准折扣率，其价格分为满分。 2. 其他投标人的价格分统一按下列公式计算：投标报价得分=（评标基准折扣率/投报折扣率）×35%×100；计算结果保留至小数点后两位。 对小型和微型企业产品的价格给予 6% 的扣除，用扣除后的价格参与评审。监狱企业视同小型和微型企业，享受同等优惠政策。 3. 所有采购品目只允许报相同折扣率，否则视为无效投标。 注：本项目投标采用折扣率的报价方式，投标人提出价格综合折扣率，综合折扣率为最终报价[如：9 折（90%），保留小数点后两位数]，本项目最高综合折扣率为 100%，超过其折扣率将视为无效投标。	35 分
	（二）技术得分（35 分）	
技术符合性评审	投标人须完全满足招标文件技术部分中所有要求的得 24 分，任意一项不满足做无效投标处理。 评审依据：投标人投标文件中提供技术响应、偏离说明表。	24 分
仓储能力	1. 为保证商品充足的供应，投标人仓储面积须≥300平方米，得0.5分，在满足前款基础上，投标人仓储面积，每增加100平方米加0.5分，本项最高得3分；不满足或不符合要求不得分。 评审依据：如为自有场地，投标人投标文件中提供房产证原件复印件并加盖投标人公章（房产证原件现场核查）；若为租赁，投标人投标文件中提供场地租赁合同及房产证原件复印件并加盖投标人公章（租赁合同现场核查）（场地若是租赁的，租赁合同的有效期须至本项目服务期之后）。未提供原件或不符合要求的，不得分。	3 分
仓储能力	2. 根据投标人具有的冷库面积进行打分：本项目最高得3分，不满足或不符合要求不得分。 ①50平方米≤冷库面积＜100平方米得1分； ②100平方米≤冷库面积＜150平方米得2分； ③150平方米≤冷库面积的得3分。 评审依据：若为投标人自有冷库，须提供房屋产权证复印件并加盖投标人公章，房屋产权证原件须现场查验，未提供原件或不符合要求的，不得分；若为租赁，须提供标明冷库面积及场所所在地街道门牌号码的场所租赁合同复印件并加盖投标人公章，合同原件须现场查验（冷库场地若是租赁的，租赁合同的有效期须至本项目服务期之后）。未提供原件或不符合要求的，不得分。	3 分
配送能力	1. 投标人具有 1 辆厢式冷藏配送车辆的得 1 分，在以上基础上每增加 1 辆的得 1 分，本项最高得 2 分。 评审依据：若为投标人自有车辆，投标人投标文件中提供有效的车辆行驶证及购车发票原件复印件，车辆所属单位须与投标单位名称一致（车辆行驶证及购车发票原件现场核查）；若为投标人租赁车辆，提供车辆租赁合同及车辆行驶证原件复印件（租赁合同及车辆行驶证原件现场核查）。未提供原件或不符合要求的，不得分。	2 分

评标指标	评议内容	分值
配送能力	2. 急用物资响应能力，本项目最高得3分，未提供或提供不符合要求不得分。 （1）投标人承诺：对采购人临时紧急须采购的物资，自接到采购人通知确保在2小时内配送完毕且承诺若未在承诺时间内送达采购人有权扣除当次货款的，可得1分。 （2）投标人承诺：对采购人临时紧急须采购的物资，自接到采购人通知确保在1.5小时内配送完毕且承诺若未在承诺时间内送达采购人有权扣除当次1.5倍货款的，可得2分。 （3）投标人承诺：对采购人临时紧急须采购的物资，自接到采购人通知确保在1小时内配送完毕且承诺若未在承诺时间内送达采购人有权扣除当次2倍货款的，可得3分。 评审依据：投标人投标文件中提供承诺函加盖投标人公章。	3分
（三）商务得分（30分）		
商务符合性评审	投标人完全满足招标文件商务部分中所有要求得23分，任意一项不满足做无效投标处理。 评审依据：投标人投标文件中提供商务响应、偏离说明表。	23分
企业实力	投标人获得 ISO22000 食品安全管理体系认证且在有效期内，得 1 分，未提供或提供不符合要求不加分；评审依据：投标人投标文件中提供证书复印件并加盖投标人公章。（证书原件现场核查）	1分
类似业绩	投标人具有自 2019 年 5 月 1 至投标截止时间止（以合同签订时间为准）提供与本项目类似（食堂食材配送）业绩。每提供 1 份类似项目业绩得 0.5 分，最多得 3 分，未提供或提供不符合要求则不得分。 评审依据：投标人投标文件中提供合同及相对应的部分发票复印件并加盖投标人公章。（合同原件及相对应的部分发票原件现场核查）	3分
服务方案	投标人针对本项目提供的详细的服务方案，具体内容包含配送方案，质量安全保证、售后保障、应急预案及措施等方面。评标委员会根据投标人配送保障方案进行横向比较，优秀得 2 分，一般得 1 分，未提供或提供不符合要求不得分。 评审依据：投标人投标文件中提供配送方案及应急配送保障措施的响应方案。	2分
食品安全责任险	投标人提供有效期内的"食品安全责任险"保单且保额不低于100万元的得1分，未提供或提供不符合要求不得分。 评审依据：投标人投标文件中提供保单复印件加盖投标人公章。（保单原件现场核查）	1分

投标人须将以上评分标准中涉及提交原件的资料，单独按顺序封装在开标现场一次性递交，同时提供加盖公章的原件清单一份。

（1）文件中的评分标准，黑色字体有涉及提交资料原件的，除了我们标书内必须附上以外，一定单独按顺序整理装置并与标书内所附扫描件一致，切记原件与标书内附件不一致情况发生。

（2）投标保证金，在转款时请依标书要求做好备注信息，一般情况下会写上项目名称或项目编号和投标人单位名称，方便招标代理公司核对。投标保证金转款的时间一般会在开标的前两天，因为制作标书一定要附上转款凭证，转账太晚则会影响标书制作。

（3）投标文件的份数、密封与递交。开标现场须递交单独密封的纸质胶装投标文件（一正×副）及单独密封的开标一览表（单独装入一个信封），正本、副本密封装在单独的信封中，且在信封上标明"正本""副本"字样，投标文件所有页面及单独密封的开标一览表均应加盖投标单位公章，并在密封处注明"×年×月×日×点×分之前不得启封"的字样。如有需要提交电子书的，U盘也需要单独封装并密封。

（4）因招标方要求不同，必须现场开标的在开标之前准时提交投标文件；需要通过网上上传电子标书进行开标的，依招标文件要求及格式上传即可。这里须特别注意制作标书及上传电子标书时，最好是用公司里的电脑。首先是确保资料的安全，其次网络的 IP 地址可查，不会产生其他的隐患。

（5）开标期间耐心等待，如果唱标时有问答环节，做详细解答即可，做好准备不必紧张。

（6）中标后依招标方要求签署合作合同，需要缴纳合作保证金的依文件要求转款，做好准备工作开始食材配送。

（7）中标或未中标，依文件要求申请退回保证金或招标公司自行退回。

（8）做项目复盘，分析各参标方竞争对手的优劣势，为下次招标做详细准备，整个招标流程结束。

1.9　产　品　定　位

1.9.1　产品定位核心：用户驱动

产品定位的核心永远要认准一条"用户驱动"，用户需要什么样的产品我们就提供符合客户需求的产品。判断客户信息、抓住要点、整合我们手中有限的资源，把公司的价值打包成一个产品向客户交付，并且获得回报。

无论我们提供什么样的产品，最终都是为了同客户建立一种长期的合作关系，如何有框架地去观察客户，进行客户与我们的产品是否匹配的判断，这个是很关键的。所以我们简单地介绍一下，如何用一个产品经理的视角去挖掘客户的需求。

第一层：感知层。客户拿到我们的产品或看到产品介绍，这个产品的价格、质量就是最直接的感知层。

第二层：角色框架层。厨师、后厨阿姨、办公室主任、财务主管、局长、校长、总经理等等都是分属于不同的角色，每个人都在接受不同的产品服务。我们作为产品服务提供者，也需要依角色设定好相应的沟通方式，对交付内容进行沟通、交割和调整。

第三层：资源结构层。我们所面对的客户因为企业自身的财富资源、人脉资源、社会责任等等的区别，同时也会产生客户需求的不同。例如客户的财富层级很高，所需要的产品也将是高规格产品，从品质和服务都有自己的要求；而人脉资源广影响力大的客户，他们对服务的满意程度会直接影响企业产品口碑及品牌的传播。所以对资源结构优质的客户需要有更高级的 VIP 产品和更强的服务意识，从而提高自己在客户心里的存在感。用户驱动的核心就是了解用户，挖掘客户真正想要的东西，抓住客户真正需求才是重中之重。

1.9.2 产品定位理念：同理心思维

产品定位为什么要用同理心思维去处理，为什么要理解客户所释放出来的情绪信号。因为客户是无法同我们详细说明产品体验感的，他所能展示出来的不满就是客户情绪的真实体现。你把产品吹得天花乱坠，但真正合作的时候感受不好，或勉强合作，这都是因为没有真正站在客户的角度去分析，没有做好具体产品定位从而导致的后果。

当你做客户需求调研时，为什么有的客户会口是心非？客户的顾虑到底是什么？其实人都会因为自身所在的场景，基于自己的角色，结合自己的认知判断，选择性地说一些觉得正确的话。但是，在这个场景里所谓的"正确的话"，并不一定代表这个客户真实的意图。所以不要被言辞迷惑，而要想办法看到用户的真实意图。例如客户对菜品吹毛求疵、对价格一再提要求，甚至表现出来的是怕丢掉采购工作的恐惧等等，那我们就要站在客户的角度用同理心去挖掘客户最真实的需求。

好的产品定位，要避免"应该思维"，注重用户体验，不能想当然。去做客户调查，去做客户调查，客户需要的产品是一等货、二等货还是食堂货，客户的成本预算在哪个范围值等等。

1.9.3 产品定位属性：交付的产品类别

产品、服务和价格一起构成交付的价值。作为一个全品类经营的生鲜运营公司，按照客户价值层次可以把我们的产品划分为：基本产品、核心产品、期望产品、附加产品、潜在产品五个层次。

基本产品：蔬菜类、肉类、水产类、粮油米面类、五谷杂粮类、调料类、干货类、水果类、蛋奶类、腌制品类、饮品类、厨房用品类、熟食类、净菜类、其他类别等产品；

核心产品：食材检测报告、食材溯源报告、管理体系资质、账期资金垫付等；

期望产品：24 小时售后服务、无理由退换货服务、数据分析服务等；

附加产品：千万食品安全保险、免费配送服务、发票服务、线上平台服务等；

潜在产品：营养师配餐服务、厨房劳务输出服务、客户需求的其他类服务等。

1.10 价格定位

1.10.1 价格是一个体系

价格差对企业所带来的对比伤害到底有多大？

例如某种商品在价格的设置上比竞争对手低 0.2 元，那对方可能很快会比你再低 0.2 元，这样的竞争只会是互相残杀，两败俱伤。所以，我们做的是一个价格体系，要有核心竞争力的价格体系。

生鲜食配行业，蔬菜的销售比重初期基本是 60% 左右。随着整体运营水平的提高，蔬菜的销售占比基本会均衡在 30% 左右，而肉类、水产类、干货类、粮油米面类、调料类、其他类等也会随着业务的拓展，客户的增加而逐步扩展为全品类配送。也就是说，我们在做价格体系时一定要考虑到商品的品类。其中蔬菜的价格波动最大最不稳定，可能利润空间是最高的，而标品类的大米、面粉、食用油等在市场中的价格透明度是非常明显且固定的，所以你想有很大的利润空间客户也是不会买账的。

1.10.2 价格是一个参照对比值

报价时一定要拉个垫背的，来承托自己的价格优势。需要跟同事灌输一个法则，除非迫不得已不要第一个报价，不要单独报价，因为无论你报多少，客户都会找到个别价格比你更低的备选。报价前请详细列举你所收集到的价格，其中包括采购价、公司制定的售价、同行价（同区域的配送公司）、农贸市场价、大卖场超市价、地摊零售价、客户的供货商价（若有）、客户心理期望价等等，尽可能收集以上价格同类项做对比，相信可以整理得到一份最适合当下情况的报价。

另外在报价的体系中还要考虑客户的类型：

（1）联采联销客户：基本上等同于代买服务，不做分拣、储存、配送，毛利率为 5%～10% 基本可以满足客户，但单体产品的采买量单个订单不能低于 300 斤左右；

（2）社区超市客户：基本上等同于通货采买，不做分拣、储存，但要做配送，毛利率为 10%～15% 基本可以满足客户，但单体产品的采买量单个订单不能低于 100 斤左右；

（3）餐饮类客户：毛利率设定一般是 15%～20%，基本包含的是采买 5%，分拣 5%，配送 5% 的费用内容，此类客户的价格带与县域地市级餐饮商户的匹配度很高，原因是传统配送客户鉴于经营问题，一般的毛利率控制在 10%～20% 之间，当然，两种配送模式毛利率重合，销售前期压力比较大；

（4）教育类，企事业客户：毛利率一般设定在 18～25%，里面除了上述的 15%，另加上账期的 5%，但是账期越短，盈利越强。

执行客户类型价格和毛利率，可以进一步与客户类型价格带数据匹配，但在这里尤其要注意两个缺失毛利率：

1）服务客情关系产生的 5%～15% 的毛利率。

2）采购技能提高产生的 5%～15% 的毛利率。

1.10.3 价格是全局思维综合报价

客户要的是稳定的价格体系，与市场相比不能有太大偏差，在服务早期进行多次价格对比后，同等质量下有价格优势就是最优报价。公司运营过程中不要偷懒，生鲜的价格一定是经常调动的，一定要随市场的价格变动而做出快速的调整，更不能片面设置毛利率公式就万事大吉，相对应的还要执行品类类型价、品级类型价、促销类型价、单品类型价等，尤其是要多方参照市场调研价格。

食配企业经营的核心是综合毛利率，不必太去在意某一个单品的报价太低而痛心不已，客户的综合毛利率达到要求也是可以的。作为一家长期经营且有诚信的企业，商品价格的定位一定要诚心诚意，不能因在菜品价格上下浮动的过程中因产品质量调整而影响公司的声誉。

总之，低价策略不是企业经营的长久之道，想提供满足客户的服务就必须有利润支撑，打价格战只会让自己先失去战场，我们的目标一定是先活下来，这样才有资格去做大做强。

1.10.4 定价技巧

对于生鲜运营来说，制定商品售价就是经营管理成效的关键，不是获得利润的手段，最主要的是运用定价策略来赚取最大的利润。企业运营中若单纯以毛利率的多寡来拟定价格高低，是经营管理者最不可原谅的错误，高明的手段是灵活运用定价策略。

对于生鲜商品，定价策略的核心是用低毛利来刺激销量，生鲜是以量取胜，量大才能维持产品的鲜度及周转率，而不是采取高毛利、低销量的策略。

（1）定价策略

1）市场区隔策略。不同区域、城市、消费水平，决定了毛利空间大小不同。但也不能以偏概全，要学会综合分析该地影响价格的种种因素，其中包括本地消费人群的收入、支出水平、人口密集度、消费习惯等来决定自己的价格水平。另外，市场空间的大小、市场的成熟度、竞争环境的优劣及市场的开放或封闭程度，都影响价格的制定。

2）商品的敏感度策略。消费者对商品的敏感度决定价格的变化，毛利率的高低则直接影响商品价格的高低。较不敏感品项（水产冻品、干货）价格、毛利偏高；较敏感品项（肉、蛋、菜）价格、毛利偏低。

3）树立价格合理的形象策略。经常性地利用个别单品价低优势，略低于竞争对手的价格水平，调低敏感商品价格等方式，在客户头脑中建立整体低价的印象，并周期性不断强化，刺激购买欲，提高销售量，同时也带动高毛利品项销售，赚得利润。

4）市场竞争策略。根据所在区域的竞争环境，有竞争的适当调低售价，无竞争的适当调高售价。

5）定价配合促销策略。公司的毛利指标作为定价指导，价格制度也要配合促销计划。降价不等于毛利损失，生鲜的定价核心是以量赚取利润。

（2）定价依据

售价的制定有数字依据与市场背景依据：

1）数字依据来源。

●生产基地、批发菜市场、零售市场的价格信息采集，并综合比较，确定自己的价格层。

●市调竞争对手价格，进行比较并制定对策。

●消费者数字喜好心理：促销定价时，数字0、3、5、6、8较常出现，而1、4、7较不受欢迎。

●运用"四舍五入"法，如：￥2.00可改为￥1.88，或￥9.90改为￥9.88。这是利用人们的忽略心理，淡化注意焦点。

2）市场背景依据来源。

●节庆、气候、季节性：价格、毛利并非一成不变，也要根据依据起伏波动，如节庆时价格与毛利会高于平时，气候不佳时高于平时等。

●季节性产品：这类商品突出表现在蔬菜、水果。产品初上市时，价格毛利水平高，应季时价格低。

●市场供需状况：供大于求则低平，求大于供则高，这是普遍规律。供求变化也是多方面因素影响的，例如丰年高产则低平，反季节上市则价格高等。

●商品损耗率大小：在收货、售卖过程中，生鲜商品都会产生自然或人为损耗，在定价时也要计算平均损耗率，在价格中弥补，如干果类商品因被偷吃等损耗较大，相对价格也较高。

（3）定价原则

1）正常商品：售价与竞争对手售价相当，要以赚取正常毛利为目的；如果竞争对手很少时，以就近的集贸市场的价格为参照。

2）季节性商品：售价与竞争对手售价相比要低于竞争对手 5%～8%；季节性商品定价要以新鲜、有价格优势来吸引顾客而定价。

热带或进口水果在定价时，因该商品敏感性不强，因此在定价时，可以持平或高于竞争对手。

水产类的大部分商品市场售价比较性不强，由价格部按正常商品来定价（另外带鱼段、鲤鱼、鲳鱼、扒皮鱼、草鱼等，在定价时价格部可参照蔬果的定价方法）。

（4）定价程序

1）定价前应先做市调工作。

●生鲜处主管每天安排 2～3 名员工于早上 7:00—9:00 分别到公司周围的集贸市场或竞争对手平台上询价；

●市调内容：应季商品价格和常规性商品价格，竞争对手正常商品价格和特价信息，商品质量的好坏；

●市调单品要求：蔬菜要市调 25 个以上单品，水果要市调 20 个以上单品，猪肉和鸡肉要市调 15 个以上单品。

2）确定商品损耗率。

3）确定商品应抓取的毛利率。

4）制定商品的销售价格。

制定商品销售价格时应考虑的因素：

●采购商品的进价；

●到货商品的品质，预计商品损耗率的大小；

●公司要抓取商品毛利率的多少；

●商品的质量新鲜度：

当日到货的新鲜商品的定价应以商品优质价格合理的形象出现；

前天剩余的商品定价时，商品毛利率应抓取 5%～10%，以便尽快销售完。

5）商品的季节性、敏感性。

刚上市的季节性商品定价时应抓取 50%～100%商品毛利率，以抢先上市赚取高毛利为目的；上市中期的商品定价以赚取正常的毛利率为目的；上市后期的商品定价应抓取毛利率5%～10%，以维持商品不缺断货为目的。

非季节性的商品：一年四季均有的商品，定价以稳定赚取毛利为目的。商品的定价为既高于集贸市场，又持平或略低竞争对手。

敏感性商品：商品正常销售时定价要略低于竞争对手，竞争对手商品特价时我们要跟进并打压。

非敏感性商品：商品定价以赚取正常的毛利率为目的。

6）集贸市场和竞争对手的价格影响。

集贸市场商品供应量的多少和质量的好坏决定着商品价格的高低。竞争对手有没有做商品促销活动。

7）政策性定价。

由公司业务部划定的某些分类单品或特价商品：平进平出。

该商品的定价为：抓取商品毛利率（2%～5%），如大米、鸡蛋。

由公司业务部划定的某些特殊单品的售价：低毛利率2%～5%，临过期的商品等。

8）商品的经营策略。

经公司批准同意，由业务部操作进行低毛利或负毛利销售，目的是应对竞争对手的业务抢夺，稳定现有的客流。商品的定价方式：

商品售价=商品的进价+商品的损耗，即平进平出。

商品售价=商品的进价×0.9，既赔损耗又赔10%的进价。

9）当业务部决定运用负毛利定价策略时，应提前向公司总经理做呈报。

1.10.5　变价规范

1）公司市场部变价的商品范围：所有商品的售价。

2）生鲜商品变价时机。

●公司为开拓业务进行的促销：公司制定的促销品；

●当天天气影响销售造成积压，订货过多；

●鲜度下降时：开始变价促销、出清，减少损耗。

3）变价权限：由公司调价部门进行变价。

4）生鲜变价操作注意事项。

●任何人不得擅自变价，必须由公司统一下达变价指令，变价后上传至系统后台，以保持公司价格体系售价一致；

●变价处理的商品售卖完毕后，应立即将此商品价格变回原价。

1.11　如何让国家政策支持项目发展

作为一个农业项目"任何时候决策，都要先看大势"。为什么要看大势呢？无论你做什么行业，没有大的趋势做指导或者不认清国家政策走向，成功的概率几乎为零。政府的政策，重要的会议，出台的重大文件都是国家各项事务的风向标，而风向标就是我们谈的"大势"。

很多企业家朋友现在想从事农业项目也是基于国家政策的导向，对于出台的政策文件的解决理解却不尽相同，所以我们不仅要学会去解读政府的政策文件，更要学会使用政策来支持项目，这样才可以更好地指导我们的工作往好的方向发展。

1.11.1 解读政府文件的方法

开门见山，其实核心的方法就一条，那就是千万不要只盯着一份文件看，而是要把几份相关的文件对着看，去找它们之间的相同之处和差异之处。如果你把所有重要文件和报告放到一起去看，就会发现，政府文件里有很多不变的东西。例如每年的中央一号文件一定是关于农业问题的。这是为了表明政府对农村和农业改革的重视。

除此之外重要政策文件的内容框架是不变的，都分三个部分。先讲历史成绩，再说当下问题，最后说未来做法。简单说就是过去、现在和将来。当然在政策文件里每个位置会出现相对确定的内容。掌握了这个，通常需要着重关注第二部分，有了对当下问题的判断，才能更好地关注未来的做法。

1.11.2 农产品流通扶持政策汇编

2020年以来新冠肺炎疫情对农产品流通行业产生了较大影响，党中央、国务院高度重视农产品流通，国务院各部门根据实际情况，出台了一系列扶持农产品流通举措，推动农产品流通复工复产复市，保障农产品供应。以下为促进农产品流通有关政策摘编：

1. 中共中央国务院

2月5日，中共中央国务院发布《关于抓好"三农"领域重点工作确保如期实现全面小康的意见》。启动农产品仓储保鲜冷链物流设施建设工程。加强农产品冷链物流统筹规划、分级布局和标准制定。安排中央预算内投资，支持建设一批骨干冷链物流基地。国家支持家庭农场、农民合作社、供销合作社、邮政快递企业、产业化龙头企业建设产地分拣包装、冷藏保鲜、仓储运输、初加工等设施，对其在农村建设的保鲜仓储设施用电实行农业生产用电价格。依托现有资源建设农业农村大数据中心，加快物联网、大数据、区块链、人工智能、第五代移动通信网络、智慧气象等现代信息技术在农业领域的应用。开展国家数字乡村试点。扩大电子商务进农村覆盖面，支持供销合作社、邮政快递企业等延伸乡村物流服务网络，加强村级电商服务站点建设，推动农产品进城、工业品下乡双向流通。优化"保险+期货"试点模式，继续推进农产品期货期权品种上市。

2月14日，国务院办公室等7部门印发关于开展消费助农行动的通知。

（1）提出消费助农的主要方式：

1）预算单位采购欠发达地区农副产品的政府采购模式。

2）政府主导建立消费助农交易市场的东西部助农协作模式。

3）各类企业销售助农产品的市场主体参与模式。

4）中国社会助农网销售模式。

（2）规范产品认定：

1）经认定的助农产品销售数据可列入东西部助农协作、定点助农统计范围，并向相关地区和单位推介。

2）申请认定的产品，应符合国家法律法规和相关规定，符合农产品质量和食品安全的相关标准，具有明确的助农机制。

3）各省级助农部门定期将复核通过的产品名单报国务院助农办汇总。产品认定对参与"万企帮万村"精准助农行动的市场主体给予优先支持。

4）形成《全国助农产品目录》并在中国社会助农网公布。

5）对不再符合认定条件或出现问题被核实的产品，将其清理出《产品目录》并在中国社会助农网予以公布。

2月12日，国务院应对新型冠状病毒感染肺炎疫情联防联控机制印发《关于压实"菜篮子"市长负责制 做好农产品稳产保供工作的通知》。严格落实地方属地责任，严格落实"菜篮子"市长负责制，抓好"菜篮子"产品生产，保障道路运输通畅，促进农产品流通销售，加强活禽交易市场分类管理，加快养殖行业上下游企业复产，加快信贷支持政策落地，强化部门协同配合。

2. 商务部

4月24日，商务部印发《关于统筹推进商务系统消费促进重点工作的指导意见》。一是完善便民消费网络，优化便利店网点、菜市场布局。二是提升电商进农村，扩大电商进农村覆盖面，整合县域物流快递资源，加强名优特新农产品线上线下展销，推动农村商贸流通和零售网点转型升级。三是完善农产品流通骨干网络，确定骨干市场和骨干企业，构建新型农产品供应链条，推进农产品分拣、加工、包装、预冷、仓储等设施建设，提升农产品进城和工业品下乡双向流通效率。四是抓好电商和产业助农，引导农产品流通企业与欠发达地区开展长期稳定的产销合作，推广"三品一标"认证，提高农产品电商化水平，开展形式多样的农产品品牌推介洽谈活动。

4月17日，商务部办公厅、国家邮政局办公室联合印发《关于深入推进电子商务与快递物流协同发展工作的通知》。一是加强农村快递物流体系建设，在快递通达乡镇的基础上，试点推进"快递进村"工程。继续扩大电子商务进农村覆盖面，推动工业品下乡、农产品上行。二是统筹电商、邮政、快递、交通运输等企业农村网络资源，鼓励企业加强合作，推广集约配送、共用网点、统仓统配等模式，健全县乡村三级物流配送体系。三是推进城乡高效配送专项行动，完善农村配送网络。

4月9日，商务部、国务院办公室联合印发关于切实做好助农农畜牧产品滞销应对工作的通知。一是通过补贴、贴息、储备轮换等方式，支持流通企业增加商业库存，就地就近解决农畜牧产品滞销。二是支持设立农牧民直销点，鼓励大型农产品批发市场和公益性农产品示范市场减免费用、设立专区，优先销售欠发达地区的滞销农畜牧产品。三是通过政府采购、东西部助农协作、经营主体和社会组织参与等模式，扩大列入《全国助农产品目录》的助农产品销售。四是指导东部发达省份和中西部省份大中城市为助农产品提供销售平台和渠道，落实采购任务指标。五是引导物流企业针对欠发达地区，采取物流配送费用优惠政策。六是鼓励大型农产品批发市场建立滞销农畜牧产品（包括助农产品）"绿色通道"。七是引导电商企业开通滞销地区农产品线上销售绿色通道，提供账号、流量等支持。

2月18日，商务部印发《关于应对新冠肺炎疫情做好稳外贸稳外资促消费工作的通知》。发展便利店和菜市场，优化便利店网点、菜市场布局，打造"一刻钟便民生活服务圈"。引导商贸流通企业和电子商务平台经营者，为小店提供集采集配、供应链融资、先供货后付款等服务。鼓励小店开展网络营销拓展业务，发挥小店在促进就业、扩大消费、提升经济活力、服务改善民生等方面作用。

2月17日，商务部办公厅印发《关于新冠肺炎疫情防控期间进一步完善九省联保联供协作机制的通知》。一是强化组织领导。湖北要成立由一把手直接负责的工作专班，与其他各省积极对接；其他各省要指派主管工作的负责同志亲自抓落实，指定相关业务骨干作为联络员，把工作做实做细。二是明确任务目标。重点保障蔬菜、肉类、蛋类、奶类、大米、面粉、食用油以及方便食品8类生活必需品供应。三是确保调运畅通。四是抓紧组织复工。五是畅通销售渠道。利用网络新技术、新业态、新方法解决生活必需品配送供应问题，创新"无接触""少接触"购销方式。

2月14日，商务部办公厅、财政部办公厅联合印发《关于疫情防控期间进一步做好农商互联完善农产品供应链体系的紧急通知》。支持农产品流通企业做好应急保供工作。各地根据本地疫情防控需要，视情增加支持农产品市场保供的方向，中央财政资金在同等条件下，向在疫情防控中承担保供任务的农产品流通企业倾斜，支持做好货源组织、储备和对接调运，确保蔬菜等重要农产品供应链不断链，切实保障市场供应。

2月13日，商务部办公厅印发《关于进一步做好疫情防控期间农产品产销对接工作的通知》。一是压实属地责任，积极采取措施化解本地区农产品"卖难"问题。1.要有效利用区域内农业资源，组织好当地农产品流通。2.鼓励各地综合采取多种措施，提高收储能力，协调财政等部门，通过补贴、贴息、政府储备等方式支持流通企业在产地和销地增加商业库存。3.要充分发挥市场作用，及时发布应季农产品上市信息，充分利用信息化手段协调组织大型批发市场、连锁超市、电商平台等与农业生产经营主体开展线上精准对接。二是进一步扩大机关、学校、医院和企事业单位集中采购本地区农产品的规模。三是聚焦欠发达地区，多措并举带动农产品销售。1.各类农产品流通企业要与欠发达地区生产基地、龙头企业、农民合作社加强合作，优先销售欠发达地区农产品。2.农商互联有关省份可根据本地疫情防控需要，中央财政资金在同等条件下，向在疫情防控中承担任务的农产品流通企业和欠发达地区倾斜。3.大型农产品批发市场和公益性农产品示范市场要发挥调节器和蓄水池作用。4.电商企业要通过助农频道、专区、直播带货等多种渠道提供流量支持，开通农户入驻绿色通道，拓宽滞销农产品销路。

2月10日，商务部办公厅印发《关于做好重点城市生活物资保供工作的通知》。要求各地商务主管部门在当地党委、政府统一领导和部署下，坚持属地原则与联保联供并重、市场原则与政府保障并重、疫情防控与保障供应并重、抓重点与顾全面并重，通过摸清底数情况、强化预警监测、加强物资储备、强化调运配送、做好应急保障、维护市场秩序、动员各方力量等措施，围绕大米、面粉、食用油、肉类、鸡蛋、奶类、蔬菜、方便食品等重要生活物资，完成好重点城市保供任务。

2月6日，商务部办公厅印发《关于做好疫情防控期间生活物资对接调运保供有关工作的通知》。一是加强运输保障政策宣传，确保相关流通企业熟知有关政策。二是指导流通企业严格按要求开展运输，切实提高对接调运保供质量和效率。三是帮助流通企业解决实际困难和问题，积极帮助企业协调相关部门落实好现有政策。

2月6日，商务部办公厅、发展改革委办公厅联合印发《关于保障流通企业防护用品需要做好市场保供工作的通知》。一是做好物资核定和保障工作。二是切实发挥防护用品作用。三是多渠道解决防护物资保障。四是压实企业主体责任。

2月1日，商务部办公厅印发《关于进一步强化生活必需品市场供应保障工作的通知》。一是强化细化联保联供机制，加强9省区市联保联供协作机制和31个省区市商务主管部门疫情联防联控应急工作联络机制作用。二是动员企业及时开门营业，要继续发挥好大型商贸骨干企业市场保供示范带头作用。三是不折不扣做好市场监测。四是做实做细货源对接调运。要充分发挥农产品批发市场促进农产品集散、把关农产品质量、保障城市农产品供应的作用。要积极发挥大型电商平台筹措物资、对接产销的作用。要指导具有资质和能力的企业积极开拓进口渠道，及时组织进口。

3. 财政部

2月14日，财政部办公厅、农业农村部办公厅联合印发《关于切实支持做好新冠肺炎疫情防控期间农产品稳产保供工作的通知》。一是减免农业信贷担保相关费用。自即日起至2020年12月底，国家农业信贷担保联盟有限责任公司对全国省级农担公司再担保业务减半收取再担保费用，各地要结合实际参照出台对政策性信贷担保业务担保费用的减免措施，降低受疫情影响较大的相关新型农业经营主体融资成本。二是尽快拨付农业生产救灾资金。三是加大农产品冷藏保鲜支持力度，结合今年准备启动的农产品冷藏保鲜冷链物流设施建设，利用中央财政安排的农业生产发展资金，加大对家庭农场和农民合作社的支持力度，进一步实化细化支持内容，重点完善田间地头冷藏保鲜设施，不断增强农产品生产供给的弹性和抗风险能力。四是中央财政农业生产发展等资金向疫情防控重点地区倾斜。五是加大地方财政资金统筹力度，支持"菜篮子"产品生产企业改善安全防护措施，加快恢复生产，支持蔬菜规模化生产经营主体提升生产保供能力，及时采收在田成熟蔬菜，保证市场供应。六是加强资金使用绩效管理。

4. 农业农村部

4月16日，农业农村部印发《关于加快农产品仓储保鲜冷链设施建设的实施意见》。2020年，重点在河北、山西、辽宁、山东、湖北、湖南、广西、海南、四川、重庆、贵州、云南、陕西、甘肃、宁夏、新疆16个省（区、市），聚焦鲜活农产品主产区、特色农产品优势区和欠发达地区，选择产业重点县（市），主要围绕水果、蔬菜等鲜活农产品开展仓储保鲜冷链设施建设。鼓励欠发达地区利用助农专项资金，整合涉农资金加大专项支持力度，提升助农产业发展水平。有条件的地方发行农产品仓储保鲜冷链物流设施建设专项债。实施区域向"三区三州"等深度欠发达地区倾斜。鼓励其他地区因地制宜支持开展仓储保鲜冷链设施建设。

4月15日，农业农村部印发《社会资本投资农业农村指引》。统筹农产品产地、集散地、销地批发市场建设，加强农产品仓储保鲜冷链物流体系建设，建设一批贮藏保鲜、分级包装、冷链配送等设施设备，提高冷链物流服务效率和质量，打造农产品物流节点，发展农超、农社、农企、农校等产销对接的新型流通业态；鼓励社会资本参与农产品产地追溯体系建设，提供产品分级和物流运输周转等服务；参与农业农村信息基础设施投资、基础数据资源体系和重要农产品全产业链大数据中心建设。鼓励社会资本参与"互联网+"农产品出村进城工程、信息进村入户工程建设，推进优质特色农产品网络销售，促进农产品产销对接。

5．交通运输部

2月1日，交通运输部印发《关于切实保障疫情防控应急物资运输车辆顺畅通行的紧急通知》。面向社会公开应急运输电话。进一步简化《通行证》办理流程。切实保障应急运输车辆顺畅通行。进一步严格应急运输保障工作纪律。

1.11.3 农业项目申报全攻略

（1）企业申报项目注意事项。

农业项目编写有一个规律，首先必须按照国家的项目指南判断要申报的这个项目是否在国家的项目指南内。如果符合当年的项目方向，那么首先要把可研报告做好，在编写可研报告的同时，要弄清申报程序。

在策划项目前期，把项目编成项目建议书，再由县、市、省级逐级上报，并争取进入项目库中，这个非常重要。而且还要与各级相关部门的关系处理好，及时汇报沟通，这样，即使企业申报项目当年通不过，还可以明年报，或者后年再报，这样成功率会较高。

（2）进行农业项目策划、储备的时候，注意事项。

要争取国家或省级资金，一般情况下，要提前一年以上策划、运作项目。

在选择储备项目前，首先要摸清自己的家底、明确自己的资源优势，掌握国家农业政策，根据国家农业政策的取向结合自己的优势，策划与国家对口的项目，及早沟通，及时汇报，策划项目要与有关大专院校、科研院所挂钩、合作。

（3）企业申报农业项目的必备材料。

1）企业的法人执照复印件等证件；

2）企业资产负债表等报表；

3）凡申报国家项目，都要求地方政府给予配套资金；

4）企业申请项目，大部分资金不够，企业可以申请贷款解决；

5）土地证明，企业使用土地，要有国土资源管理局出具的使用证明；

6）审核评估报告，当地银行出具的信用等级证明。

（4）农业综合开发项目较大当年不能完成如何处理。

农业综合开发主要项目必须是当年扶持，但是企业的大项目又不可能在一年内完成，所以允许企业分割项目，逐年申请。例如把基地建设与厂房建设分开，头一年搞基地建设，第二年搞厂房建设。

（5）申请农业综合开发项目资金时必须具备的条件。

1）申报单位有法人资格，在工商局注册，有工商执照，有代码证等。

2）经营期限两年以上，并且连续盈利，有一定的经营规模和实力，有较强的资金能力。

3）近两年资产负债率小于或等于95%，银行信用等级A级。

4）开发的产品科技含量高，市场潜力大，竞争优势明显。这一点主要看企业提供的可研报告。

5）带动农民能力强，与农民建立紧密、合理的利益连接机制。

6）建立了符合市场经济要求的经营机制。

7）企业经济效益好，能够确保用企业盈利归还财政有偿资金。也就是企业借资金后，能够获得盈利并归还贷款。

（6）申报农业综合开发项目资金必须提供的材料。

1）产业化龙头项目申报单位的基本情况。包括法人、地址、电话、负债表、资产负债表等。

2）做单个项目的可研报告。

3）项目的近期审计报告。

4）项目建设用地批准文件。

5）必须有环保部门的环境评价意见。

6）专家对本项目的初步评估意见。

7）申报产业项目的资金规模。

（7）加工企业申请农业综合开发项目资金，有何附加条件。

1）龙头企业加工农产品，必须有农产品基地，购买农民的原材料必须占到70%以上。

2）种植养殖基地项目必须有明显的资源优势和特色。

3）要搞水产保鲜、产地批发市场等项目，必须为项目区提供与生产和加工相关的服务设施。例如企业申报的项目是储藏保鲜，这就需要建冷库，就需要提供建在哪里、为什么建的资料。

（8）企业申请项目，除了必备的材料外，还应该准备什么。

企业申请项目，有两类材料没有要求，但企业也应该准备，而且越多越好。一是工商管理部门出具的信用证书，每年都要有；再有就是企业的各种荣誉证书，涉及科技的信用等级证书。这些可以从侧面反映企业的信用，对参与项目竞争很有用处。

（9）支持农村合作组织的资金如何申报。

支持农村合作组织的资金申报基本与产业化资金申报程序一样，而且逐年增多。先由相关部委下发指南，各地方政府按照指南组织企业进行项目申报，申报以后进行评审。

（10）凡申报国家项目，都要求地方政府给予配套资金，这个配套比例是怎样的。

例如一个100万元人民币的国家项目，要求地方给予的配套资金比例东部地区是1∶0.5，中部地区是1∶0.5，西部地区是1∶0.2。

第 2 章　生鲜运营管理篇——公司与内部的关系

前一章我们探讨了如何打开生鲜之门，去同外部的世界建立联系，作为一个企业要如何处理与外部的关系。在生鲜运营管理篇，我们探讨的问题是，公司如何处理与内部的关系。外面的世界很精彩，公司内部的世界同样精彩，甚至更为复杂，因为我们要面对的主体，不仅是完成一个个目标及利润要求，更主要的是，我们要面对的是极度不标准化、个个有思想的人。所以我们要和一群"极度不标准化，随时随地有自己想法的人"一起共同去完成一件任何单独个人无法完成的重大使命——让公司长久地创造利润。

这听上去很吓人，其实不仅听上去吓人，你真正做的时候更吓人，内部的管理千丝万缕，牵一发而动全身。那么管理有没有被验证的方法呢？这些方法下面，有没有本质规律呢？当然有。"现代管理学之父"彼得·德鲁克认为"管理的本质，就是激发善意"。我们雇用的不是人的双手，而是整个人，包括他的脑和他的心。用企业文化激发善，用规则制度抑制恶。

我们是不是经常会遇到这样的情况，你的员工，你看到他的时候，他似乎都在努力工作，你稍微一转身，他就该上网上网该聊天聊天，你下达的任务目标跟他没有半毛钱关系。或者，还有这样的员工，天天忙得团团转，带团队兢兢业业月底一盘点光仓库里的损耗金额都够你脑血压上涨几倍的。

这样的情况第一种"出工不出力"，第二种"出力不出活"，怎么解决这个问题，把一切与工作无关的 app 卸载掉，或收走私人手机提供工作手机？盯着他看着他，有损耗就扣他款，看他还敢不敢食品到期报废了也不上心。此时德鲁克老爷子笑了笑说：方法论固然重要，但是在用方法论让员工"能干"之前，关键是让他们"想干"。让他们"想干"就是"激发善意"。我们办这个企业能不能成功，就看有多少员工想让企业成功。

2.1　核心团队筹建

2.1.1　我的创业合伙人在哪里

想要创业，一个人单打独斗是坑小转的，但是，找合伙人吧，又往往都走了这样一条曲线，从同心协力到同床异梦，再到同室操戈，最后同归于尽。也有人把这条创业路总结成，一年合伙，两年红火，三年散伙。这个不找合伙人干不了，找合伙人又担心走上创业不和之路的梗，要怎么样才能破呢？

如果是你创业，你会和什么人合伙呢？家人、亲戚、同学、朋友、前同事还是陌生人？

如果在熟人关系里找，最好的合伙人应该是前同事，同学次之，朋友再次之，亲戚最末。从前同事关系到创业的合伙人关系是工作关系平移，之前大家是同一个战壕里的战友，现在换了个坑继续战斗，其磨合成本是最低的。每个单位都有其狗血的剧情和不堪的过去，如果经历过那些办公室的钩心斗角之后，还认为对方是可以合作的，那么这种阶级友谊能大大降低建立互信的时间成本。同样，同学有过共同求学的经历，例如共同完成一次小组作业等，这与工作关系最为接近，也比较容易完成向创业团队的工作关系转换。朋友分为工作关系的朋友和私人关系的朋友，这两种情况下，都没有在同一屋檐下共事的经历，而且从甲方或乙方变成合伙人，或从酒肉朋友变成合伙人，都还是有个适应过程。

亲戚就不用说了，天生就有的亲属关系大家不会去珍惜，会想当然认为是应该的；再加上错综复杂的亲情关系（夫妻老婆店摆个小摊还行，不适合规模化运营），会让商业合作关系变得复杂化。如果陌生人里找合伙人（多半还是经熟人介绍的），这有个熟悉和建立信任的过程，不确定性会更大一些，好或不好全凭人品和运气了。如果找不到合伙人呢？除非你天生是霸道总裁的料，否则，建议还是不要创业了。现在忽悠不到合伙人，将来肯定也忽悠不到客户。

管理公司要解决的根本问题是信任问题，所以，在创业合伙阶段，恰恰要找已经互相信任了解的人，就算不是最好的朋友，也要是熟悉的朋友，就算不是朋友，你也得把你的合伙人变成朋友。这是为什么呢？原因很简单，因为创业这件事情，只要你选择了，那么就是生活不止眼前的苟且，还有永无止境的苟且，创业真的是一条不归路。

普华永道 2011 年的数据，说中国的中小企业平均寿命是 2.5 年，你想想，这是一条九死一生的路，甚至创始人往往还要掏钱掏资源，谁来陪你走这条路不归路呢？朋友是最好的选择，熟人可以解决信任成本问题，合伙人相处的时间，可能比老婆和老公在一起的时间都长，选择起来当然要非常谨慎，是很讲究的。

同大家介绍下菜东家集团的创业团队"铁三角黄金搭档"。2016 年成立菜东家，短短几年时间在没有接受任何风投资金的情况下，发展成一家生鲜农产品大数据平台公司。菜东家创始人钟亮先生，经营电脑及传媒公司 20 多年，把所有资源都投入菜东家的事业中业。联合创始人冯毅先生，原百度产品经理，把互联网技术的基因植入菜东家。联合创始人朱珍女士，原联想惠阳工厂部门负责人，把企业标准化的运营管理经验实践到菜东家日常管理。钟亮与冯毅从朋友相识到认可，钟亮与朱珍从同学相识到合作，可以说三人一起用信任与包容走过了风风雨雨的这么多年，相信更可以携手创造菜东家更大的未来。

创业这条路太曲折，想要让公司长久走下去，光靠友谊不够，还要有认同和价值贡献，所以感情连接、认同、贡献价值，是选择合伙人必备的条件。

2.1.2 哪些人不应该成为合伙人

资源承诺者：很多创业者在创业早期，可能需要借助很多资源为公司的发展起步，这个时候最容易给早期的资源承诺者许诺过多股权，把资源承诺者变成公司合伙人。创业公司的价值需要整个创业团队长期投入时间和精力去实现，因此对于只是承诺投入资源，但不全职参与创业的人，建议优先考虑项目提成，谈利益合作，而不是股权绑定。

兼职人员：对于技术很牛但不全职参与创业的兼职人员，最好按照公司外部顾问标准发放少量股权。如果一个人不全职投入公司的工作就不能算是创始人。任何边干着他们其他的全职工作边帮公司干活的人只能拿工资或者工资"欠条"，但是不要给股份。

早期普通员工：给早期普通员工发放股权，一方面，公司股权激励成本很高；另一方面，激励效果很有限。在公司早期，给单个员工发 5%的股权，对员工很可能都起不到激励效果，甚至认为公司是在忽悠、画大饼，起到负面激励。

2.1.3 合伙人股权分配常见的几个坑

产品出现问题，可以通过快速迭代解决。技术或运营出现问题，影响也只是短期发展。如果合伙人股权出了问题，经常是不可逆的"车毁人亡"。关于合伙人股权分配，前人踩过的坑大部分都在这里了，希望下个踩坑的不是你。

（1）团队中没有大家都信服的老大。

企业的股权架构设计，核心是老大的股权设计。老大不清晰，企业股权没法分配。创业企业，要么一开始就有清晰明确的老大，要么磨合出一个老大。很多公司的股权战争，源于老大不清晰。

（2）只有员工，没有合伙人。

在过去，很多创始人是一人包打天下。在现在我们已经进入了合伙创业的新时代。创始人单打独斗心力难支，合伙人并肩兵团作战共进退才能胜出。创始人需要寻找在产品、技术、运营或其他重要领域可以独当一面的同盟军。

合伙创业，合伙人既要有软的交情，也要有硬的利益，才能长远。只讲交情不讲利益，或只讲利益不讲交情，都是耍流氓。

（3）团队完全按照出资比例分配股权。

如果把创业看成一场远距离拉力赛，赛车手最后可以胜出的原因，至少包括跑道的选择、赛车手的素质与跑车的性能。跑车赖以启动的那桶汽油，肯定不是胜出的唯一重要因素。创业企业合伙人的早期出资，就好比是那桶汽油。

在过去，如果公司启动资金是 100 万元，出资 70 万元的股东即便不参与创业，占股70%是常识；在现在，只出钱不干活的股东"掏大钱、占小股"已经成为常识。从过去的钱是最大变量，已经逐步替换成人是股权分配的最大变量。所以建议，全职核心合伙人团队的股权分为资金股与人力股，资金股占小头，人力股要占大头。同时人力股要和创业团队四年全职的服务期限挂钩，分期成熟。对于创业团队出资合计不超过 100 万元的，我们建议，资金股合计不超过 20%。

（4）没有签署合伙人股权分配协议。

许多创业公司容易出现的一个问题是在创业早期大家一起埋头一起拼，不会考虑各自占多少股份和怎么获取这些股权，因为这个时候公司的股权就是一张空头支票。

等到公司的前景越来越清晰时，早期的创始成员会越来越关心自己能够获取到的股份比例，而如果在这个时候再去讨论股权怎么分，很容易导致分配方式不能满足所有人的预期，导致团队出现问题，影响公司的发展。所以，在创业早期就应该考虑好股权分配，签署股权分配协议。

（5）合伙人股权没有退出机制。

合伙人股权战争最大的导火索之一，是完全没有退出机制。例如，有的合伙人早期出资5万元，持有公司30%股权。干满6个月就由于与团队不和主动离职了，或由于不胜任、健康原因或家庭变故等被动离职了。

离职后，退出合伙人坚决不同意退股，理由很充分：

1)《公司法》没规定，股东离职得退股；

2）公司章程没有约定；

3）股东之间也没签过任何其他协议约定，甚至没就退出机制做过任何沟通；

4）他出过钱，也阶段性参与了创业。

其他合伙人认为不回购股权，既不公平也不合情不合理，但由于事先没有约定合伙人的退出机制，对合法回购退出合伙人的股权束手无策。

对于类似情形，我们通常建议：

1）在企业初创期，合伙人的股权分为资金股与人力股，资金股占小头（通常占10%～20%），人力股占大头（80%～90%），人力股至少要和四年服务期限挂钩，甚至核心业绩指标挂钩；

2）如果合伙人离职，资金股与已经成熟的人力股，离职合伙人可以兑现，但未成熟的人力股应当被回购；

3）鉴于咱们中国人"谈利益，伤感情"的观念，我们建议，合伙人之间首先就退出机制的公平合理性充分沟通理解到同一个波段，做好团队的预期管理，然后再做方案落地。

（6）外部投资人对公司控股。

外部投资人控股存在很多问题，不利于公司的长期发展。

首先，创始团队没有足够的工作动力，感觉是在为别人打工；其次，没有预留足够股权利益空间吸引优秀的合伙人加入；最后，这类股权架构让投资机构避而远之，影响公司的下一步融资。

（7）给兼职人员发放大量的股权。

很多初创企业热衷于找一些高大上的外部兼职人员撑门面，并发放大量股权。但是这些兼职人员既没多少时间投入，也没承担创业风险。股权利益与其对创业项目的参与度、贡献度严重不匹配，性价比不高。这也经常导致全职核心的合伙人团队心理失衡。

对于外部兼职人员，我们建议以微期权的模式合作，而且对期权设定成熟机制（例如：顾问期限，顾问频率，甚至顾问结果），而不是大量发放股权。经过磨合，如果弱关系的兼职人员成为强关系的全职创业团队成员，公司可以给这些人员增发股权。

（8）给短期资源承诺者发过多股权。

很多创业者在创业早期需要借助很多资源来为公司的发展起步做好铺垫，这个时候最容易给早期的资源承诺者许诺过多股权，把资源承诺者变成公司合伙人。

创业公司的价值需要整个创业团队长期投入时间和精力去实现，资源是一方面，更重要的是对资源的利用。对于只是承诺投入资源，但不全职参与创业的人，建议优先考虑项目提成，谈利益合作，而不是通过股权长期深度绑定。

（9）没有给未来员工预留股权。

公司的发展离不开人才，股权是吸引人才加入的重要手段。创始人最初分配股权时就应该预留一部分股份放入股权池用于持续吸引人才和进行员工激励。

原始创业股东按照商定的比例分配剩下的股份，股权池的股份可以由创始人代持。

（10）配偶股权没有退出机制。

全职直接参与公司运营管理的核心团队，是创业合伙人。容易被忽视的是，创业合伙人的配偶，其实是背后最大的隐形创业合伙人。

根据中国法律，婚姻期间的财产属于夫妻共同财产，除非夫妻间另有约定。创业者离婚的直接结果是，公司实际控制人发生变更。很多公司创始人就因为配偶股权纠纷，影响了公司上市的最佳时机，为此付出了巨大的成本。

根据统计数据，有高达60.03%的创业企业没有就配偶股权做到钱权分离。如果婚姻出现变数，创业者只能愿赌服输。

2.1.4 了解股权生命线占股节点

股权生命九条线：

（1）绝对控制权 67%，相当于 100%的权力，修改公司章程/分立、合并、变更主营项目、重大决策；

（2）相对控制权 51%，控制线，绝对控制公司；

（3）安全控制权 34%，一票否决权；

（4）30%上市公司要约收购线；

（5）20%重大同业竞争警示线；

（6）临时会议权 10%，可提出质询/调查/起诉/清算/解散公司；

（7）5%重大股权变动警示线；

（8）临时提案权 3%，提前开小会；

（9）代位诉讼权 1%，亦称派生诉讼权，可以间接调查和起诉权（提起监事会或董事会调查）。

2.1.5 股权设计比例如何分配

具体而言，谁应该拿得多，谁应该拿得少呢？假如 A、B、C 是三位创始人，最开始大家的股权权重都是100。接着可以列一些项目（可以依需要增减项目或权重），分别给予这些条目不同的权重，分项目计算每个人的贡献，确定每个人的股权比例。依图 2-1 所占项目的分配，三位创始股东依各项权重分项核算后的占股分别为53.4%、11.6%、35%，这样的股权分配是符合股权生命线的节点，有绝对控股权的一方。

2.1.6 创始股东签署合作协议

2.1.6.1 股东在签署合作协议书时的注意事项

（1）各股东投资撤资及职责的相关规定。

1）出资细节，约定每个人出资多少，如何分红；

2）议事规则，约定重大问题如何进行讨论；

3）职责细节，约定每个人负责的内容，如何执行；

4）退出机制，约定在何种情况下合伙人可以退出，退出的时候如何计算资本。

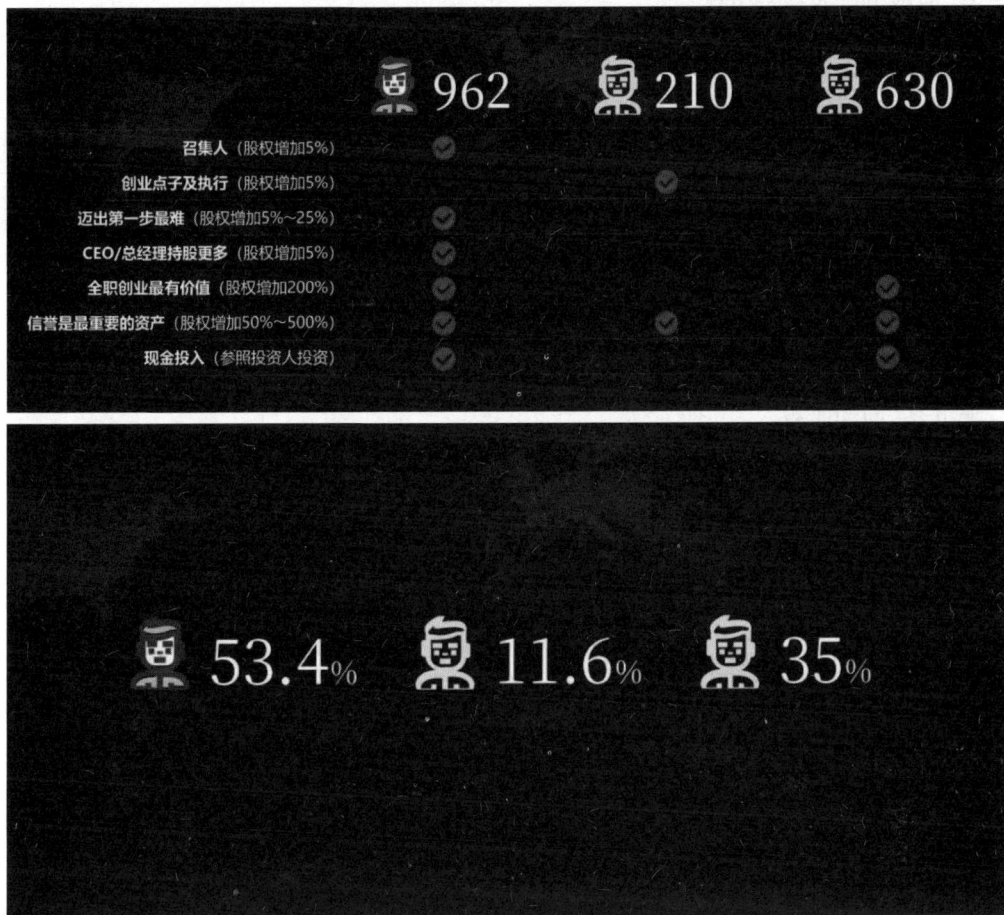

图 2-1 股权设计比例

（2）意见分歧解决方案。

1）经营方向错误后的调整方案，可以约定是改变经营方向还是改变执行策略；

2）观点分歧的解决方案，可以约定是直接投票解决，还是先找专家进行咨询论证后再解决。

（3）经营项目计划利益分配和责任承担。

1）合伙企业主要经营哪些项目；

2）经营项目该如何分阶段推进；

3）经营项目收益该如何分配，失败该如何承担责任；

4）什么情况下该终止某经营项目。

2.1.6.2 股权协议模版

[×××]与[×××][×××]关于[×××]有限公司之创始股东股权协议

目　　录

第一章　股权分配及盈亏分配

　　第一条　股权结构安排

　　第二条　各方投资及股权

　　第三条　公司管理及职能分工

　　第四条　资金、财务管理

　　第五条　盈亏分配

　　第六条　工商备案登记

　　第七条　承诺和保证

第二章　各方股权的权利限制

　　第八条　各方股权的成熟

　　第九条　回购股权

　　第十条　标的股权转让限制

　　第十一条　配偶股权处分限制

　　第十二条　继承股权处分限制

　　第十三条　对全职与兼职创业的约定

　　第十四条　竞业禁止

　　第十五条　业绩考核

第三章　其他

　　第十六条　增资

　　第十七条　保密

　　第十八条　修订

　　第十九条　可分割性

　　第二十条　效力优先

　　第二十一条　违约责任

　　第二十二条　通知

　　第二十三条　适用法律及争议解决

　　第二十四条　协议生效及份数

附件一：一致行动人协议

创始股东理念及宗旨

在签署本《创始股东股权协议》（简称"本协议"）之前，【×××】、【××】及【××】（合称"我们"）作为[【×××农业发展】有限公司]（简称"公司"）的创业合伙人，我们确认已经完整阅读、理解并一致同意下述创业合伙人理念，也是基于认同下述理念和宗旨而签署本协议：

　　1. 我们是共同创业、共担创业风险与共享创业成果的创业合伙人，不是公司职业经理人。

　　2. 公司实行创业合伙人持股，是为了给既有创业能力又有创业心态的合伙人提供共同创新创业的平台，实现人尽其才，才尽其用，增强公司竞争力，同时让长期共同参与创业的合伙人分享公司成长收益，打造利益共享的企业文化，实现全体创始人股东的创业理想。

　　3. 我们获得的公司股权数量和份额，是基于我们各自对公司既有及预期贡献的估值，以及我们会长期且专注参与公司运营的预设条件。因此，我们所持有的公司股权在创始股东之间是有限制的"创始股东股权"。我们所持股权的成熟，将与我们全职且持续服务于公司的期限及工作成果存在因果关系。如果我们未兑现服务期承诺而中途退出公司或我们的服务成果未实现各自对公司的承诺，公司或公司指定的第三方有权按照约定条件强制购买我们持有的全部或部分股权，从而降低或完全剥夺我们持有公司股份的数量或份额直至使我们完全丧失创始股东地位。

　　4. 我们认为，上述安排是以公司发展为目标做出的公平合理的安排，也是对我们全体创始股东利益的保护，我们均充分理解、认同并承诺遵守这样的约定和安排并自愿承担可能对自己不利的后果。如果在我们之间发生争议，我们均承诺放弃以本协议约定权利之外的理由做出抗辩。

[×××农业发展]有限公司
创始股东股权协议（草案）

　　本《创始股东股权协议》（简称"本协议"）由以下各方于 2016 年[9]月[29]日在[××]市签订：

　　（1）[××]（中国居民身份证号码为[×××]）（简称"甲方"）；

　　（2）[××]（中国居民身份证号码为[×××]）（简称"乙方"）；

　　（3）[××]（中国居民身份证号码为[×××]）（简称"丙方"）；

　　甲方、乙方、丙方单称"一方"，合称"各方"或"三方"。
鉴于：

　　（1）[×××农业发展]有限公司（简称"公司"）为各方为共同创业而依据《中华人民共和国公司法》设立的公司，公司注册资本金为人民币[×××]万元，注册资金缴纳方式为【认缴】。

　　（2）在公司发生退出事件（定义如下）前，各方承诺会持续且专职服务于公司，与公司建立不少于[5]年的劳动关系/服务关系，双方签订并得到适当履行的《劳动合同》/《服务协议》作为本协议继续履行的前提条件。

　　（3）为了让各方分享公司的成长收益，各方拟按照本协议约定的比例和方式分配公司股权。各方持有的公司股权比例将会随公司未来吸收新的投资者而被稀释，也可因公司回购股东的股份导致的减资行为而做出相应调整。

　　（4）关于公司。

　　①公司名称：[×××农业发展]有限公司

②公司住所：×××

③公司的注册资本：×××万元

④公司的经营范围及期限：

⑤注册股东：×××占股×××、×××占股×××、×××占股×××。（详见工商登记资料）

有鉴于此，经友好协商，各方同意签订本协议，并承诺共同信守。

第一章　股权分配及盈亏分配

第一条　股权结构安排

公司的股权结构安排如下：

股东姓名	出资额（万元）	实际持股比例	工商登记股权比例	出资期限	出资方式
甲方	×××	[××%]	[××%]	已到位	货币
乙方	×××	[××%]	[××%]	已到位	技术/货币
丙方	×××	[××%]	[××%]	已到位	货币/技术
合计	×××	[100%]	[100%]		

第二条　各方投资及股权

（一）各方投资

1.甲方认缴出资人民币[×××]万元，作为乙方缴付其在注册资本金中出资额。

2.乙方认缴出资人民币[×××]万元，作为乙方缴付其在注册资本金中出资额。

3.丙方认缴出资人民币[×××]万元，作为丙方缴付其在注册资本金中出资额。

（二）各方投资形式

对于前述各方投资，各方同意其为各种资源的有效投入，包括资金、技术等资源：

1.现金出资。甲方出资人民币[×××]万元，乙方出资人民币[×××]万元，丙方出资人民币[×××]万元；

2.技术出资。对于技术出资，各方同意以其估值折价，各方的技术折价分别为：甲方技术折价出资人民币[0]万元，乙方技术折价出资人民币[×××]万元，丙方技术折价出资人民币[×××]万元；

现金与技术出资形成的股权比例如下：

姓名	现金出资额	持股比例	技术出资额	持股比例	合计股权比例
甲方	×××万元	××%	×××万元	××%	[××%]
乙方	×××万元	××%	×××万元	××%	[××%]
丙方	×××万元	××%	×××万元	××%	[××%]
合计	×××万元	××%	×××万元	××%	[100%]

（三）各方股权

各方确认，尽管各方根据本协议、《公司章程》及《公司法》等对公司进行出资，但各方享有相应股权，主要基于各方在公司设立后持续全职提供的服务。如各方未能如约提供相应的服务，各方应根据本协议及其他相关协议的安排调整其各自持有的股权。

第三条　公司管理及职能分工

1.公司设执行董事，由甲方担任，任期三年；设总经理，由丙方担任，任期三年。

2.由乙方担任公司的监事，具体负责：

（1）检查公司财务；

（2）对董事、高级管理人员执行公司职务的行为进行监督，对违反法律、行政法规、公司章程或者股东会决议的董事、高级管理人员提出罢免的建议；

（3）当董事、高级管理人员的行为损害公司的利益时，要求董事、高级管理人员予以纠正；

（4）提议召开临时股东会会议，在执行董事不履行本法规定的召集和主持股东会会议职责时召集和主持股东会会议；

（5）向股东会会议提出提案；

（6）依照《公司法》的规定，对董事、高级管理人员提起诉讼。

3.重大事项处理。

公司设股东会，遇有如下重大事项，须经甲、乙、丙三方达成决议后方可进行：

（1）决定公司的经营方针和投资计划；

（2）选举和更换董事，决定有关董事的报酬事项；

（3）选举和更换由股东代表出任的监事，决定有关监事的报酬事项；

（4）审议批准执行董事的报告；

（5）审议批准监事的报告；

（6）审议批准公司的年度财务预算方案、决算方案；

（7）审议批准公司的利润分配方案和弥补亏损的方案；

（8）对公司增加或者减少注册资本做出决议；

（9）对发行公司债券做出决议；

（10）对股东向股东以外的人转让出资做出决议；

（11）对公司合并、分立、变更公司形式、解散和清算等事项做出决议；

（12）修改公司章程。

对于上述重大事项的决策，甲、乙、丙三方意见不一致的，在不损害公司利益的原则下，按如下方式处理：由甲方决定。

4.除上述重大事项需要讨论外，甲方、乙方、丙方需要在每月进行一次的股东例行会议上，对公司上阶段经营情况进行总结，并对公司下阶段的运营进行计划部署。

第四条　资金、财务管理

1.公司成立前，资金由临时账户统一收支，并由甲、乙、丙三方共同监管和使用，一方对另一方资金使用有异议的，另一方须给出合理解释，否则一方有权要求另一方赔偿损失。

2.公司成立后，资金将由开立的公司账户统一收支，财务统一交由甲、乙、丙三方共同聘任的财务会计人员处理。公司账目应做到日清月结，并及时提供相关报表交甲、乙、丙三方签字认可备案。

第五条　盈亏分配

1.利润和亏损由甲、乙、丙三方按照实缴的出资比例分享和承担。

2.公司税后利润，在弥补公司前季度亏损，并提取法定公积金（税后利润的10%）后，方可进行股东分红。股东分红的具体制度为：

（1）分红的时间：每年的 4 月 30 日以前。如利润分配提前，需甲、乙、丙三方签字认可，方可分配。

（2）分红的数额为：上个季度剩余利润的 50%，甲、乙、丙三方按实缴的出资比例分取。

（3）公司的法定公积金累计达到公司注册资本 50%以上，可不再提取。

第六条 工商备案登记

各方自行持有的股份，在工商登记机关备案登记股东名册中直接记载相应股东身份、出资额及持股比例。甲方代持的股份，在工商登记机关备案登记股东名册中登记为甲方名下，各方按照本协议的约定享有该等股权对应的全部股东权利。

各方工商备案登记约定：

甲方：以"××"为股东身份登记名。

乙方：以"××"为股东身份登记名。

丙方：以"××"为股东身份登记名。

第七条 承诺和保证

各方的承诺和保证：

（1）各方具有订立及履行本协议的权利及行为能力；

（2）各方的出资资金来源合法，且有充分的资金及时缴付本协议所述的投资款；

（3）各方签署及履行本协议不违反法律、法规及与第三方签订的协议/合同的规定。

第二章 各方股权的权利限制

基于各方同意在退出事件发生之前会持续服务于公司，各方以其在退出事件之前的服务获得公司相应股权。据此，各方同意自公司设立日起，即对各方享有的股权根据本协议第二章的规定进行相应权利限制。

第八条 各方股权的成熟

（一）成熟安排。

各方同意，在签署本协议之日起，甲方已成熟股权为××%；乙方已成熟股权为××%；丙方已成熟股权为××%，若各方在股权成熟之日持续为公司股东，各方股权按照以下进度在×年内分期成熟：

（1）自本协议签订日起满 1 年，25%的股权成熟；

（2）自协议签订日起满 1 年以后，按照每月平均成熟相应的股权（共 36 个月）。

（二）在成熟期内，乙方和丙方股权如发生被回购情形的，由甲方作为股权回购方接受股权并可依据标的股权是否成熟而适用不同的回购价格。

（三）在成熟期内，甲方股权如发生被回购情形的，由乙方和丙方作为股权回购方受让股权并可依据标的股权是否成熟而适用不同的回购价格。

（四）如发生甲方股权被回购的情形，则甲方代为持有的股份，由乙方和丙方按照其之间的持股比例分别继续代为持有。

（五）因发生股权回购，或因甲方代为持有的股权由乙方和丙方继续代为持有的，应在回购款支付之日起十个工作日内办理工商登记备案手续。

第九条　回购股权

（一）因过错导致的回购

在退出事件发生之前，任何一方出现下述任何过错行为之一的，经公司董事会决议通过，股权回购方有权以人民币 1 元的价格（如法律就股权转让的最低价格另有强制性规定的，从其规定）回购该方的全部股权，且该方于此无条件且不可撤销地同意该等回购。自公司董事会决议通过之日起，该方对标的股权不再享有任何权利。该等过错行为包括：

（1）严重违反公司的规章制度；

（2）严重失职，营私舞弊，给公司造成重大损害；

（3）泄露公司商业秘密；

（4）被依法追究刑事责任，并对公司造成严重损失；

（5）违反竞业禁止义务；

（6）捏造事实严重损害公司声誉；

（7）因任何一方其他过错导致公司重大损失的行为。

（二）终止劳动/服务关系导致的回购

在退出事件发生之前，任何一方与公司终止劳动关系的，包括但不限于该方主动离职，该方与公司协商终止劳动关系，或该方因自身原因不能履行职务，则至劳动关系终止之日，除非公司董事会另行决定：

（1）对于尚未成熟的创始股东股权，股权回购方有权以未成熟创始股东股权对应出资额回购离职方未成熟的创始股东股权。自劳动关系终止之日起，离职方就该部分创始股东股权不再享有任何权利。

（2）对于已经成熟的现金出资部分的创始股东股权，股权回购方有权利但无义务回购已经成熟的该全部或部分创始股东股权（简称"拟回购创始股东股权"），尚未获得融资前，回购价格为（离职方已付全部购股价款+央行公布当期一年期存款定期利息）；若已获得融资，回购价格为以下之较高者：（i）拟回购创始股东股权对应的已付购股价款的 5 倍（计算公式：离职方已付的全部购股价款×（拟回购创始股东股权/离职方持有的全部创始股东股权）×5）；或（ii）拟回购创始股东股权对应的公司最近一轮投后融资估值的 20%（计算公式：最近一轮投后融资估值×拟回购创始股东股权×20%）。自支付完毕回购价款之日起，该创始人股东对已回购的创始股东股权不再享有任何权利。

若因离职方发生本条第（一）款规定的过错行为而导致劳动关系终止的，则创始股东股权的回购适用第（一）款的规定。

（3）对于已经成熟的技术出资部分的创始股东股权，股权回购方有权利但无义务回购已经成熟的该全部或部分创始股东股权（简称"拟回购创始股东股权"），回购价格为【按公司净资产的对应的创始股东股权比例的 2 倍】。

第十条　标的股权转让限制

（一）限制转让

在退出事件发生之前，除非股东会另行决定，各方均不得向任何人以转让、赠与、质押、信托或其他任何方式，对股权进行处置或在其上设置第三人权利。

（二）优先受让权

在满足本协议约定的成熟安排与转让限制的前提下，在退出事件发生之前，如果各方向四方之外的任何第三方转让标的股权，该方应提前通知其他方。在同等条件下，其他方有权以与第三方的同等条件优先购买全部或部分拟转让的股权，如其他方同时行使优先共购买权的，则按比例购买拟转让股权。

第十一条 配偶股权处分限制

除非各方另行同意，公司股权结构不因任何创始人股东婚姻状况的变化而受影响。各方同意：

1. 于本协议签署之日的未婚一方，在结婚后不应将其在公司持有的股权约定为与配偶的共同财产，但有权自行决定与配偶共享股权带来的经济收益。

2. 于本协议签署之日已婚的一方，应自本协议签署之日起 15 日内与配偶签署如附件四所示的协议，确定其在公司持有的股权为其个人财产，但该方有权决定与配偶共享股权带来的经济收益，该等协议应将一份原件交由公司留存。

3. 在退出事件发生之前，若任何一方违反本条第 1 款的规定，将其在公司持有的股权约定为夫妻共同财产，或未能依据本条第 2 款的规定与配偶达成协议的，如果该方与配偶离婚，且该方在公司持有的一半（或任何其他比例）的股权被认定为归配偶所有的，则该方应自离婚之日起 30 日内购买配偶的股权。若该方未能在上述期限内完成股权购买的，则该方应赔偿因此给其他方造成的任何损失。

第十二条 继承股权处分限制

1. 公司存续期间，若任何一方在公司持有的股权需要由其继承人继承的，则须经在公司其他各方中持有过半数表决权的股东同意。若其他各方未能一致同意的，则其他各方有义务购买该部分股权或促使公司回购该部分股权。

2. 前款所述购买/回购价格为以下两者价格中的较高者：（1）该部分股权对应的公司净资产；（2）该部分股权对应的由公司股东会/董事会确定的市场公允价值的[70%]。

3. 各股东有义务把本条款写入章程。

第十三条 对全职与兼职创业的约定

各方承诺：自本协议签署之日起将其全部精力投入公司经营、管理中。如暂时以兼职身份参与，对兼职身份期间股权约定如下：

1. 在公司获得超过×××万元（含）以上融资后，如仍未与公司建立全职劳动合同关系的，公司及其指定第三方有权以公司最近一轮投后融资估值的 20%回购其股权（经股东会决议同意其继续兼职服务的除外）；

2. 对于兼职创业期间所产生的产品开发等知识产权归属公司所有，并对公司核心商业机密信息履行保密职责，不得对任何第三方透露。

第十四条 竞业禁止

各方承诺，其在公司任职期间及自离职起两年内，非经公司书面同意，不得到与公司有竞争关系的其他用人单位任职，或者自己参与、经营、投资与公司有竞争关系的企业（投资于在境内外资本市场的上市公司且投资额不超过该上市公司股本总额5%的除外）。

第十五条　业绩考核

各方同意，公司设立后，应立即（7日内）召开董事会，确定各方下一年度的业绩考核标准及各方的激励股权。在每一考核年度结束后的第一个月内，公司应立即（7日内）召集董事会，根据业绩考核标准考核各方业绩表现，并决定是否从预留股东激励股权中将相应激励股权授予达到业绩标准的一方。

第三章　其他

第十六条　增资

在公司存续期间需要增资得以继续发展的，各方按照股权比例增资。

第十七条　保密

1.各方应保证不向任何第三方透露本协议的存在与内容。各方的保密义务不受本协议终止或失效的影响。

2.有关本协议及其附件的条款和细则（包括所有条款约定甚至本协议的存在以及任何相关的文件）均属保密信息，本协议的各方不得向任何第三方透露，除非另有规定。

3.发生下列情形时所披露的信息不适用以上所述的限制：

（1）法律、任何监管机关要求披露或使用的；

（2）因本协议或根据本协议而订立的任何其他协议而引起的任何司法程序而要求披露或使用的，或向税收机关合理披露的有关事宜的；

（3）非因本协议各方或公司的原因，信息已进入公知范围的；

（4）其他所有方已事先书面批准披露或使用的。

如基于上述原因（1）、（2）披露的，披露信息的一方应在批露或提交信息之前的合理时间与其他方商讨有关信息披露和提交，且应在他方要求披露或提交信息情况下尽可能让获知信息方对所披露或提交信息部分做保密处理。

第十八条　修订

任何一方对本协议的任何修改、修订或对某条款的放弃均应以书面形式做出，并经本协议各方签字方才生效。

第十九条　可分割性

本协议任何条款的无效或不可执行均不影响其他条款的效力，除该无效或不可执行条款以外的所有其他条款均各自独立，并在法律许可范围内具有可执行性。

第二十条　效力优先

如果本协议与《公司章程》等其他公司文件不一致或相冲突，本协议效力应被优先使用。

第二十一条　违约责任

1.本协议正式签订后，任何一方不履行或不完全履行本协议约定条款的，即构成违约。

违约方应当负责赔偿其违约行为给守约方造成的一切直接和间接的经济损失。

2.任何一方违约时，守约方有权要求违约方继续履行本协议。

第二十二条 通知

任何与本协议有关的由一方发送给其他方的通知或其他通信往来（"通知"）应当采用书面形式（包括传真、电子邮件），并按照下列通信地址或通信号码送达至被通知人，并注明下列各联系人的姓名方构成一个有效的通知。

甲方：×××　　　　　　通信地址：×××

邮政编码：×××　　　　电　话：×××　　　　电子邮件：×××

乙方：　×××　　　　　通信地址：×××

邮政编码：×××　　　　电　话：×××　　　　电子邮件：×××

丙方：　×××　　　　　通信地址：×××

邮政编码：×××　　　　电　话：×××　　　　电子邮件：×××

若任何一方的上述通信地址或通信号码发生变化（以下简称"变动方"），变动方应当在该变更发生后的七日内通知其他方。变动方未按约定及时通知的，变动方应承担由此造成的后果及损失。

第二十三条 适用法律及争议解决

本协议依据中华人民共和国法律起草并接受中华人民共和国法律管辖。

任何与本协议有关的争议应友好协商解决。协商不能达成一致的，任何一方有权向新余仲裁委员会提出仲裁申请，依据该委员会当时有效的仲裁规则进行仲裁。仲裁裁决具有终局性。仲裁语言应为中文。

第二十四条 协议生效及份数

1.本协议自各方签署后生效；

2.本协议一式四份，签署各方各执一份，一份由公司存档，均具有同等法律效力；

3.本协议未尽事宜，可由各方以附件或签订补充协议的形式约定，附件或补充协议与本协议具有同等法律效力。

（以下无正文，为《创始股东股权协议》签字页）

甲方签字：

乙方签字：

丙方签字：

公司盖章：

附件一：一致行动人协议

2.1.6.3 股东一致行动人协议

附件一：

一致行动人协议

甲方：×× 　　　　身份证号码：××

乙方：×× 　　　　身份证号码：××

丙方：×× 　　　　身份证号码：××

（甲方、乙方和丙方合称为"各方"，单称为"一方"）

鉴于：

（1）于本协议签署之日，各方已经签署《创始股东股权协议》。该协议所拟议的交易完成后，各方均为[×××**农业发展**]有限公司有限公司（下称"公司"）的股东。

（2）为提高经营决策的效率，各方拟在公司的股东会和董事会中采取"一致行动"。

因此，经友好协商，各方就公司的股东会和董事会会议中采取"一致行动"有关事宜于 2016 年【9】月【29】日在【×××】市/县达成协议如下：

1."一致行动"的目的

各方将保证在公司的股东会和董事会会议中行使表决权时采取相同的意思表示，以巩固各方的共同控制地位。

2."一致行动"的内容

各方同意，各方将在公司股东会和董事会中通过投票表决、举手表决或书面表决的方式行使下列职权时保持一致：

（1）共同提案，共同投票表决决定经营计划和投资方案；

（2）共同投票表决制订年度财务预算方案、决算方案；

（3）共同投票表决制订利润分配方案和弥补亏损方案；

（4）共同投票表决制订增加或者减少注册资本的方案以及发行债券的方案；

（5）共同投票表决聘任或者解聘总经理，并根据总经理的提名，聘任或者解聘副总经理、财务负责人，决定其报酬事项；

（6）在各方中任何一方不能参加股东会及/或董事会会议时，应委托其他各方中的一方参加会议并行使投票表决权；如各方均不能参加股东会及/或董事会会议时，应共同委托他人参加会议并行使投票表决权；

（7）共同行使在股东会和董事会中的其他职权。

3."一致行动"的延伸

（1）若各方内部无法达成一致意见，则各方应按照甲方的意向进行表决。

（2）为避免歧义，若一方未被指派为公司的董事，则其不承担在公司董事会会议中采取一致行动的义务。但其应促使其推荐的董事会成员履行本协议约定的义务。

4.违约责任

任何一方违反本协议规定的，应向守约方支付赔偿金【贰拾万】元人民币，该等赔偿金由守约方根据各自在公司的持股比例进行分配。

5. 协议的生效、变更或解除

（1）本协议自各方签署之日起生效，除非各方另有约定，本协议将在各方持有公司任何股权的期间内持续有效。公司实现股票首次公开发行后，若本协议条款与届时上市地的相关法律规定相抵触的，则应适用相关法律的规定。

（2）各方应完全履行协议义务，非经各方协商一致并采取书面形式，任何一方不得将本协议随意变更。

（3）经各方协商一致，可以解除本协议。

6. 争议解决

有关本协议的任何争议各方应通过友好协商解决，协商不成的任何一方均有权将其提交给公司住所地法院通过诉讼解决。

7. 管辖法律

本协议以及各方在本协议项下的权利和义务由中国法律管辖并据之解释。

8. 协议份数

本协议一式三份，各方各执一份，具同等法律效力。

[以下无正文]

（《一致行动协议》签署页）

甲方签字：

乙方签字：

丙方签字：

2.1.7 生鲜运营中心组织架构的设计

在创业的时候，我们不需要一个很完整的组织架构，可能是每一个人都要做每一件事情。但是当企业有了规模的时候，我们通常会按照不同的功能来划分每一个部门，形成一个功能式的组织结构。怎么做组织架构的实施，就是怎么去设计自己的组织结构和流程。在这个过程中，管理者需要回答下面三个问题：

怎么设计，才能让组织更好地满足客户需求？

怎么设计，才能让员工更好地完成任务？

怎么设计，才能让高层更好地完成任务？

当企业经营的产品和领域多了之后，我们会把企业按产品或者业务领域来划分部门，这种结构会强化每个产品或者业务领域，但对功能的强调弱化了。再进一步发展，企业可能会采取一个矩阵式的组织结构，它的表现形式横线是产品，竖线是功能，那么我们做的每一件事情都需要两条线的协调。当然，当企业发展到更高阶段的时候，我们可能又会把组织架构推倒重来。总而言之，我们要在不同阶段去寻找适合企业完成任务的组织架构。

　　大的组织架构完成了，那么我们怎么把事情具体到个人呢？有一个很简单的办法就是所谓转换矩阵。首先，把任务列出来；其次，设计一些由具体的人来负责的岗位；最后，想办法把要做的事情和这些岗位配合起来。通过这种转换矩阵，我们就可以把任务与岗位和个人相匹配。

　　作为一个管理者，如何判断一个组织是好还是坏呢？实际上一个差劲的组织有很多的征兆。

　　（1）设置过多的层级。一件事情需要层层批准，那么可以想象，做事情的效率会大打折扣。

　　（2）大量的跨部门协调。每一次为一点小事就要召开大量的会议去协调。

　　（3）召集大量的人员开大量的会议。好的组织应该尽量减少跨部门沟通，也就是说一方面我们要强调企业内部的沟通，同时我们不要为了沟通而沟通。

　　（4）同一职位上的人员过多，造成三个和尚没水吃。

　　（5）所谓的助手或者是协调人增多。

　　（6）设置的一些岗位不合理，这个岗位负责做许多工作，但每样都是一点点。

　　只要出现以上这些差劲的征兆，我们就要去改变企业的组织架构，改变业务流程，改变岗位设置，这样我们才能够有效地完成任务。

　　好的组织结构的设计需要遵循以下四个设计原则：

　　1）指挥统一。就是指一个人只能有一个直接上司。

　　2）控制幅度。每个人能够管理的跨度其实是有限的，那么从理论上来讲，一般的管理跨度比较合适的是五六个人，越到基层，管理的跨度就越大；越到高层，管理的跨度越要变小。

　　3）分工。组织结构设计的关键是分工，分工有横向和纵向两个方向：①纵向分工是企业的经营分工，在这条线上决定绩效的分配、权力的分配，所以常常又称之为职权线。在纵向的分工安排上可以看到企业承担绩效的层级、管理的层级以及考核的对象。因此在这条线上，必须保证承担绩效的人权力最大，而不是职位高的人权力最大。纵向分工就是确保承担绩效的人权力最大，与总经理的距离最近。②横向的分工是资源线，也就是说公司所有的资源都在这条线上进行专业分配，保障业务部门能够获得支持，所以横向分工是职能线。横向分工最重要的是专业化分工以及专业化水平，同时为了能够确保资源的有效使用，横向分工一定要尽可能简单，尽可能精简，能够减少就不增加，能够合并就合并。大家有个误区，以为职能部门要细分，其实职能部门是要专业而不是细分。

　　4）部门化。必须把做同一件事的人放在一个部门里交由一个经理来协调，这就是部门化的原则。如果没有把做同一件事的人放在一个部门里协调，资源就会被分解掉，也就会浪费掉。部门化就是把分工所产生的专业技术员工集中一个部门，由一个经理人来领导，以减少浪费。

　　组织结构的核心是分责、分权，所以我们还需要确定一件事情，就是纵向分工所形成的职位，最好大过横向分工所形成的职位，这样，让职能部门为一线部门服务才不会成为口号。附公司组织架构图（如图 2-2 所示），公司管理架构图（如图 2-3 所示）。

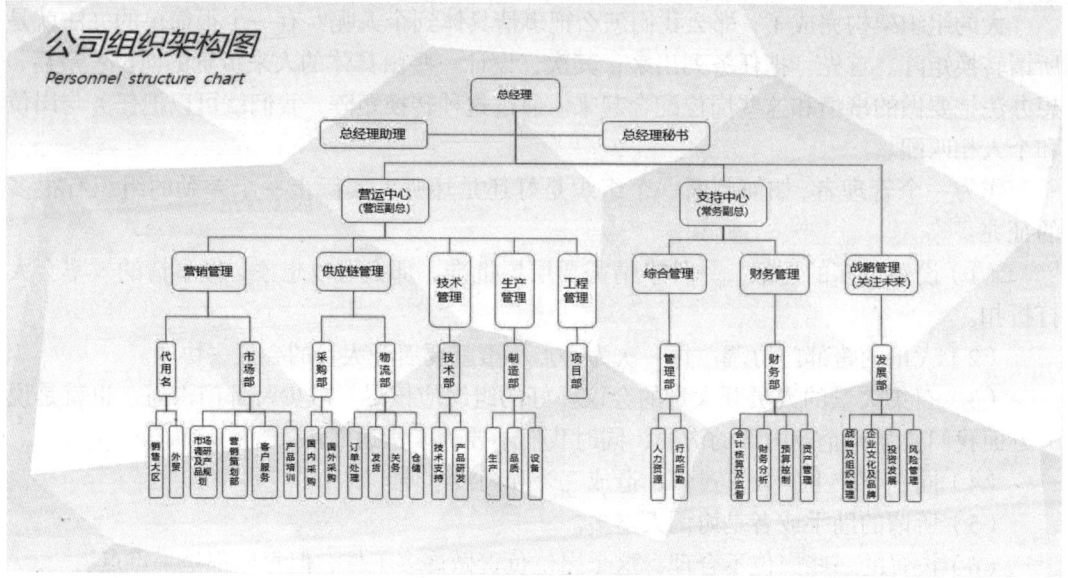

图 2-2　公司组织架构图

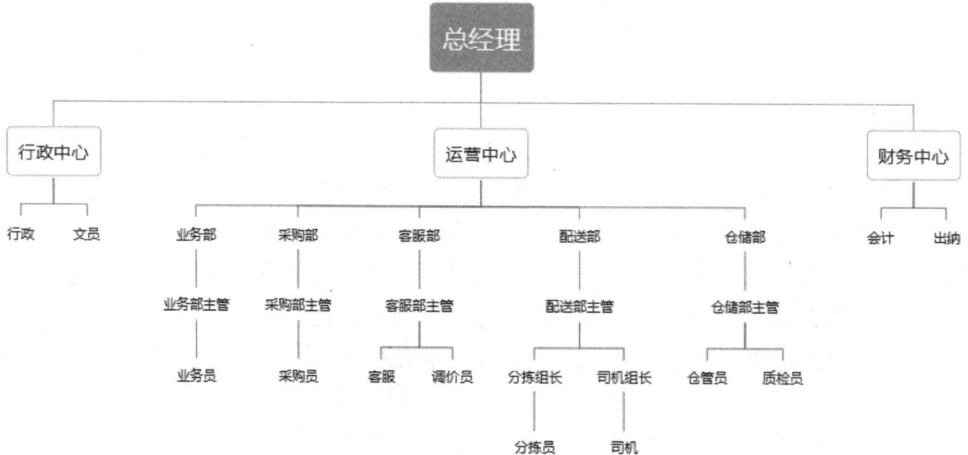

图 2-3　公司管理架构图

针对小型的生鲜配送中心（如图 2-2 所示），在前期为节约人力成本，以上岗位除采购员与仓管员，出纳与会计不可双重身份处理，其他均可设一人多岗；例如一名业务人员他的另一个身份为配送司机再兼分拣员甚至还可以是采购员，就是四个岗位在一个人身上承担。薪酬体系章节会重点讲到对多重身份的工资核定，了解工资核定可关注薪酬体系章节。

2.1.8 如何快速组建核心管理团队

在公司创业的前期，创始股东可根据不同的特长承担各核心骨干，核心团队需要三种不同技能类型的成员：

（1）具有发现、解决问题和决策技能的人（负责运营管理、采购管理、售后管理等工作）；

（2）具有技术或管理专长的人（负责财务、行政、系统后台管理等工作）；

（3）具有较强人际关系的人（负责政府关系处理、对接业务等工作）。

一个小型的初创生鲜配送公司，需要具备：运营总经理、业务主管、采购主管、财务主管，这五大核心具备可开展前期的试配送业务，来测试整个启动阶段的试运营期，再用这五大核心管理团队培养裂变更多的员工。

需要外聘的核心团队建设途径：

人际关系途径。从同学、朋友、亲戚、前同事等名单中去挖掘或转介绍都有可能发现我们需要的人才。例如菜东家第一个直营配送中心的总经理就是董事长的同学，这么多年一直兢兢业业为公司立下很大的功劳。

角色界定途径。确定好要找的角色，例如采购部经理，这个角色对从业者的经验要求非常高，如果你没有生鲜采购的经验是无法胜任这个工作的，所以就需要花精力去寻找匹配的人才。

价值观途径。在人与人的交往中，会碰到一些与我们价值观很一致的朋友，并且也认同我们所从事的事业，那我们一定要说服这样的朋友加入公司的创业队伍中来，壮大我们的组织。价值观相同又对事业的热爱高度一致的人可遇不可求，遇见了就别放手。

任务导向途径。给现阶段的工作设定一个目标，以任务为导向去招聘最符合条件的员工。例如在初创期需要录入 ERP 管理系统的初始资料，我们所招聘的这个岗就需要有电脑及电商运营经验，此岗位具备了这样的技能才可以很好地完成公司交办的任务。

公司领导的能力是核心团队凝聚力的来源，一定要多做有利于团队向心力的事情，团队的组建就会更顺、更快：

1）使团队的目的、目标和方式密切相关，并且有意义；

2）培养团队成员的责任感和信心；

3）促进团队中各种技能的组合，并提高技术水平；

4）搞好与外部人员的关系，其中包括为团队的发展清除障碍；

5）为团队中的其他成员创造机会；

6）做实际工作，先干为敬，多做员工的榜样。

2.2　如何制定公司的使命、愿景、价值观

我们会在不同场合听到——使命、愿景、价值观的重要性，但总是会因为找不到抓手、看不到反馈等等，又觉得它很虚。

其实，当我们觉得它很虚的时候，只是我们并没有真正理解它，理解它背后的价值，就相信这是企业顶层设计最重要的事项之一。

2.2.1 使命

关键词：角色，责任。

使命就是企业担当的角色和责任。使命关注的是当下，我们要做什么，有什么不同于别人的优势？我们经常说勿忘初心，制定使命其实就是一个企业回归初心的过程。使命的意义优先于愿景，在塑造它的时候，绝不能忽略企业承担的社会责任感、对环境的保护等等。一个好的使命应该是直接且易于理解的，明确了它，企业最重要的工作都要围绕这个出发点展开。

我有什么？我要什么？我能放弃什么？这三个问题除了可以进行自我检视，更能在一开始奠定企业的根基，没有根基的战略，一切都是空的。使命越精准企业的发展方向就越明确，因为它蕴含了企业对自身价值的理解。

2.2.2 愿景

关键词：共同利益。

愿景面向未来，就是企业"愿意看到的景象"，表达了企业成员共有的理想以及希望为大家带来的共同利益。如果说使命必须是"利他"的，那么愿景可以是"利己"的。

愿景和使命相互呼应，就像人一样，在当下承担责任，不懈努力的目的是实现一个未来的理想。使命一旦确定不能轻易改变，但愿景可以是阶段性的，比如说五年、十年、二十年之后在哪些领域希望有什么样的成就和地位。一个成功的企业愿景应该具备有意义的目的和明确的未来蓝图。

制定企业愿景有哪些思路呢？有些愿景与企业家的个人信仰有关，愿景是企业发展方向及战略定位的体现，一个有效传播的愿景必须融合企业特有的文化，令员工信服并愿意为之奋斗。

愿景的表达要明确并尽量简洁，最好是一两句话，这样有助于所有人快速地重复它，理解它，并传播它。

那么如何制定一个企业的愿景呢？一开始就写出一句精练的愿景当然不是一件容易的事，不妨把公司那些大胆的目标罗列出来，拉开一定距离，检视企业的长期目标，来帮助你更好地描绘一个目标实现后的世界。一个量身定做的愿景能够把你的企业和其他企业区别开来，在关键时刻牢记目标，指导企业的未来。

2.2.3 价值观

关键词：行为准则。

价值观是企业共同需要遵守的、倡导的行为准则、底线和信条。公司应该如何树立自己的核心价值观？价值观是否可以有变化？无论是刚刚成立的初创公司，还是已经小有规模，阐明公司的价值观都是一个很好的方法。

很多公司不屑于花费太多精力在这上面，它们觉得自己的价值观就是尽可能多地赚钱。这确实也是一个明晰的目标，不过对于想持续发展的企业来说远远不够。随着公司的发展，员工的工作范围变得更窄，企业管理者就需要有更多的东西来吸引员工投入这项工作中。

所以从本质上讲，公司核心价值观是支撑一项生意的基本信念。在内部，这体现在管理者如何与员工高效合作；在外部，还体现在公司如何与客户、批评者和竞争对手展开有意义的互动。员工是如何工作的，如何解决问题，甚至企业领导者自己的价值观，都极大地影响整个公司的方向和员工的日常工作。

如果创始人找不到方向，该如何定义价值观呢，可以回答一些问题：

（1）什么对你来说最重要？

（2）是什么让创始人走到了一起？动机是什么？

（3）在招聘时，公司希望应聘者具有哪些性格特点？更看重自我驱动力、解决冲突的能力还是良好的人际关系和沟通技巧？

（4）你的产品目标是什么？是客户满意度、实力还是规模？

（5）你的公司会给社会、客户、员工创造什么样的价值？

这些理念非常不同，但经过选择，它们都将指向一个最终的核心价值。在回答完这些问题后，强调最终公司所确立的价值观必须对企业文化和创始人来说是真实的，必须成为影响晋升和聘用决定的因素。最重要的是，这些内容需要在最高层得到信任。公司的文化基调都是由公司的创始人、高管层层递进决定的。

因此，企业管理者还应该找到一种方法来定期测量和识别价值观被践行的程度，通过各种各样的方式来强调它们的重要性，甚至为体现公司核心价值观而给予奖励。

2.2.4 恒康捷、菜东家企业文化示例

武汉恒康捷餐饮管理有限公司企业文化

企业愿景：打造一家"永远、健康、快捷"的餐饮企业领军品牌。

企业使命：让大众享受健康美食的快乐。

企业价值观：激情、创新、实干、共赢。

企业理念：质量安全，诚信服务。

企业宗旨：服务客户，发展企业，造福员工，回报社会。

经营理念：

（1）以一流品质获得市场信任；

（2）以优质服务赢得客户满意；

（3）以卓越管理树立企业品牌；

（4）以实干共赢造福全体员工。

江西菜东家农业发展有限公司企业文化

企业愿景：汇通天下菜。

企业使命：让老百姓的餐桌更安全。

企业价值观：正直诚信、开放创新、互联互通。

企业理念：责任、担当、协作、共赢。

企业宗旨：让利农民、服务商户、合作共赢。

2.3 生鲜产品属性知识

2.3.1 生鲜产品常见的损耗类型

生鲜是高损耗产品，损耗是难以避免的，可以说步步都有损耗。事实上如果损耗过大会对毛利率产生极大影响，从而盈利受阻。因此降低生鲜损耗是生鲜经营过程中最困难的部分，对于公司能否盈利至关重要。生鲜损耗贯穿了生鲜经营的每个环节，主要有以下损耗点：采购损耗、收货损耗、搬运损耗、分拣损耗、储存损耗、盗窃损耗、加工损耗、收款损耗、价格损耗、配送损耗等。那么，针对这些耗损点，我们如何一一应对。

（1）采购损耗

采购损耗：控制采购损耗是第一步，因为采购是损耗控制的源头，只有科学合理地采购，才能守好控损的第一道门。采购损耗往往是因为管理人员认知不清，缺乏专业可靠的知识，导致订货数量失准、品相定错、价格错误，致使在这个环节就产生大量损耗。要么就是量大打折清货，要么就是量少缺货产生重复购买的成本增加，或者销售过期商品，损耗过大。

应对方法：严把商品采购关，坚持采购新鲜商品，注重品质；建议相关采购人员严格按照采购计划单进行采购。

（2）收货损耗

收货也是控制损耗的关键一环，如果收货环节把握不好，导致无法销售，损耗自然难以控制。收货主要损耗点集中在商品的品质及数量上。品质上，因生鲜商品是按质论价，而且标准不够严谨统一。因此，在这个环节就要灵活处理，质量不达标，拒绝收货或降级收货皆可。如因外部环境变化造成的品质原因，则按运营中心具体情况具体处理。数量上，有时送货数量差异较多，也要根据实际情况灵活处理，从损耗控制、企业经营情况及平衡供需关系上综合考量。

应对方法：统一公司的质量标准并严格按照标准收货；商品收货需要严格去皮、选烂、去冰、滤水；大批进货商品需要抽检。

（3）搬运损耗

生鲜易磨损划伤，因此在进货、存货等搬运环节也会产生损耗。

应对方法：商品务必摆放在栈板上，不可过高，依员工个人能力去操作；搬运时需要放稳、牢靠，防压伤、碰伤、划伤，一定要注意轻拿轻放；重点商品注意放在下面，已损坏的则搁置在上面。对特殊的商品如豆腐、猪血等需要专用周转箱放置，否则很容易产生搬运损耗。

（4）分拣损耗

生鲜商品收货后，很多品类是不能直接开箱就装袋的，这样会造成好的品质都集中在一个袋子里进行装袋了。如整箱水果有的上面个大、下面个小，直接装袋，好的被客户喜欢认可，小的、卖相不好的就会退货或投诉，一旦退货除了打折就是扔掉，自然损耗就加大了。

应对方法：分拣环节要掌握不同客户的要求针对性地分拣商品，不仅可以提升这一环节的工作效率，对于降低生鲜损耗率也很有帮助。比如，通过专业生鲜配送管理软件的使用，节省订单处理、分拣环节的时间，省出来的都是低损耗带来的高毛利。现在的生鲜配送系统基本都可通过线路分拣、用户分拣、商品种类分拣等多种分拣方式的自由组合、高效搭配，来提高分拣效率，减少错拣、漏拣，还能通过数据平台实现订单分拣协同一体，分拣数据一键过秤打票传输至数据中台，实现分拣数据、分拣绩效可视化。

（5）储存损耗

生鲜储存的方式不正确，也会造成损耗，如储存冷库的温度不正确，商品变质；储存的方式不正确，导致商品损坏破包；交叉感染或串味；储存时间过长而变质；停电；商品正常损耗；等等，除了不可避免的损耗，其他储存损耗我们也是可以有效避免的。

应对方法：如生鲜商品应严格按照先进先出的原则管理；库存商品需要按照分类陈列管理，避免散点式陈列；按照商品温度要求存放商品；生熟分开，水产和肉冷藏需要分开等。另外仓库管理员也要时常对仓库环境进行巡查，杜绝虫害、鼠害、受潮、暴晒等不良现象。

（6）盗窃损耗

盗窃损耗是控制人为损耗中重要的环节，问题频出，经常出现员工监守自盗的情况。主要原因在于管理太松，员工素质低，存在侥幸与贪小便宜心理等。其实如果公司自身重视起来，这个问题解决起来也不是很难。

应对方法：灌输全员防损思想，让每一名员工、管理者都真正行动起来，以起到全员防盗防损；加强处罚和宣传力度，实行内盗举报奖励制度，对发现内盗现象的员工给予一定奖励；加强管理力度，如进入仓库须佩戴出入证，出厂区所携物品需要保安检查，加强财务监管，及时发现漏洞等。这些都是可实施的有效方法。

（7）加工损耗

生鲜加工时稍不注意，损耗也会很严重。主要表现在对原材料未能进行深加工、未能有效利用；操作不标准，导致损耗；技术不当，难销售；卫生问题，食品被污染；包装耗材浪费严重；等等。总体说来，加工环节损耗主要问题集中在产量过大、品质不稳定、分割收益等方面。

应对方法：要根据生产计划合理安排生产量，部分品类还应使用分割收益表控制收益，最重要的是，加工作业必须遵守加工作业的标准，以减少损耗。

（8）收款损耗

收款损耗可能是很多公司都忽视的一部分，但收款环节不注意也会产生大量损耗。如客户在进行结账时提出因质量问题需要打折付款，但又过去一些时间无法取证，很多时候迫于无奈接受，这些都会降低我们的利润空间。

应对方法：尽可能每张配送单都要对方签字收货，不要产生延后的质量及价格异议。

（9）价格损耗

价格损耗主要表现在当进价调整时，售价没有及时调整，或者是公司有大批库存厂家却调降市面零售价，让公司不得降价处理；或者是快过期商品促销变价，以及为消耗大量的商品库存的变价等。

应对方法：这就需要我们严格执行变价流程，进售价的调整需要二级确认并关注库存变化；安排资深员工市调，并由上级主管确认；价格调整需要书面通知或由系统通知到价格部，调价主管需要对价格进行检查；每天进行市场调查，合理调整商品的价格带。

（10）配送损耗

优化配送物流环境，有些生鲜的特性是不耐堆叠、碰撞或掉落的，如草莓、木瓜、香蕉、梨、叶菜、西红柿等，尤其是包装箱不牢固者，在搬运过程要更加留意，避免堆叠太高或方式不对，造成外箱支撑不住的压损或粗糙的搬运引起商品掉下的损耗。

应对方法：生鲜产品包装也至关重要，货物分为易损不规则类货物、冷冻类货物、保鲜类货物，不同温度以及不同货物都严格要求货物用不同的包装，以便获得更好的冷藏效果。装车前进行车厢预冷，预冷温度与货物要求的温度一致，更有利于保证货物品质，并对运输车厢温度进行实时监控，时刻注意生鲜产品状况。

2.3.2 生鲜蔬菜分拣加工标准及流程

（1）土豆

加工方式：翻筐（挑拣）。

加工标准：黄褐色，椭圆形，个体均匀；无损伤、无畸形；不发面、不发芽、无黑斑、无定量。

加工流程：

1）挑拣：将商品摆放在中心加工台上，挑拣出损伤的、压伤的、发面和发芽色的，将好的商品摆放在传递带上（可分级挑拣）。

2）装筐：经检验合格后进行装筐作业，每筐约 15kg（装菜高度须低于提手横杆）。

（2）油菜

加工方式：翻筐（挑拣）。

加工标准：叶片绿色、茎呈浅青绿色、新鲜脆嫩，无腐烂、无枯萎、叶片无虫眼，每把 300～400g。

加工流程：

1）分把：以 3～4 棵为一把。

2）挑拣：摘除黄叶、烂叶，挑拣出腐烂、畸形的部分。

3）对齐：用双手将商品在加工台上进行垛齐。

4）捆扎：用绿胶带在离根部 8 厘米的位置捆扎一道，松紧以手指刚好能插入为准，捆扎完毕后，将商品以根部向后摆放在传送带上。

5）装筐：经检验合格后进行装筐作业，每层 8 把，每筐 4 层交叉码放，每筐重 10kg。

（3）奶白菜

加工方式：翻筐（挑拣）。

加工标准：叶片新鲜、完整，根茎脆嫩，根部无腐烂、畸形的部分。

加工流程：

1）分把：以 2～3 棵为一把。

2）挑拣：摘除黄叶、烂叶，挑拣出腐烂、畸形的部分。

3）对齐：用双手将商品在加工台上进行垛齐。

4）捆扎：用绿胶带在离根部 10 厘米的位置捆扎一道，松紧以手指刚好能插入为准，捆扎完毕后，将商品以根部向后摆放在传送带上。

5）装筐：经检验合格后进行装筐作业，每层 8 把，每筐 4 层交叉码放，每筐重约 10kg。

（4）苦菊

加工方式：翻筐（挑拣）。

加工标准：色泽青绿色，叶面窄、尖，茎脆、叶嫩，无腐烂、无枯萎，根部切除，头部无变黑，每扎 300～400g。

加工流程：

1）分把：以 2～3 棵为一把。

2）挑拣：摘除黄叶、烂叶，挑拣出腐烂的部分。

3）对齐：用双手将商品在加工台上进行垛齐。

4）捆扎：用绿胶带在离根部 10 厘米的位置捆扎一道，松紧以手指刚好能插入为准，捆扎完毕后用剪刀对商品根部进行修整，并将商品根部向后摆放在传送带上。

5）装筐：经检验合格后进行装筐作业，每层 8 把，每筐 4 层，每筐重约 8kg。

（5）小白菜

加工方式：捆扎。

加工标准：叶身呈青绿色、根茎浅白色，叶片新鲜、完整、无虫眼、根茎脆嫩，根部无腐烂、空心，每把 400～500g。

加工流程：

1）分把：以一手抓为准。

2）挑拣：摘除黄叶、烂叶，挑拣出腐烂的部分。

3）对齐：用双手将商品在加工台上进行垛齐。

4）捆扎：用绿胶带在离根部 12 厘米的位置捆扎一道，松紧以手指刚好能插入为准，捆扎完毕后用剪刀对商品根部进行修整，并将商品根部向后摆放在传送带上。

5）装筐：经检验合格后进行装筐作业，每层 8 把，每筐 4 层交叉码放，每筐 12kg。

（6）空心菜

加工方式：捆扎。

加工标准：叶尖深绿、植体脆嫩、新鲜、无腐烂、无枯萎、无花蕾，每把 400～500g。

加工流程：

1）分把：以一手抓为准，根据商品的长度随时调整。

2）挑拣：摘除黄叶、烂叶，挑拣出发黄、枯萎的商品。

3）对齐：将挑拣完毕的商品，整理对齐根部。

4）捆扎：用绿胶带在离根部 12 厘米的位置捆扎一道，松紧以手指刚好能插入为准，捆扎完毕后用剪刀对商品根部进行修整，并将商品根部向后摆放在传送带上。

5）装筐：经检验合格后进行装筐作业，每层 7 把，每筐 4 层，叶部朝外，交叉码放，每筐约重 12kg。

（7）木耳菜

加工方式：捆扎。

加工标准：叶片挺直、脆嫩、完整、无压伤、无腐烂、无枯萎，每把 400～500g。

加工流程：

1）分把：根据商品形的大小，进行合理流动分把（8～10/把）。

2）挑拣：摘除黄叶、烂叶、压伤的商品。

3）对齐：将根部整理对齐。

4）捆扎：用绿胶带在离根部 12 厘米的位置捆扎一道，松紧以手指刚好能插入为准，捆扎完毕后用剪刀对商品根部进行修整，并将商品根部向后摆放。

5）装筐：经检验合格后进行装筐作业，每层 4 把，每筐 6 层，交叉码放，每筐约装 10kg。

（8）韭菜

加工方式：捆扎。

加工标准：根部短而无泥，叶片坚挺而肥大，无黄叶、无烂叶，根部切割整齐，每把 400～500g。

加工流程：

1）分把：以一手抓为准，根据商品的长度随时调整。

2）挑拣：摘除黄叶、烂叶，挑拣出腐烂的及其他杂物。

3）对齐：用手将商品在加工台上进行整齐。

4）捆扎：用绿胶带在离根部 10 厘米的位置捆扎一道，松紧以手指刚好能插入为准，捆扎完毕后用剪刀对商品根部进行修整，摘除根部碎叶，并将商品以根部向后摆放在传送带上。

5）装筐：经检验合格后进行装筐作业，每层 7 把，每筐 4 层交叉码放，每筐重约 12kg。

（9）茼蒿菜

加工方式：捆扎。

加工标准：叶心绿，叶片挺直、完整，有气味、无腐烂、无枯萎，每把 200～300g。

加工流程：

1）分把：以一手抓为准，根据商品的长度随时调整。

2）挑拣：摘除黄叶、烂叶，挑拣出腐烂的商品。

3）对齐：用双手将商品在加工台上进行垛齐。

4）捆扎：用绿胶带在离根部 10 厘米的位置捆扎一道，松紧以手指刚好能插入为准，捆扎完毕后，将商品以根部向后摆放在传送带上。

5）装筐：经检验合格后进行装筐作业，每层 8 把，每筐 5 层交叉码放，每筐重约 10kg。

（10）芥蓝

加工方式：捆扎。

加工标准：叶片与茎呈墨绿、脆嫩、无腐烂、无枯萎、无开花、根部切口无变黑，每把350～400g。

加工流程：

1）分把：以一手抓为准，根据商品的长度随时调整。

2）挑拣：摘除黄叶、烂叶，挑拣出压伤、腐烂的部分。

3）对齐：用双手将商品在加工台上进行垛齐。

4）捆扎：用绿胶带在离根部10厘米的位置捆扎一道，松紧以手指刚好能插入为准，捆扎完毕后，将商品以根部向后摆放在传送带上。

5）装筐：经检验合格后进行装筐作业，每层6把，每筐4层交叉码放，每筐重约10kg。

（11）胡萝卜

加工方式：装袋。

加工标准：通体红色，长圆锥形，大小均匀，根部微呈绿色，表皮整洁，无损伤、无黑斑、无腐烂，每袋装500～600g。

加工流程：

1）挑拣：将商品摆放在加工台上，挑拣出损伤的、压伤的、腐烂的、畸形的。

2）加工：用刀对商品的两头进行修整，修整完毕后摆放在传送带上。

3）装袋：以3～4根为一单位放入装袋机内，进行装袋处理。

4）装筐：经检验合格后进行装筐作业，每层6袋，每层4层，每筐约重15kg为标准。

（12）菠菜

加工方式：捆扎。

加工标准：叶片呈深绿色、茎干呈绿色、脆嫩，根部红色、无腐烂、无枯萎，每把重400～500g。

加工流程：

1）分把：根据商品的大小、长短进行分把，以一手抓为准。

2）挑拣：摘除黄叶、烂叶，挑拣出腐烂枯萎的部分及其他杂物。

3）对齐：将商品放在加工台上进行整理。

4）捆扎：用绿胶带在离根部10厘米的位置捆扎一道，松紧以手指刚好能插入为准，捆扎完毕后，将商品以根部向后摆放在传送带上。

5）装筐：经检验合格后进行装筐作业，每层8把，每筐4层交叉码放，每筐重8～10kg。

（13）菜心

加工方式：捆扎。

加工标准：叶深绿色、茎浅绿色，根部呈圆形，剖面洁白，茎立带有绿色小花，叶片嫩脆无腐烂、无枯萎、无空心，每把约400g。

加工流程：

1）分把：以一手抓为准，根据商品的长度随时调整。

2）挑拣：摘除黄叶、烂叶，挑拣出腐烂、压伤的部分。

3）对齐：用双手将商品在加工台上进行垛齐。

4）捆扎：用绿胶带在离根部12厘米的位置捆扎一道，松紧以手指刚好能插入为准，捆扎完毕后用剪刀对商品根部进行修整，并将商品根部向后摆放。

5）装筐：经检验合格后进行装筐作业，每层 6 把，每筐 4 层交叉码放，每筐重约 10kg。

（14）白萝卜

加工方式：翻筐（挑拣）。

加工标准：通体白色、直身、大小均匀、无黑心、无损伤和畸形、无开裂、无锈斑、无定量。

加工流程：

1）挑拣：将商品摆放在加工台上，挑拣出损伤的、畸形的、断裂的、无锈斑的商品，将好的商品摆放在传送带上。

2）装筐：经检验合格后，用白色周转筐，以每层 4 根，每筐 4 层、每筐重约 15kg 为标准。

（15）油麦菜

加工方式：捆扎。

加工标准：新鲜、叶翠绿、无腐烂、无枯萎、根部干净，重 400～500g。

加工流程：

1）分把：以 4～5 棵为一把（可根据商品的大小进行调整）。

2）挑拣：摘除黄叶、烂叶，挑拣出腐烂的、断裂的。

3）对齐：将商品在加工台上进行整理。

4）捆扎：用绿胶带在离根部 12 厘米的位置捆扎一道，捆扎紧凑，捆扎完毕后，用剪刀对商品根部进行修整，并将商品以根部向后摆放在传送带上。

5）装筐：经检验合格后，进行装筐作业，以每层 8 把，每筐 4 层交叉码放，每筐重约 10kg。

（16）莴笋

加工方式：翻筐。

加工标准：根部鲜嫩，呈浅绿色、表皮无伤痕、叶绿新鲜、无腐烂、无褐色斑点，切头新鲜、无变黑，无定量。

加工流程：

1）加工：将商品摆放在加工台上，每棵莴笋剥去 6～7 片叶子。用刀对商品的根部进行修整，并将商品以根部向后摆放在传送带上。

2）挑拣：摘除黄叶、烂叶，挑拣出腐烂、畸形的部分。

3）装筐：经检验合格后进行装筐作业，以每层 6 棵，每筐 4 层，每筐重约 12kg。

（17）大蒜瓣

加工方式：装袋。

加工标准：外皮白、蒜瓣肥大，蒜头完整、无开裂、畸形、不发芽变色，每袋 5 个。

加工流程：

1）挑拣：将商品放在加工台上，挑拣出开裂、畸形、发芽变色的，剥去老层老皮。用剪刀修整蒜头部分。

2）装袋：用蒜袋将商品以 5 个为一个单位，进行装袋作业。

3）装筐：经检验合格后进行装袋作业，每层 20 个，每筐 6 层，每筐约 12kg。

（18）毛豆

加工方式：装袋。

加工标准：豆体呈浅绿色、有毛刺、豆体不发黄、米粒均匀、无腐烂，每袋 500～600g。

加工流程：

1）挑拣：将商品放在加工台上，挑拣出腐烂的，果粒饱满的，并将挑拣合格的放在传送带上。

2）装袋：以 500g 左右为标准，放入装袋机内进行装袋作业。

3）装筐：经检验合格后进行装筐作业，以每层 8 包，每筐 4 层，每筐重约 13kg。

（19）平菇

加工方式：打包。

加工标准：根部不过大，菇形饱满完整，每盒约 400g。

加工流程：

1）挑拣：将商品放在加工台上，挑拣出菇形完整、表面无开裂，用剪刀对商品根部进行修整。

2）码盒：修整完毕的商品，码放于型号为 2015 保鲜盒内，并将码放的商品摆放在传送带上。

3）打包：用型号为 300×500 保鲜膜进行打包作业。

4）装筐：经检验合格后，以每层 6 盒，每筐 4 层交叉码放，每筐重约 9kg。

（20）丝瓜

加工方式：包膜。

加工标准：瓜形细长均匀、无籽、无老斑、瓜头带花，瓜柄青色。

加工流程：

1）挑拣：将商品放在加工台上，挑拣出腐烂的、压伤的、断裂的、瓜体发黄的，用剪刀剪去果柄部分，并将挑拣合格的商品放在传送带上。

2）打包：以 2 个为一单位，用型号 350×500 保鲜膜进行打包。

3）装筐：经检验合格后，以每层 4 包，每筐 5 层交叉码放，每筐重约 15kg。

（21）西红柿

加工方式：挑拣。

加工标准：大小均匀、扁圆形、色泽鲜红和粉红、外表有光泽、手感坚实、无腐烂、无破裂、无发青。

加工流程：

1）挑拣：将商品放在加工台上，进行大小分级，挑拣出腐烂的、畸形的、不成熟发青的，并将好的商品放在传送带上。

2）码盒：依据商品的大小合理码盒，较小的以 4 个为一盒，用 1414 保鲜盒；大个的以 2 个为一盒，用型号为 1912 保鲜盒打包完毕后，将商品摆放在传送带上。

3）装筐：经检验合格后进行装筐作业，以每层 8 盒，每筐 4 层，每筐重 18kg 为标准。

（22）山药

加工方式：打包。

加工标准：灰褐色、呈椭圆形、无腐烂、无破裂、茎根粗直、不带泥土，每盒 400～500g。

加工流程：

1）清洗：将商品用水进行清洗，用抹布轻擦商品，洗净后进行控水处理。

2）切割：用菜刀将山药以 20 厘米为一段进行切割，修整腐烂的、破裂的。

3）码盒：以两段山药为一单位，码放入型号为 24105 保鲜盒内，并摆放在传送带上。

4）打包：将商品放在打包机上，用型号为 300×500 保鲜膜，进行打包。

5）装筐：经检验合格后进行装筐作业，以每层 6 盒，每筐 5 层，每筐重约 13kg。

（23）芹菜

加工方式：捆扎。

加工标准：深绿色叶片、叶柄脆嫩多汁、无腐烂、无黄叶、无变软，根部切割，整齐不带泥，每把 450～500g。

加工流程：

1）分把：以 2～3 棵为一单位（可根据棵形大小调整）。

2）挑拣：将商品放在加工台上，摘除黄叶、烂叶，挑拣出腐烂、断裂的。

3）对齐：将商品用手在加工台上整理。

4）捆扎：用绿胶带在离根部 12 厘米的位置捆扎一道，在离根部 30 厘米位置捆扎第二道，捆扎紧凑，捆扎完毕后，用菜刀对商品的根部进行修整，并将商品以根部向后摆放在传递带上。

5）装袋：因芹菜长度过长，无法使用周转筐，采用塑料袋装袋作业，以每袋重 15kg 为准。

（24）青蒜

加工方式：捆扎。

加工标准：根部白色、有须、粗细均匀，叶根鲜嫩，柄鲜脆，无萎缩，每把 400～500g。

加工流程：

1）分把：以 500g 左右为标准。

2）挑拣：摘除黄叶、烂叶，挑拣出腐烂、断裂的。

3）对齐：将商品在加工台上进行整理。

4）捆扎：用绿胶带在离根部 10 厘米的位置捆扎一道，在离根部 25 厘米的位置捆扎第二道。捆扎紧凑，捆扎完毕后，用剪刀对商品的根部进行修整，并将商品以根部向后摆放在传送带上。

5）装筐：经检验合格后进行装筐作业，以每层 6 把，每筐 5 层交叉码放，每筐重约 12kg。

（25）鲜姜

加工方式：装袋。

加工标准：黄褐色外表皮、干体株体坚韧、根茎大、无腐烂味。

加工流程：

1）挑拣：将商品放在加工台上，挑拣出腐烂的，萎缩的。

2）加工：将商品用手一分为二，小棵可不必分，以能入袋内为准，用菜刀对商品进行修整，加工完毕后，摆放在传送带上。

3）装袋：数量以双手刚好捧起为一单位。将商品放入装袋机内，用网袋进行装袋作业。

4）装筐：经检验合格后进行装袋作业，装菜高度不得高于周转筐手提横杆高度，每筐约重 12kg。

（26）苋菜

加工方式：捆扎。

加工标准：色泽青绿、微带紫绿色、茎叶脆嫩、叶片脆嫩、叶片呈扇形、根部干净、无腐烂、无枯萎，每把 400～500g。

加工流程：

1）分把：以 500g 左右为标准。

2）挑拣：摘除黄叶、烂叶，挑出压伤、腐烂的商品。

3）对齐：将商品的根部用手在加工台上进行整理。

4）捆扎：用绿胶带在离根部 15 厘米的位置捆扎一道，捆扎紧凑，捆扎完毕后用剪刀对商品根部进行修整，并将商品以根部向后摆放在传送带上。

5）装筐：经检验合格后进行装筐作业，每层 6 把，每筐 4 层交叉码放，每筐重约 12kg。

（27）香菜

加工方式：捆扎。

加工标准：绿色叶片、根部有须、茎秆脆嫩、根短叶青、香味较浓、无萎缩、无腐烂，每扎 200～300g。

加工流程：

1）分把：以 200g 左右为标准。

2）挑拣：摘除黄叶、腐烂，挑拣出断裂、腐烂的。

3）对齐：将商品在加工台上进行整理。

4）捆扎：用绿胶带在离根部 5 厘米的位置捆扎一道，捆扎紧凑，捆扎完毕后，用剪刀对商品的根部进行修整，并将商品以根部向后摆放在传送带上。

5）装筐：经检验合格后进行装筐作业，以每层 10 把，每筐 8 层，每筐约重 12kg为准。

（28）生菜

加工方式：捆扎。

加工标准：叶片脆嫩呈鲜绿色，叶型完整、无腐烂、无枯萎、无虫眼、根部切头新鲜，每把 500～600g。

加工流程：

1）分把：根据商品的大小，以 1～2 根为一把。

2）挑拣：摘除黄叶、烂叶，挑拣出压伤、有虫眼的部分。

3）对齐：将合格商品根部用手在加工台上进行整理。

4）捆扎：用绿胶带，在离根部 12 厘米的位置捆扎一道，捆扎紧凑，捆扎完毕后用剪刀对根部进行修整，并将商品以根部向后摆放在传送带上。

5）装筐：经检验合格后进行装筐作业，以每层 8 把，每筐 3 层，交叉码放，每筐约重 10kg。

（29）紫甘蓝

加工方式：打包。

加工标准：叶片与茎呈紫色、结实无裂口、无畸形和烂叶、个体较均匀、无定量。

加工流程：

1）加工：将商品放在加工台上，剥去 2～3 片老叶，摘除黄叶、烂叶，用菜刀对根部进行修整，加工完毕后放在传送带上。

2）打包：用型号为 300×500 保鲜膜进行打包作业。

3）装筐：经检验合格后进行装筐作业，装菜高度不得高于周转筐手提横杆的高度，每筐重约 15kg。

（30）西蓝花

加工方式：打包。

加工标准：深绿色、花冠饱满、花体紧密结实、切除根部、无虫眼、无定量。

加工流程：

1）加工：将商品放在加工台上，挑拣出菜花过老、发黄的，用菜刀对商品根部进行修整，根部留 5 厘米左右长，加工完毕后放在传送带上。

2）打包：以一个为一单位，用型号为 300×500 保鲜膜进行打包。

3）装筐：经检验合格后进行装筐作业，装菜高度不得高于周转筐手提横杆高度，每筐重约 12kg。

（31）彩椒

加工方式：打包。

加工标准：红色或金黄色，皮脆嫩、有明亮的光泽、无萎缩、无腐烂、无变软、无压伤，每盒 300～400g。

加工流程：

1）挑拣：将商品放在加工台上，挑拣出腐烂、变软、压伤的，去除椒柄放在传送带上。

2）码盒：以 2 个为一个单位，果柄向内，颜色可搭配，码放在型号为 1912 保鲜盒内。

3）打包：用型号为 300×500 保鲜膜进行打包。

4）装筐：经检验合格后进行装筐作业，以每层 6 盒、每筐 4 层、每筐重约 10kg。

（32）长茄子

加工方式：捆扎。

加工标准：深紫色、皮色鲜亮、无压伤、无腐烂、无畸形、无定量。

加工流程：

1）加工：将商品放在加工台上，挑拣出腐烂、压伤、畸形的，用剪刀对果柄进行修整，加工完毕后，将商品以果柄处向后摆放在传送带上。

2）打包：以 2 个为一单位，用型号为 300×500 将保鲜膜进行打包。

3）装筐：经检验合格后进行装筐作业，装菜高度不高于周转筐手提横杆的高度。每筐重约 12kg。

（33）大白菜

加工方式：捆扎。

加工标准：叶茎洁白、叶面嫩绿、结实无裂口，无畸形和黄叶、烂叶，菜体不发青、个体较均匀、无定量。

加工流程：

1）挑拣：将商品放在加工台上，摘除黄叶、烂叶，用菜刀对根部进行修整。

2）捆扎：用绿胶带在离根部 15 厘米的位置捆扎一道，捆扎紧凑，捆扎完毕后，将商品以根部向后摆放在传送带上。

3）装筐：经检验合格后进行装筐作业，每层 6 棵，每筐一层。根部朝下，菜体朝上，每筐重约 15kg。

（34）大葱

加工方式：捆扎。

加工标准：葱白粗细均匀，无须，柄脆嫩，坚韧，无中空现象，根部切割整齐，去除老皮，每把 400～500g。

加工流程：

1）分把：以 3～4 根为一把（可根据商品的长短进行调整）。

2）挑拣：摘除黄叶、烂叶，剥去老皮。

3）对齐：将商品在加工台上进行整理。

4）捆扎：用绿胶带在离根部 12 厘米的位置捆扎一道，在离根部 30 厘米的位置捆扎第二道，捆扎紧凑。捆扎完毕后，用剪刀对根部进行修整，并将商品以根部向后摆放在传送带上。

5）装筐：经检验合格后进行装筐作业，每层 8 把，每筐 5 层，交叉码放，每筐重约 10kg。

（35）尖椒

加工方式：打包。

加工标准：青色、皮脆嫩、有明亮的光泽、无萎缩、无腐烂、无变软，每把 400～500g。

加工流程：

1）挑拣：将商品放在加工台上，挑拣出腐烂的、变软的、压伤的，挑拣完毕后将商品放在传递带上。

2）打包：以 450g 左右为标准，用型号为 350×500 保鲜膜进行打包，并将打包完毕的商品放在传送带上。

3）装筐：经检验合格后进行装筐作业。以每层 6 包，每筐 4 层，每筐 10kg 为标准。

（36）豇豆

加工方式：捆扎。

加工标准：因品种不同主要以浅绿色和深绿色两种颜色为主，脆嫩、籽小肉厚、无虫眼、无豆斑、无腐烂、无萎缩、无发泡。

加工流程：

1）分把：以 500g 左右为一束（15～20 棵）。

2）挑拣：挑拣出有虫眼、腐烂、萎缩的、太短的、折断的。

3）对齐：将商品用手在加工台上整齐。

4）捆扎：用绿胶带在离根部 10 厘米的位置捆扎第一道，在离根部 25 厘米位置捆扎第二道，捆扎紧凑不松动，捆扎完毕后，用剪刀对商品果柄部进行修整，并将商品以根部向后摆放在传送带上。

5）装筐：经检验合格后进行装筐作业，以每层 8 把，每筐 4 层，交叉码入，每筐重约 15kg。

（37）柿子椒

加工方式：打包。

加工标准：颜色深绿、皮脆嫩、有光泽、无萎缩、无腐烂、无压伤、果柄鲜艳、无虫眼，每盒 400～500g。

加工流程：

1）挑拣：将商品放在加工台上，挑拣出腐烂、变软、压伤的，将剪除果柄后合格的商品摆放在传送带上。

2）码盒：以 4 个码一盒，大小搭配均匀，用型号为 2015 保鲜盒进行码放（果柄向内）。

3）打包：用型号 300×500 保鲜膜进行打包。

4）装筐：经检验合格后进行装筐作业，以每层 6 盒，每筐 4 层，每筐重约 10kg 为准。

（38）蒜薹

加工方式：捆扎。

加工标准：根部切割整齐，长短均匀，剪除黄色蒜叶，茎杆脆嫩有弹性，每把 400～500g。

加工流程：

1）分把：以 500g 左右为标准。

2）挑拣：挑拣出腐烂、冻伤的、枯萎的。

3）对齐：将商品在加工台上进行整理。

4）捆扎：用绿胶带在离根部 12 厘米的位置捆扎一道，离根部 25 厘米位置捆扎第二道，捆扎紧凑，捆扎完毕后，用剪刀剪除黄色蒜叶，修剪根部，并将商品以根部向后摆放在传送带上。

5）装筐：经检验合格后进行装筐作业，以每层 8 层，每筐 5 层，每筐重约 10kg 为准。

（39）团生菜

加工方式：打包。

加工标准：根部白色、叶片浅绿色、脆嫩、无畸形、无黄叶、无腐烂、无定量。

加工流程：

1）加工：将商品放在加工台上，剥去 2～3 片老叶，摘除黄叶、烂叶，用菜刀对根部进行修整，加工完毕后放在传送带上。

2）打包：以一个为一单位，用型号为 250×500 保鲜膜进行打包。

3）装筐：经检验合格后进行装筐作业，装菜高度不得高于周转筐手提横杆的高度，每筐重约 12kg。

（40）香芹

加工方式：捆扎。

加工标准：叶脆绿、叶柄脆嫩坚挺、无腐烂、无断裂、无萎缩，每把 500～600g。

加工流程：

1）分把：以 500g 左右为标准。

2）挑拣：摘除黄叶、烂叶，挑拣出腐烂、断裂的。

3）对齐：将商品在加工台上整理。

4）捆扎：用绿胶带在离根部 10 厘米的位置捆扎一道，在离根部 25 厘米的位置捆扎第二道，捆扎紧凑，捆扎完毕后，用剪刀对商品的根部进行修整，并将商品以根部向后摆放在传送带上。

5）装筐：经检验合格后进行装筐作业，以每层 6 把，每筐 5 层交叉码放，每筐重约 12kg。

（41）小米椒

加工方式：打包。

加工标准：青色，皮脆嫩、有明亮的光泽、果柄青色、无腐烂、无萎缩、无变软、无压伤，每盒 200～250g。

加工流程：

1）挑拣：将商品放在加工台上，挑拣出腐烂、变软、压伤的，用剪刀剪去椒柄，并将商品放在传送带上。

2）码盒：以 200g 左右为标准，码放在型号为 1410 保鲜盒内。

3）打包：用型号为 250×500 保鲜膜进行打包。

4）装筐：经检验合格后进行装筐作业，每层 8 盒，每筐 5 层，每筐重约 10kg。

（42）红洋葱

加工方式：挑拣。

加工标准：加工后呈浅红色，外表光亮、内质脆嫩多汁、球形、无霉斑、无双头并生现象，无裂、无定量。

（43）圆白菜

加工方式：挑拣。

加工标准：叶片浅绿色、脆嫩、结实无裂口、无畸形和黄叶、个体较均匀，无定量。

加工流程：

1）加工：将商品放在加工台上，挑拣出裂口的、畸形的，剥去 2～3 片老叶，摘除黄叶、烂叶，用菜刀对根部进行修整，加工完毕后放在传送带上。

2）装筐：经检验合格后进行装筐作业，装菜高度不得高于周转筐手提横杆的高度，每筐重约 10kg。

（44）娃娃菜

加工方式：挑拣。

加工标准：根茎洁白、叶面紧凑黄绿、无枯叶、无畸形，每包500～600g。

加工流程：

1）加工：将商品放在加工台上，挑拣出腐烂、畸形的，用菜刀对根部进行修整。加工完毕后放在传送带上。

2）装筐：经检验合格后进行装筐作业，每层16包，每筐2层，根部朝下，菜体朝上进行码放，每筐重约10kg。

（45）心里美

加工方式：挑拣。

加工标准：表皮完好无开裂，体态均匀、无泥土、无定量。

加工流程：

1）挑拣：将商品放在加工台上，挑拣出压伤、开裂的，用菜刀对根部进行修整，修整完毕后，将商品放在传送带上。

2）装筐：经检验合格后进行装筐作业，装筐高度不得高于周转筐手提横杆高度。

（46）香菇

加工方式：打包。

加工标准：菇形完整、不发黑、饱满有弹性、茎秆较短，每盒重400～500g。

加工流程：

1）挑拣：将商品放在加工台上，挑拣出发黑的、畸形的，用剪刀剪去根部底部。将修剪好的商品码放于型号为2015盒内（根部向下，不得裸露于外面），完毕后放在传送带上。

2）打包：用型号为300×500保鲜膜进行打包作业。

3）装筐：经检验合格后，以每层6盒，每筐4层交叉码放，每筐重约10kg。

（47）蒜黄

加工方式：捆扎。

加工标准：菜叶坚挺、不发青，根部切割整齐、不带泥，每扎400～500g。

加工流程：

1）分把：以500g左右为一束。

2）挑拣：摘除烂叶，挑拣出折断、腐烂的。

3）对齐：将商品在加工台上进行整理。

4）捆扎：用绿胶带在离商品根部12厘米的位置捆扎一道，离根部20厘米位置捆扎第二道，捆扎紧凑，捆扎完毕后，用剪刀对商品进行修整并将商品根部向后放在传送带上。

（48）圣女果

加工方式：挑拣。

加工标准：色泽鲜红、外表有光泽、果形完整、不腐烂、不裂口、大小均匀、不定量。

加工流程：

1）挑拣：将商品放在加工台上，挑拣出腐烂的、开裂的、畸形的、果实过熟的，并将挑拣出的放在传送带中。

2）装筐：经检验合格后进行装筐，每筐重约 18kg。

（49）秋黄瓜

加工方式：打包。

加工标准：果色呈浅黄色、果形完整、不腐烂、不裂口、通体大小均匀，每包 400～500g。

加工流程：

1）挑拣：将商品放在加工台上，挑拣出腐烂的，压伤断裂的，形体不均匀，有老斑发黄的，并将挑拣合格的商品放在传送带上。

2）打包：以 2～3 个为一单位，用型号为 300×500 保鲜膜进行打包作业。

3）装筐：经检验合格后，以每层 6 包，每筐 5 层交叉码放，每筐重约 15kg。

（50）马蹄

加工方式：装袋。

加工标准：表面为褐色、扁圆形、个体均匀、无腐烂、无泥土、无发芽，每袋 500～600g。

加工流程：

1）挑拣：将商品放在加工台上，挑拣出腐烂、缩水的，并将好的商品放在传送带上。

2）装袋：以 500g 左右为标准，放入装袋机中，用红色网袋进行装袋作业。

3）装筐：经检验合格后，以每层 8 袋，每筐 4 层，每筐重约 15kg 为标准码放。

（51）芥菜

加工方式：捆扎。

加工标准：色泽青绿、植体脆嫩新鲜、无腐烂、无枯萎、无虫眼，每把 500～600g。

加工流程：

1）分把：以 500g 左右为标准（可根据商品的长短进行调整）。

2）挑拣：摘除黄叶、烂叶，挑拣出腐烂的及其他杂物。

3）对齐：将商品在加工台上进行整理。

4）捆扎：用绿胶带在离根 10 厘米的位置捆扎一道，捆扎紧凑，捆扎完毕后，剪刀对根部修整，摘除根部碎叶，并将商品以根部向后摆放在传送带上。

5）装筐：经检验合格后，以每层 7 把，每筐 4 层交叉码放，每筐约 12kg。

（52）黄瓜

加工方式：打包。

加工标准：瓜体呈深绿色、有毛刺、果形完整、通体大小均匀、无老斑、瓜头带花、无碰伤、无挤伤，条形好，每包 500g。

加工流程：

1）挑拣：将商品放在加工台上，挑拣出腐烂的，压伤断裂的，形体不均匀，有老斑发黄的，并将挑拣合格的商品放在传送带上。

2）打包：以 2～3 个为一单位，用型号为 300×500 保鲜膜进行打包作业。

3）装筐：经检验合格后，以每层 6 包，每筐 5 层交叉码放，每筐重约 15kg。

（53）红薯

加工方式：装袋。

加工标准：灰褐色的、无泥土、个体均匀、无损伤和畸形，每袋 500～600g。

加工流程：

1）挑拣：将商品放在加工台上，挑拣出损伤的、畸形、个体不均匀的，并将挑拣好的商品放在传送带上。

2）装袋：以 2～3 个为一个单位（可调整）放入装袋机中，用红色网袋装袋作业。

3）装筐：经检验合格后，以装筐高度不得高于周转筐的横杆为标准，每筐约重 18kg。

（54）冬瓜

加工方式：挑拣。

加工标准：青绿色、直身、果形完整、不裂口、通体大小均匀、无定量。

加工流程：

1）挑拣：挑拣出压伤的、腐烂的、形体不均匀的。

2）装筐：经检验合格后，以 2～3 个为一单位进行装筐，每筐重约 20kg，形体较长的，做装袋处理时，直接码放于栈板。

（55）茴香

加工方式：捆扎。

加工标准：茎杆脆嫩短小、叶片坚挺无黄叶、无腐烂，每扎约重 400g。

加工流程：

1）分把：以 400g 左右为标准（可根据商品的长短进行调整）。

2）挑拣：摘除黄叶、烂叶，挑拣出腐烂的，去除泥土及其他杂物。

3）对齐：将商品在加工台上进行整理。

4）捆扎：用绿胶带在离根 10 厘米的位置捆扎一道，捆扎紧凑，捆扎完毕后，用剪刀对根部修整，摘除根部碎叶，并将商品以根部向后摆放在传送带上。

5）装筐：经检验合格后，以每层 7 把，每筐 4 层，交叉码放，每筐约 12kg。

（56）小芋头

加工方式：装袋。

加工标准：呈深褐色、个体均匀、无泥土、不发面和发芽变色。

加工流程：

1）挑拣：将商品放在加工台上，挑拣出腐烂的、发芽的、发面的、个体不均匀的并将挑拣合格的放在传送带上。

2）装筐：以 600g 左右为标准，放入装袋机内进行装袋作业。

3）码装：经检验合格后，以每层 6 包，每筐 4 层，每筐重约 15kg 为准码放。

（57）莲藕

加工方式：打包。

加工流程：

1）挑拣：将商品放在加工台上，挑拣出畸形的、有黑斑的、有压伤的，菜刀切割掉中间藕节，并将加工好的商品放在传送带上。

2）打包：以一节藕为一单位，形体较小的，以两节藕为一个单位用型号为 300×500 保鲜膜进行打包作业。

（58）板栗

加工方式：装袋。

加工标准：表皮坚韧无干枯、呈褐色、大小均匀、果肉呈黄色、无缩水、无虫眼，每袋 400～500g。

加工流程：

1）挑拣：将商品放在加工台上，挑拣出腐烂、缩水的、有虫眼的，并将好的商品放在传送带上。

2）装袋：以 500 左右为标准，放入装袋机中，用红色网袋进行装袋作业。

3）装筐：经检验合格后，以每层 8 袋，每筐 4 层，每筐重约 15kg 为标准码放。

（59）冬笋

加工方式：装袋。

加工标准：呈黄褐色、无泥土、个体均匀、无损伤和畸形，根部切割整齐，手掐脆嫩，每袋 500～600g。

加工流程：

1）挑拣：将商品放在加工台上，挑拣出畸形的、腐烂的。

2）加工：去除商品表皮的泥土，用菜刀对根部进行修整，以手指能掐入为准。

3）装袋：以 1～2 个为一单位，放入装袋机内，用网袋进行装袋作业。

4）装筐：经检验合格后进行装袋作业，装筐高度不得高于周转筐手提横杆的高度，每筐重约 18kg。

（60）蒿子秆

加工方式：挑拣。

加工标准：叶片绿色无斑点、茎呈浅青绿色、新鲜脆嫩、无腐烂、无枯萎，每把 400～500g。

加工流程：

1）分把：以 500g 左右为一束（可根据实际情况进行调整）。

2）挑拣：摘除黄叶、烂叶，挑拣出腐烂的、枯萎的。

3）对齐：将商品在加工台上进行整理处理。

4）捆扎：用绿胶带在离商品根部 12 厘米的位置捆扎一道，捆扎紧凑，捆扎完毕后，将商品根部向后码入传送带上。

5）装筐：经检验合格后，以每层 6 把，每筐 4 层交叉码放，每筐重约 10kg。

（61）瓠子

加工方式：挑拣。

加工标准：青绿色、通体均匀、瓜体笔直、手感坚硬、无老斑、无损伤、无定量。

加工流程：

1）挑拣：将商品放在加工台上，挑拣出压伤的、腐烂的、有老斑的、个体不均匀的，将好的商品放在传送带中。

2）装筐：经检验合格后，以每层 6 个，每筐 5 层，每筐重约 12kg 为标准码放（装筐时注意下短上长进行码放）。

（62）苦瓜

加工方式：挑拣。

加工标准：青绿色、通体均匀、瓜体笔直、手感坚硬、无老斑、无损伤、无定量。

加工流程：

1）挑拣：将商品放在加工台上，挑拣出压伤的、腐烂的、有老斑的、个体不均的，将好的商品放在传送带中。

2）装筐：经检验合格后，以每层 6 个，每筐 5 层，每筐重约 12kg 为标准码放（装筐时注意下短上长进行码放）。

（63）南瓜

加工方式：挑拣。

加工标准：表皮坚硬、瓜形大而厚实、无老斑、通体皮色均匀、无损伤、无定量。

加工流程：

1）挑拣：将商品放在加工台上，挑拣出压伤的、腐烂的、形体不均匀的。

2）装筐：以 3～4 为一单位进行装筐作业，每筐重约 15kg 或者以纱袋进行盛装，每袋 35～40kg。

（64）西葫芦

加工方式：打包。

加工标准：青绿色、表面圆滑、无压伤、通体大小均匀、有光泽，每包 500～600g。

加工流程：

1）挑拣：将商品放在加工台上，挑拣出压伤的、有老斑的、通体不均匀的，将好的商品放在传送带中。

2）打包：以 1～2 个为一单位，用型号为 300×500 保鲜膜进行打包作业。

3）装筐：经检验合格后，以每层 6 包，每筐 4 层交叉码放，每筐重约 15kg。

（65）香葱

加工方式：捆扎。

加工标准：根部洁白、叶青绿色、表面尖滑、无压伤、大小均匀、无花蕾，每包 200～250g。

加工流程：

1）挑拣：将商品放在加工台上，挑拣出压伤的、有老斑的，去除黄叶、个体不均匀的，将好的商品放在传送带中。

2）打包：以 200g 左右为一束，用型号为 300×500 保鲜膜进行打包作业。

3）装筐：经检验合格后，以每层 6 包，每筐 4 层，交叉码放，每筐重约 15kg。

（66）圆茄子

加工方式：打包。

加工标准：皮色鲜亮、无花皮、无畸形、无裂口、无压伤和腐烂、个体均匀、无定量。

加工流程：

1）挑拣：将商品放在加工台上，挑拣出腐烂的、畸形的、压伤的、个体不均匀的，并将挑拣出的商品放在传送带上。

2）打包：以一个为单位，进行打包作业。

3）装筐：经检验合格后进行装筐作业，装筐高度不得高于周转筐手提横杆的高度，每筐重约12kg。

（67）精品金针菇

加工方式：打包。

加工标准：菇伞较小，茎秆度较好、洁白、不发黄、根部切除整齐，每盒重200～250g。

加工流程：

1）挑拣：将商品放在加工台上，挑拣出腐烂的、水伤过大的，用剪刀对好的商品根部进行修整。

2）码盒：修整完毕后，码放于型号为2013保鲜盒内，并将码放的商品摆放在传递带上。

3）打包：用型号300×500保鲜膜进行打包作业。

4）装筐：经检验合格后，以每层8盒、每筐4层，交叉码放，每筐重约10kg。

2.3.3 肉类的验收分拣质量标准

（1）鲜猪肉的质量标准（见表2-1）。

表2-1 鲜猪肉的质量标准

项目	新鲜	次质
外表	表皮白净、毛少或无毛	有血块、污染、毛多、肉质瘫软
颜色	脂肪洁白有光泽，肉呈鲜红色或玫红色	暗红色或灰褐色，脂肪呈黄白，绿色或黑色表示已腐坏
弹性	弹性好，按之迅速恢复	弹性差，恢复较慢或有明显的痕迹
黏度	表面不粘手	干燥或粘手
气味	正常的肉味	异味

（2）鲜牛肉的质量标准（见表2-2）。

表2-2 鲜牛肉的质量标准

项目	新鲜	次质
颜色	颜色暗红、有光泽，脂肪洁白或淡黄色	颜色发黑或鲜红、淡红色，表面颜色不一致，脂肪呈黄色
肉质	肉质纤维细腻、紧实，夹有脂肪，肉质微湿	肉质纤维松软粗糙，肉质含水分大，甚至滴水
弹性	弹性好，指压后凹陷能立即恢复	弹性差，指压后坚实，凹陷难以恢复
黏度	表面微干，有风干膜，不粘手	表面过于干燥、失水，或过湿无风干膜
气味	有牛肉的膻气	有异味、氨味等

（3）鲜羊肉的质量标准（见表2-3）。

表2-3　鲜羊肉的质量标准

项目	新鲜	次质
颜色	颜色深红色或淡红色，有光泽，脂肪颜色洁白或乳白	颜色发黑或发绿，无光泽，脂肪黄色
弹性	弹性好，指压后凹陷能立即恢复，不粘手	弹性差，指压后凹陷难以恢复，表面粘手
肉质	肉质纤维细软，少有脂肪夹杂，有羊肉的膻气	肉质纤维粗硬，脂肪夹杂较多，有异味

（4）冷冻猪肉的质量标准（解冻后）（见表2-4）。

表2-4　冷冻猪肉的质量标准（解冻后）

项目	新鲜	次质	变质
颜色	色红均匀、有光泽、脂肪洁白、无霉点	色稍暗红、缺乏光泽、脂肪微黄、有少量霉点	色暗红、无光泽、脂肪黄色或灰绿色、有霉点
肉质	肉质紧密、坚实	肉质软化、松弛	肉质松弛
黏度	外表及切面微湿润，不粘手	外表湿润、不粘手，切面有渗出液、不粘手	外表湿润、粘手，切面有渗出液、粘手
气味	无异味	稍有氨味或酸味	氨味或酸味、臭味

（5）冷冻牛肉的质量标准（解冻后）（见表2-5）。

表2-5　冷冻牛肉的质量标准（解冻后）

项目	新鲜	次质	变质
颜色	色红均匀、有光泽、脂肪洁白或微黄色	色暗，肉与脂肪缺乏光泽，切面有光泽	肉色暗，脂肪无光泽，脂肪发污，切面无光泽
肉质	结构紧密坚实、肌肉纤维韧性强	松弛、肌肉纤维有韧性	软化、松弛，肌肉纤维缺乏韧性
黏度	外表风干、有风干膜，或外表湿润、不粘手	外表风干或轻度粘手，切面湿润、不粘手	外表极度干燥、粘手，切面湿润粘手
气味	牛肉的正常气味	稍有氨味或酸味	氨味或酸味、臭味

（6）冷冻羊肉的质量标准（解冻后）（见表2-6）。

表2-6　冷冻羊肉的质量标准（解冻后）

项目	新鲜	次质	变质
颜色	颜色鲜艳、有光泽、脂肪白色	肉色稍暗、脂肪稍黄，表面缺乏光泽，切面有光泽	色暗、脂肪微黄，表面无光泽、切面无光泽
肉质	结构紧密坚实、肌肉纤维韧性强	松弛、肌肉纤维有韧性	软化、松弛，肌肉纤维缺乏韧性
黏度	外表风干、有风干膜，或外表湿润、不粘手	外表风干或轻度粘手，切面湿润、不粘手	外表极度干燥、粘手，切面湿润粘手
气味	羊肉的正常气味	稍有氨味或酸味	氨味或酸味、臭味

（7）冷冻兔肉的质量标准（解冻后）（见表2-7）。

表 2-7 冷冻兔肉的质量标准（解冻后）

项目	新鲜	次质	变质
颜色	色红均匀、有光泽、脂肪洁白或淡黄色	肉色稍暗、表面缺乏光泽，切面有光泽	色暗、无光泽、脂肪黄绿色
肉质	结构紧密坚实、肌肉纤维韧性强	松弛、肌肉纤维有韧性	软化、松弛，肌肉纤维缺乏韧性
黏度	外表风干、有风干膜，或外表湿润、不粘手	外表风干或轻度粘手，切面湿润、不粘手	外表极度干燥、粘手，切面湿润粘手
气味	兔肉的正常气味	稍有氨味或酸味	氨味或酸味、臭味

（8）冷冻鸡的质量标准（解冻后）（见表2-8）。

表 2-8 冷冻鸡的质量标准（解冻后）

项目	新鲜	次质	变质
眼	眼球饱满或平坦	皱缩凹陷、晶体浑浊	干缩凹陷、晶体浑浊
皮肤	皮肤有光泽，肌肉切面有光泽	外表干燥、粘手，新切面湿润	表面极度干燥、粘手，新切面湿润粘手
组织	指压后凹陷恢复得慢，且不能完全恢复	肌肉发软，指压后凹陷不能恢复	肌肉松弛，指压后凹陷不能恢复
气味	鸡肉的正常气味	无异味，腹腔有些异味	有腐败味或霉味，腹腔内有臭味

（9）冷冻鸭、鹅的质量标准（解冻后）（见表2-9）。

表 2-9 冷冻鸭、鹅的质量标准（解冻后）

项目	新鲜	次质
眼	眼球平坦或稍有凹陷	眼球皱缩、晶体浑浊
皮肤	有光泽，呈淡黄色、乳白色、淡红色，肌肉切面有光泽	皮肤无光泽、肌肉切面有光泽
组织	皮肤湿润、不粘手，肌肉有弹性，指压后凹陷不明显	皮肤干燥或粘手，肌肉切面湿润、弹性差、指压后恢复较慢
气味	有鸭、鹅固有的气味	轻度异味

（10）活宰猪与死猪肉的鉴别（见表2-10）。

表 2-10 活宰猪与死猪肉的鉴别

项目	活宰猪	死猪肉
放血	放血良好，血液无渗入内层的现象	放血不良，血液凝结并渗入内层
色泽	脂肪白色有光泽，肉呈鲜红色或玫红色	脂肪粉红色无光泽，肉呈黑红色
气味	正常肉味	异味
弹性	弹性好	无弹性

（11）病猪、老公猪、老母猪的鉴别（见表2-11）。

表2-11 病猪、老公猪、老母猪的鉴别

食用猪	老公猪	老母猪	病猪
肉皮薄而软、毛孔小、有弹性，骨骼洁白细滑	肉厚而硬实，无弹性，骨骼黄色粗大	皮厚而粗糙，黄色，毛孔大，奶头突出	瘟病猪脂肪呈红色，肉皮上有小的出血点
肉色泽鲜艳、纤维细腻，脂肪洁白肥厚，结构紧密	肉颜色暗红、纤维粗糙，脂肪较少，肉久煮不烂	肉紫红色，纤维粗乱，脂肪肥少而松弛，久煮不烂	黄疸病猪，皮、心、肝、肉都呈黄色，有鱼腥气
正常的肉味，无臊味	有臊味	有臊味	丹毒病猪，表面有大方块、圆块的出血斑

（12）注水牛肉的鉴别（见表2-12）。

表2-12 注水牛肉的鉴别

注水牛肉	未注水牛肉
肉质纤维特别明显粗糙，肉面有水分渗出，用手触摸，湿感重，用干纸贴在牛肉表面，纸很快会湿透	牛肉不粘手，用干纸贴在牛肉表面，纸不湿透

（13）猪副产品的质量标准（见表2-13）。

表2-13 猪副产品的质量标准

品名	优质标准	劣质特征
猪心	颜色鲜红，脂肪乳白或红色，结构紧实，形状完整，切开后有血块，有弹性	颜色发暗或红棕色，脂肪灰绿，质地软、无弹性，有异味、肿块或寄生虫
猪肝	颜色红褐或淡棕色，表面光滑、湿润，形态完整且不破损，有弹性	颜色暗红或褐绿色，软塌松散无弹性，易破损，有异味。胆汁流出或有寄生虫
猪肚	乳白色或淡褐色，结构紧密、质地柔软，表面清洁，内壁光滑	颜色灰绿，结构松烂或硬厚，有硬块、溃疡、红肿、异味，或有污物
猪舌	颜色黄白，结构紧密、有弹性，形状完整	颜色暗淡或发绿，结构松软，形状破损，有污物
猪腰	颜色淡褐色有光泽，表面光滑平整，湿润不粘手，结构紧密，略有弹性和尿臊气	颜色发深或绿灰，干燥塌软，表面有红点、水泡或其他异样肿块，异味重
猪肠	颜色乳白或淡褐色，卷曲有皱褶，质地柔软不烂，干净整洁	颜色淡黄色或灰绿色，肠壁发黏或有病变、溃疡、脓肿、寄生虫，有污物
猪耳	颜色黄白色，表面光滑无毛，形状完整，弹性好，质地硬脆	毛多、有血块，形状破损，质地塌软
猪蹄	颜色乳白色或淡黄色，表面光滑无毛，肉弹性好，形状完整	颜色发黄，有毛或血斑、血块，弹性差，表皮破损

（14）冻品类的质量标准（见表2-14）。

表2-14　冻品类的质量标准

品名	优质标准	劣质特征
肥牛	颜色鲜红色，脂肪清白，肥与瘦分布均匀比例合适，切片整齐碎肉少	颜色发黄，肥瘦不均，碎肉多，切片解冻或结块，有异味
羊肉卷	颜色鲜艳，脂肪洁白，瘦肉比例大，切片整齐碎肉少	颜色发暗或微黑，肥肉过多，碎肉多，切片解冻或结块，有异味
鸡腿	皮颜色淡黄，肉颜色鲜红，有光泽，皮光洁紧缩，肉与皮结合紧密，弹性好，无异味	脱皮、瘀血、发皱、粘手、颜色发暗、异味
鸡翅	颜色淡黄，有光泽，皮光洁紧缩，肉与皮结合紧密，无异味	脱皮、瘀血、发皱、有毛、粘手、异味
禽心	颜色紫褐色，形状完整、紧密坚实，弹性好	颜色紫黑或灰绿，柔软无弹性，粘手且有异味
禽肾	皮颜色金黄，肉紫绛色，结构紧密、厚实，有弹性、不粘手	颜色灰绿，结构松弛，无弹性，表面粘手，有异味或污物
凤爪	颜色乳白，表面有光泽，个头较大完整，整齐度好，肉厚有弹性	发黄、过分水浸、个头太小或软烂，有黑色的碱斑
白条鸡/白条鸭	眼睛明亮饱满，形态完整，表皮颜色因品种不同而呈乳白、淡黄、粉红色或乌黑色，有光泽且皮肉结合紧密，白条鸡脱毛干净，白条鸭无毛或毛少，肉质弹性好，按之可立即恢复，表面干湿度合适、不粘手，无异味	眼睛凹陷、浑浊、干缩，甚至有黏液，表皮颜色苍白或发绿，表面干燥并有疮、痂或斑点，肉质软烂弹性差，表面粘手，有异味

（15）散装腊味类的质量标准（见表2-15）。

表2-15　散装腊味类的质量标准

品名	优质标准	劣质特征
散腊肠	颜色深红色夹带白色脂肪，腊肠结实、干燥、完整，表面有光泽、起皱，肉质弹性好，具备腊肠的香味	颜色淡黄色或黄色，腊肠软湿、易碎、发粘，表面无皱纹、无弹性，有白（灰）色斑点，肠衣与肉分离，有哈喇味或其他异味
散腊肉	颜色皮金黄色，肉红润、紫红色，脂肪发黄半透明，肥瘦均匀、整齐，肉质柔软有弹性，具有腊肉特有的香味	颜色深褐色，表面有白点，肉质坚硬、干燥，有哈喇味或其他异味

2.3.4　叶菜类采购验收标准

（1）卷心菜

看叶球：叶球要坚硬紧实，包心松散。

观顶部：叶球坚实。如果顶部隆起，说明球内开始抽薹，中心柱过高，食用风味变差。

剪叶缘：卷心菜生长期常缺钙，表现为叶缘枯死，这不影响食用品质，剪除即可。

（2）韭菜

叶片：异常宽大的慎买，可能使用激素。

长相：要"不漂亮"的，别挑特别油绿粗壮的。

根部：根部截口处齐，捏住根部叶片能直立，则新鲜；长出节的不新鲜。

保鲜：捆好韭菜后，用大白菜叶包裹，置于阴凉处，可有效保鲜一周。

（3）小白菜

优质质量形态：梗白色、较嫩较短，叶子淡绿色，整棵菜水分充足，无根。

劣质质量形态：有黄叶、枯萎、虫蛀洞或小虫，腐烂、压伤、散水太多。

（4）油菜

优质质量形态：梗短粗、呈淡绿色或白色，叶子厚、肥大，主茎无花蕾，水分充足。

劣质质量形态：有黄叶、枯萎、虫蛀洞或小虫，有花蕾、腐烂、压伤、散水太多。

（5）香芹

优质质量形态：别名旱芹，叶翠绿，无主茎、分支少，根细，茎挺直、脆，芹香味浓，水分充足，长约30厘米。

劣质质量形态：有泥土，黄叶、烂叶、干叶，根粗、分支多，茎老、弯曲、空心，有锈斑、黄斑、断裂、腐烂。

（6）水芹

优质质量形态：叶嫩绿或黄绿，茎、根部呈白色，茎细软、中间空、水分充足，有清香味，长约30厘米。

劣质质量形态：有泥土、烂叶、黄叶，根茎变黄、有锈斑、黄斑、断裂、杂草。

（7）生菜

优质质量形态：颜色鲜艳淡绿，叶子水分充足、脆嫩薄、可竖起，棵株挺直。

劣质质量形态：叶子发黄、有褐色边或褐斑，干软，有烂根、脱叶。

（8）空心菜

优质质量形态：叶薄小翠绿，有光泽，棵株挺直，梗细嫩脆、淡绿色、易折断，棵株约15厘米。

劣质质量形态：叶子大、黄叶、烂叶或叶斑，有花蕾、虫洞、腐烂，棵株软，梗粗老、节上有白色的支头。

（9）西洋菜

优质质量形态：颜色淡绿或深绿，茎细嫩脆、易折断，水分充足，棵株挺直。

劣质质量形态：茎粗老、白色支头多，有黄叶、烂叶、杂草，棵株软且大。

（10）油麦菜

优质质量形态：叶淡绿、肥厚、嫩脆，无主茎，叶株挺直、水分充足，根部的切面嫩绿色，稍有苦涩味。

劣质质量形态：黄叶、烂叶、有叶斑，有主茎，干软。

（11）芥菜

优质质量形态：叶大而薄、深绿色，柄嫩绿脆，无主茎，叶株挺直、水分充足。

劣质质量形态：黄叶、黄叶边，有虫，干软。

（12）苋菜

优质质量形态：苋菜主要有红、绿两种苋菜，叶为绿色或红色，叶大薄软、有光泽，茎细短、光滑嫩脆，棵株挺直、水分充足。

劣质质量形态：有黄叶、叶背有白点，有虫，枯萎，有籽，茎粗老。

（13）菜心

优质质量形态：颜色碧绿、梗脆嫩，掐之易断，有花蕾或无花蕾，棵株挺直、水分充足。

劣质质量形态：有叶斑、虫洞，枯萎，梗粗老，或开花过多等。

（14）小葱

优质质量形态：叶翠绿、饱满充气、均匀细长，鳞茎洁白、挺直，香味浓郁，长15～30厘米。

劣质质量形态：有黄叶、烂叶、干尖、叶斑，有毛根、泥土，枯萎，茎弯曲或浸水过多。

（15）胡葱

优质质量形态：叶翠绿、饱满充气、均匀细长，鳞茎洁白、挺直，香味浓郁，长15～30厘米。

劣质质量形态：有黄叶、烂叶、干尖、叶斑，有毛根、泥土，枯萎，茎弯曲或浸水过多。

（16）青蒜

优质质量形态：叶翠绿、薄嫩、挺直、蒜茎洁白，水分充分，外表无水。

劣质质量形态：有黄叶，干尖、烂梢、有根、泥土。

（17）大葱

优质质量形态：葱叶为管状、浅绿色，葱白长、紧实、挺直、无根，长约50厘米。

劣质质量形态：分葱、花皮、枯萎、霉喷黄叶，有泥土，葱白松空，弯曲。

（18）花菜

成熟度：花球周边叶片未散开的最好。

洁白度：洁白微黄，无异色，无毛花的最好。

忌刀切：不宜用刀将花球切开，这容易造成花球散落不成形，可用剪刀或手剥。

2.3.5 根、茎菜类采购验收标准

（1）番茄

生吃：生吃挑选粉红色的，酸味淡，口感好。

熟吃：熟吃就挑选大红色的，番茄味浓郁，打汤炒菜的风味都好。

颜色：不要买青色番茄，营养差且可能有毒。

形状：要选择光滑饱满、脐小、没有虫疤者，不能选形状畸形带"尖儿"的。

（2）萝卜

根部：根形完好无损，表面皮质光滑的为佳。

重量：要挑选分量足够，掂在手里沉甸甸的，避免买到空心萝卜。

个头：不要挑太大，中等偏小即可，肉质紧密。

颜色：外皮色彩如果发亮起油，呈半透明，表明不新鲜，可能还是受冻的。

（3）土豆

形状：尽量选圆的，不要破皮的，越圆越好削。

外皮：皮一定要干的，不要有水泡的，不然保质期短，口感不好。

有毒：但凡长出芽的不宜食用。外皮一旦变绿，表明有毒生物碱存在，食用会中毒。

（4）冬瓜

品种：黑皮冬瓜肉厚，可食率高；白皮冬瓜肉薄质松，易入味；青皮冬瓜介于中间，依据个人口味。

推荐：黑皮冬瓜为佳，呈长棒形，肉厚瓤少。可挑瓜条匀称、无日光伤斑的。

硬度：手指压冬瓜果肉，捡肉质致密的买，松软的煮熟后变成"一锅水"，口感差。

（5）黄瓜

花冠：无论是什么品种，最好挑选带花的，新鲜且保存更久。

硬度：要摸起来硬邦邦的，黄瓜含水量96%，失水后会变软。

警惕：变软黄瓜浸泡后能复水变硬，但脐部仍软，瓜面无光泽，残留花冠不复存在。

（6）山药

表面：块茎光洁无异常斑点，可放心购买。难看斑点是感染了病害，食用价值低。

重量：大小一样的山药，较重的较好。

须毛：同一品种的须毛越多越好，这种口感更面，营养更多。

横切面：新鲜的山药横切面应呈雪白色，若呈黄色似铁锈的切勿购买。

（7）茄子

形状：常选果形均匀周正，以皮薄、籽少、肉厚、细嫩的为佳。

"眼睛"：位于萼片与果实连接处，是白色略发绿的带环状。眼睛越大越嫩，反之越老。

手感：嫩茄子手握有黏滞感，发硬的是老茄子。

（8）辣椒

品种：尖椒更辣，且果肉越薄，辣味越重。柿子形圆椒多为甜椒，越厚越甜脆。

表面：表面弯曲，带有褶皱的，一般更辣；表面光滑，直的没有褶皱的是不辣的。

推荐：红椒比青椒多三倍胡萝卜素，0.8倍维生素，分量更轻，经济划算。

（9）莴笋

优质质量形态：笋形粗壮、条直、均匀、叶绿色、茎皮光泽、绿或淡绿色，断面碧绿，嫩叶少。

劣质质量形态：压伤、裂纹、水锈斑，空心、厚皮、黄叶、毛根、有泥土，有花蕾。

（10）蒜薹

优质质量形态：颜色深绿，梗细滑、有光泽、挺直，鲜嫩，指甲掐之易断。

劣质质量形态：颜色黄绿，梗粗，表面有皱纹、老掐之不断，薹尖干黄。

（11）西蓝花

优质质量形态：花蕾颜色深绿、细密紧实不散，球形完整、表面有白霜，花梗深绿、紧凑，外叶绿色且少，主茎短。

劣质质量形态：花蕾有烂斑、污点、粗而松、表面发干，压伤、刀伤、虫害，主茎长。

（12）丝瓜

优质质量形态：有棱和无棱两种，皮颜色翠绿、薄嫩，有白霜、条直均匀、细长挺直，易断无弹性，肉洁白软嫩、子小。

劣质质量形态：颜色泛黄、皮粗糙，弯曲、不均，伤疤、烂斑黄斑，较软有弹性，肉松软或空。

（13）苦瓜

优质质量形态：颜色淡绿色有光泽，凸处明显，条直均匀，有一定硬度，瓤黄白，子小，味苦。

劣质质量形态：腐烂、压伤、刀伤、磨损、有虫洞、斑点，颜色发黄，甚至发红，瓜身软。

（14）毛瓜

优质质量形态：颜色翠绿、有光泽，有细绒毛，皮薄嫩，肉洁白子小，形正，有一定硬度。

劣质质量形态：压伤、烂斑、凹瘪，黄斑，瓜身软，绒毛倒伏。

（15）南瓜

优质质量形态：颜色金黄色或橙红色，瓜形周正，肉金黄、紧密、粉甜，表面硬实。

劣质质量形态：斑疤，破裂、虫洞、烂斑、软烂、畸形。

（16）佛手瓜

优质质量形态：颜色浅绿色，佛手形状，有一定硬度，皮脆，肉晶莹透明，瓜形正。

劣质质量形态：表皮擦伤、烂斑、干皱。

（17）角瓜

优质质量形态：黄绿色、表皮光滑有花纹和棱边，皮薄肉嫩，瓤小子少，有一定的硬度，尾蒂有毛刺。

劣质质量形态：虫洞、黄斑、烂斑、粗细不均，豆荚松软，有空，折之不断、筋比较韧。

（18）洋葱

优质质量形态：鳞片颜色粉白或紫白、鳞片肥厚、完整无损、抱合紧密、球茎干度适中，有一定的硬度。

劣质质量形态：腐烂、干枯、过软、裂开、发芽、发乌、有泥土。

（19）红薯

优质质量形态：颜色粉红或淡黄色，依品种而定。个大形正、大小整齐，表皮无伤，体硬不软、饱满。

劣质质量形态：腐烂、破皮、坑眼多、畸形、泥土多、发软等。

（20）蒜头

优质质量形态：颜色白色或紫色，蒜皮干燥，蒜瓣结实不散，有硬度。

劣质质量形态：发芽、散瓣、烂瓣、瘪瓣、虫孔、须根。

（21）胡萝卜

优质质量形态：颜色红色或橘黄色，表面光滑、条直匀称、粗壮、硬实不软，肉质甜脆、中心柱细小。

劣质质量形态：糠心、裂开、刀伤、泥土多，局部腐烂。

（22）莲藕

优质质量形态：表皮颜色白中微黄，藕节肥大、无叉，水分充足，肉洁白、脆嫩，藕节一般为3～4节。

劣质质量形态：有外伤、断裂、褐色斑、干萎，颜色发黄。

（23）茭白

优质质量形态：叶颜色青绿、完整，茎粗壮、肉肥厚较嫩、颜色洁白或淡黄色，折之易断。

劣质质量形态：茎肉颜色青绿、有斑、绞细且空，有刀伤或虫洞。

（24）冬笋

优质质量形态：笋壳淡黄色、有光泽、完整清洁，壳肉紧贴、饱满，肉质洁白较嫩，根小。

劣质质量形态：冰冻、霉烂、风干、刀伤，壳皮卷曲、离肉、有黑斑，根大、肉老。

（25）竹笋

优质质量形态：笋壳颜色淡黄色、光泽，笋体粗壮、充实、饱满，笋肉洁白脆嫩、水分多。

劣质质量形态：断裂、黑斑、烂斑，笋壳干曲、壳肉有空隙，笋根变黑、肉变色。

（26）茨菰

优质质量形态：外包膜颜色淡黄、顶端尖芽淡黄色，形大饱满、洁净，肉乳白细腻。

劣质质量形态：刀伤、虫洞、裂开、腐烂、冰冻，个小、多泥，顶端尖芽萎蔫。

2.3.6 菌菇类采购验收标准

（1）香菇

优质质量形态：菌盖颜色褐色、有光泽、菌褶为淡米色或乳白色，菌身完整无损、不湿，菌盖厚大、有弹性，柄短小、香味浓、重量轻。

劣质质量形态：腐烂、破损、潮湿、粘手、菌身不完整、颜色暗淡、发黑，味淡或异味。

（2）平菇

优质质量形态：菌为洁白色、菌身完整、大小均匀，菌盖与柄、菌环相连未展开，根短。

劣质质量形态：发霉、潮湿粘手、水浸、杂质、菌盖边缘裂开、盖柄脱离，颜色发黄、有黄斑。

（3）草菇

优质质量形态：顶部颜色为鼠灰色，根部为乳白色，蛋或卵圆形、饱满、菌膜未破，温度适中。

劣质质量形态：潮湿粘手，水浸，腐烂，异味，杂质多，颜色变黑，菌盖欲开或菇腰凹陷。

2.3.7 豆类采购验收标准

（1）豇豆

优质质量形态：颜色淡绿、有光泽，豆荚细长、均匀、挺直、饱满，有花蒂，有弹性，折之易断。

劣质质量形态：虫洞、黄斑、烂斑，粗细不均，豆荚松软、有空，折之不断、筋丝较韧。

（2）毛豆

优质质量形态：颜色青绿、表面有黄色的绒毛，豆荚饱满，剥开后豆粒呈淡绿色、完整，有清香。

劣质质量形态：受潮、虫洞、软烂，颜色发黄发黑，豆粒小而瘪，有异味。

（3）青豆

优质质量形态：颜色青绿单一、有光泽，豆粒大、均匀完整，较嫩。

劣质质量形态：颜色杂、大小不均匀，碎粒、烂粒、霉粒、杂质。

（4）四季豆

优质质量形态：颜色青绿、表面有细绒毛，豆荚红长均匀、水分充足、饱满，有韧性、能弯曲，指甲掐后有痕，断之容易。

劣质质量形态：有虫洞、斑点水锈，腐烂萎蔫，纤维明显、筋丝粗韧、豆荚粗壮，难弯曲。

（5）荷兰豆

优质质量形态：豆芽嫩绿有光泽，豆荚挺直，折之易断，筋丝不明显，豆粒小而无。

劣质质量形态：枯萎，颜色黄绿色，筋丝明显，折之不断。

（6）黄豆芽

优质质量形态：豆芽挺直，芽身短而粗，根须少，芽色洁白晶莹。

劣质质量形态：发黄、发黑、干燥，豆壳多，断芽、烂头、烂尾。

（7）绿豆芽

优质质量形态：豆芽挺直，芽身短而粗，根须少，芽色洁白晶莹。

劣质质量形态：发黄、发黑、干燥，豆壳多，断芽、烂头、烂尾。

2.4 食品安全管理

民以食为天，食以安为先。食品安全直接关系到人们的生活质量和身体健康，是民生的基础和重要保障，也是一项基本的公共卫生问题。作为生鲜食材经营企业，确保食品安全更是企业必须坚守的生命线，食品安全事故会给企业带来灭顶之灾，食品安全管理也是企业经营管理中的第一要务。

2.4.1 该如何规避食品安全风险

病从口入，食品不安全意味着生命无保障，生鲜配送企业可能面临哪些食品安全风险？有哪些相关的法律需要注意？该如何规避食品安全风险？

生鲜加工配送企业面临的食品安全风险：

在《国家食品安全监督抽检实施细则（2020 年版）》中对于生鲜品类的注释是这样的：

生鲜三品：蔬果、肉类、水产品；

生鲜五品：三品+面包+熟食（现场加工品类）；

品类特性：地域性、保鲜期短、季节性强、易腐蚀、易变质、不耐运输存储、流通链条长等；

食品安全特性：肉类（风险高）、水产品（高风险）、蔬果（较高风险）。

而对于生鲜产品的流通链中，蔬果流通链条最长，追溯最难，货值相对小，利益相关者众多。肉类流通链条较短，追溯相对容易，货值相对高。水产流通链条可长可短，货值相对高，流通环节（可能添加违禁药物）风险高。

通过分析链条中的环节，我们总结了加工配送企业可能面临的四种食品安全风险。

1）加工配送企业的管理风险

上游：大部分生鲜采购于批发市场，很难有效地将食品安全风险进行前置，食品安全责任很难溯源到生鲜生产主体。

下游：下游终端客户的食品安全管理能力差，意识薄弱，终端环节自身的食品安全风险大，又是政府监管部门监督抽检和执法抽检重点，一旦出现不合格，客户易把责任"甩锅"给加工配送企业。

2）蔬类食品安全风险

化学性：农药残留超标、重金属超标、黄曲霉毒素、天然毒性物质等；

生物性：致病菌污染、微生物污染、腐烂霉变等；

物理性：金属、沙石、包装材料等异物。

3）肉类食品安全风险

化学性：兽药残留超标、重金属超标等；

生物性：致病菌污染、微生物污染、腐烂霉变、动物疫病等；

物理性：金属、沙石、包装材料等异物。

4）水产类食品安全风险

化学性：兽药残留超标、贝类毒素、重金属超标等；

生物性：致病菌污染、微生物污染等；

物理性：金属、沙石、包装材料等异物。

2.4.2 食品安全案例分析

食品安全案例一：

2019年3月，成都××中学食堂事件

事件经过：

3月10日下午，反馈学生3月8日下午胃肠不适；

3月12日上午，市场监管局两次接到群众投诉；

3月12日下午，学校召开协调会，就食材采购、食堂监管等问题进行协商；

3月12日17:00，第三方检测机构对5个批次食品进行抽样，后家长未参与抽样，检测未开展；

3月13日凌晨，在部分现场家长指定和见证下，成都市温江区市场监督管理局、第三方检测机构人员开始对车内及库内食品进行取样送检（19 批次），其余材料封存。

事件结果：对学校法定代表人进行立案调查，免除校长职位，责令学校尽快建立完善食堂食品安全监管机制，认真落实配餐制度，启动升级明厨亮灶和食品溯源系统。

检测结果：检测 19 个样本，包括牛排、扇贝、特级甜红椒等生鲜产品。除粉条样品感官检测有霉斑，检验结论不合格外，其余 17 个样品目前所检项目未发现问题。

事件分析：溯源情况显示食材进货渠道正规，具有产品合格证（索票索证），牛排、扇贝的兽药残留检测、特级甜红椒的农药残留检测合格。食堂食品安全监管机制不完善，明厨亮灶和食品溯源系统不完善。

事件影响：市场监管总局办公厅等四部门联合发文《关于落实主体责任强化校园食品安全管理的指导意见》，实施 HACCP 体系，逐步通过体系认证，严格执行食品原料进货查验制度，加强对食品原料供货商的监督。

食品安全案例二：

2016 年 10 月，××加工配送商上海青不合格

加工配送商介绍：集收购、种植、加工配送、销售于一体，以蔬果配送为主，为多家超市供货，年销售额为 1 亿元。

事件经过：

深圳市食品药品监督管理局于 2016 年 10 月委托某检测中心在××百货零售有限公司×分店专场抽取上海青样品，经检验，样品"啶虫脒"项目不合格（>1mg/kg），判定该批次上海青不合格。经查实，该批次上海青由 A 加工配送商送货，产地是云南昆明，进货量 18 公斤，进货价 7.28 元/公斤，当天销售 9 公斤，销售价 9.16 元/公斤，销售金额 82 元。

违法依据：《食品安全法》第三十四条第一款第二项。

处罚依据：《食品安全法》第一百二十四条中：违法生产经营的食品、食品添加剂货值金额不足一万元的，并处五万元以上十万元以下罚款；（一）生产经营致病性微生物，农药残留、兽药残留、生物毒素、重金属等污染物质以及其他危害人体健康的物质含量超过食品安全标准限量的食品、食品添加剂。

处罚结果：责令××百货零售有限公司×分店改正违法行为，罚款 50000 元。

事件分析：A 加工配送商只做了农残快检，没有进行"定量检测"，不知道"啶虫脒"不合格，没有充分证据证明其履行了进货查验义务。

食品安全案例三：

2018 年 10 月，××加工配送商上海青不合格

抽检基本情况：

2018 年 10 月 10 日，抽自××超市有限公司××购物广场的上海青（普通白菜），经抽样检验，"毒死蜱"项目不符合 GB 2763—2016 的要求，检验结论为不合格。

风险控制情况：下达《食品安全监督抽检不合格食品责令改正通知书》，要求其召回不合格上海青（普通白菜），并限期整改。××超市有限公司××购物广场立即发布了召回公告。调查发现，上海青（普通白菜）配送 34 公斤，销售 30 公斤，报损 4 公斤，销售

金额 216 元，获利 81 元，当天已销售完毕。

处罚情况：依据《中华人民共和国食品安全法》第三十四条第一款第二项及第一百二十四条第一款第一项的规定对××超市有限公司××购物广场下达行政处罚决定书，具体处罚内容如下：

（1）没收违法所得 81 元；

（2）处罚款 7000 元。

原因排查及整改：企业严格按照责令改正的要求采取了以下整改措施：

（1）加强与采购沟通；

（2）进一步规范收货流程；

（3）要求蔬菜区每日要对所有叶菜进行农药残留检测；

（4）完善员工食品安全培训。并于 2018 年 12 月区市场监督管理局已完成对当事人现场复查验收工作，复查结果为合格。

2.4.3 食品安全相关法律法规

要知法懂法才能更好地规避风险，知道高压线在哪里。目前相关的法律主要有《食品安全法》《食用农产品市场销售质量安全监督管理办法》《农产品质量安全法》《行政处罚法》。

（1）相关法律中规定须负的责任

《刑法》第 143 条规定的"生产、销售不符合安全标准的食品罪"。

《刑法》第 144 条规定的"生产、销售有毒、有害食品罪"。

《食品安全法》第 123 条用非食品原料生产食品等八类最严重违法行为：罚款（分界线 1 万元）、吊销许可证、拘留。

《食品安全法》第 124 条农药残留超标等十一类违法行为：罚款（分界线 1 万元）、吊销许可证。

《农产品质量安全法》第 50 条农药残留超标等违法行为：责令停止销售，追回已经销售的农产品；没收违法所得，并处两千元以上两万元以下罚款等。

（2）免罚/不罚例外情形

根据《食品安全法》第 136 条"食品经营者履行了本法规定的进货查验等义务，有充分证据证明其不知道所采购的食品不符合食品安全标准，并能如实说明其进货来源的，可以免予处罚，但应当依法没收其不符合食品安全标准的食品；造成人身、财产或者其他损害的，依法承担赔偿责任"。

主张根据《行政处罚法》第 27 条不予处罚：

违法行为轻微并及时纠正，没有造成危害后果的，不予行政处罚，适用条件比较严格。

主张从轻、减轻处罚：

1）停止生产、经营，实施食品召回；

2）采取其他有效措施减轻或者消除食品安全风险，未造成危害后果；

3）当事人主动消除或者减轻违法行为危害后果；

4）积极配合市场监管部门调查，如实陈述违法事实并主动提供证据材料；

5）有充分证据证明当事人不存在主观故意或者重大过失。

2.4.4　食品安全如何规避风险

在上游客户方面：

（1）加大基地产品的开发和基地质量体系建设，做到产品的有效追溯；

（2）对于批发市场采购产品，加大对供应商的审核和追溯体系建设，做到食品安全责任主体可追可查。

在下游客户方面：

（1）加强客户食品安全培训辅导、巡查提升；

（2）采购第三方食品安全技术服务，提高客户食品安全风险控制能力，提高客户对企业的认可度。

企业自身方面：

（1）委托第三方质量服务，建立快检和定量抽检相结合的检测模式，并做好日常合规经营评估；

（2）建立追溯体系、内部标准作业流程和突发舆情应对指引；

（3）建立食品安全管理体系并有效运行，通过 HACCP/ISO22000 体系认证；

（4）专业人才培养，并加强食品安全风险交流工作。

2.5　食品安全品控管理

2.5.1　品控部日常工作管理规定

（1）品控部行为守则

1）品控部员工对应检产品及时抽样、抽检，并严格执行公司的质量标准、检验方法、检验规程，杜绝漏检、错检现象，严把质量关。

2）品控部全体人员应经常进行自我评估，积极接受客户和有关部门的合理要求和建议，严格约束自己的一言一行，不准泄露公司内部质量控制标准，不准透露涉及公司产品技术、经营业绩、生产销售资料和信息的秘密，违者视情节轻重，可给予开除处分。

3）品控部人员有权拒绝任何违反公司品质检验规程的行为和要求，有权拒绝公司任何部门和个人为其他人说情，违者视情节轻重，可给予开除处分。

4）本部门全体人员不得利用职务之便谋取私利，不得私自接受客户的任何礼品和邀请，违者予以开除处分。

5）禁止本部门人员与他人联合从事对公司利益有害的不正当业务，违者将立即予以辞退并追究相应的经济和法律责任。

6）检验结果实事求是，不得编造、篡改，记录及数据管理中若有作弊现象，则对员工予以开除处分。

7）积极发现问题，解决问题，结果出现异常，要进行排查原因，质量红线等违规异常情况及时上报。

8）爱护公共财物，化验物品不得私自拿出化验室，外部门人员借用须打借条并经经理同意，经理不在时，经主管同意。

（2）化验人员安全守则

1）化验人员必须认真学习化验操作规程和有关的安全技术规程，了解仪器设备的性能及操作中可能发生事故的原因，掌握预防和处理事故的方法。

2）进行危险性操作时，如危险物料的现场取样、易燃易爆物的处理、加热易燃易爆物、焚烧废液、使用极毒物质等均应有第二者陪伴。陪伴者应能清楚地看到操作地点，并观察操作的全过程。

3）禁止在化验室内吸烟、进食、喝茶饮水。不能用试验器皿盛放食物，不能在化验室的食品留样柜内存放食物。

4）化验室严禁喧哗打闹，保持化验室秩序井然。工作时应穿工作服，长头发要扎起来戴上帽子，不能光着脚或穿拖鞋进实验室。

5）与化验无关的人员不应在化验室久留，也不允许化验人员在化验室干与化验无关的事。

6）化验人员应具有安全用电、防火、防爆、灭火、预防中毒及中毒救治等基本安全常识。所有人员都必须熟悉各仪器的控制电源位置，以便必要时可以控制；熟悉所有灭火器材的摆放位置及正确使用方法，出现火情要沉着，不慌张，先断总电源，再用灭火器灭火。

2.5.2 报告管理

（1）采购验收过程质检报告管理

1）各类商品及蔬菜质检由质检员依据原始记录填写，并同时对检验结果负责，部门主管审核；

2）各类原始记录必须如实填写，各类原始记录必须准确、清晰、完整、不得涂改；

3）验收时收取各种检疫证明及质检单，扫描存档并打印给客户。

（2）在线巡检记录管理

1）由检验人员填写巡检结果，并同时对检验结果负责；

2）各类原始记录必须如实填写，各类原始记录须准确、清晰、完整、不得涂改。

（3）库存普查报告管理

各类商品普查记录由白班检验人员填写整理，经过主管审核后，在第 时间送达相关部门处，每月一次普查。

（4）出厂检验报告管理

1）出厂检验及发放到其他部门的质检报告须由主任以上人员审核后方可发出；

2）检验报告提供给外部客户及招投标使用，需品管部经理审核批准；

3）品管部负责留存所有质量验证记录以备查验。

（5）质量投诉报告管理

1）由质检人员核实情况并跟踪处理结果，将相关记录归档保存；

2）记录文件保存期 2 年，主管定期检查，将超过保存期的记录分离出来，按公司记录销毁程序进行销毁。

2.6　食材质量保障措施

2.6.1　原料采购配送时间的保障

为了保证食品的新鲜，公司均按照客户对食品需要的时间来定时采购原料。采取"所有原材料全部当天采购当天配送"原则，努力让客户吃到最新鲜、最安全的食物。

2.6.2　原料二次检测

（1）公司制定有统一的检测规定，所有原料采购完成后，当天均须对其进行二次检测，确保原料的合格性；

（2）对不达标的产品均退回基地，并重新采购；

（3）确保所有原料检测均达标，则可立即对食品进行配送。

2.7　从业人员健康管理制度

为保证保健品质量，保证广大就餐者身体健康，防止传染病的发生及传播，《中华人民共和国食品安全法》及其实施条例等法律、法规，特制定本制度。

（1）公司相关从业人员、管理人员必须掌握有关食品卫生的基本要求。具有一定的食品卫生知识和食品卫生相关的法律法规知识。

（2）公司相关从业人员每年必须进行健康检查，新参加工作和临时参加工作的公司相关从业人员必须先进行健康检查，取得健康证明后方可参加工作上岗位操作。

（3）健康体检应在具备体检资格的符合要求的医疗机构进行。严格按照规定的体检项目进行检查，不得有漏检或找人替检行为。

（4）凡患有痢疾、伤寒、病毒性肝炎等消化道疾病；活动性肺结核、化脓性或渗出性皮肤病以及其他有碍食品卫生的疾病，不得从事接触直接入口食材的工作。

（5）从业人员出现咳嗽、腹泻、发热等有碍于食品卫生的病症时，应立即脱离工作岗位，待查明病因、排除病症或治愈后，方可重新上岗。

（6）从业人员必须具有良好的卫生习惯，并且做到。

1）工作前、处理食材商品后、便后用肥皂及流动清水洗手；接触直接入口食品之前应洗手消毒；

2）穿戴清洁的工作衣、帽，并把头发置于帽内；

3）不得在工作场所内吸烟。

（7）办公室负责制订每年健康体检计划，并对每一次体检情况进行汇总，建立人员体检台账，并建立员工健康档案。

（8）各部门及分支机构在日常工作中发现员工健康异常时，应及时上报办公室处理，由办公室填写记录，记录内容包括上报日期、健康异常员工姓名、症状、处理意见及结果。

（9）公司人力资源部负责从业人员的卫生知识培训工作，并建立完整的培训档案。

从业人员必须进行食品卫生知识培训，并经考核合格后方可上岗；将考核结果记入从业人员个人档案，作为晋升工资，表彰先进的依据之一。

2.8　食品安全之底线篇

为了确保食品消费安全，杜绝假冒伪劣和有毒有害食品送入流通领域，努力营造健康、安全、有序、诚信的消费环境，作为食品安全第一责任人（法定代表人或经营者）对其经营的食品安全负首要责任，必须坚守食品安全底线：

（1）不销售假冒伪劣、有毒有害、不合格、腐烂变质、不符合卫生标准以及"三无"食品，不做引人误解的虚假宣传；

（2）不销售未经检验、检测、检疫或经检验、检测、检疫不合格的食品以及未取得国家食品生产许可证，无 QS 标志的食品；

（3）严格遵守《产品质量法》《食品安全法》及食品安全相关的法律、法期的规定，自觉接受食品药品监管部门的监督管理，自觉接受社会和消费者的监督，做到诚实守信，依法经营，守法经营；

（4）建立并执行商品质量验收、购销台账和索证索票制度，严把商品进货质量关口，坚决不从非法渠道购入商品；

（5）建立并执行食品质量管理制度，根据食品保质期限，定期检查待销食品、库存食品的质量状况，及时清理过期、变质食品。

肉类做到：猪牛肉有卫生防疫检测印章，无注水；肉新鲜、无异味、无腐烂、无防腐剂保鲜，品质合格无毒无害；

家禽类做到：新鲜、无病、无注水；

蔬菜类做到：新鲜菜光滑、清脆鲜嫩，无变质腐烂、无黄叶、不带泥沙、无杂草、校验无农药残留；

配料用品做到：坚决不提供包装袋破损、生产日期标志模糊不清、假冒伪劣或不符合法定要求的配料用品。

（6）加强对配送人员的健康管理，定期对运送食品的运输车辆进行清洗消毒管理，保持车辆清洁、无异味，防止污染。

2.9　食品安全之金线篇

食品安全指食品无毒、无害，符合应当有的营养要求，对人体健康不造成任何急性、亚急性或者慢性危害。食品安全既包括生产安全，也包括经营安全；既包括结果安全，也包括过程安全；既包括现实安全，也包括未来安全。

（1）搭建合格的上游供应商

就目前而言，配送企业采购生鲜产品的渠道主要来源于批发市场和基地农户两个渠道。

当前我国大多数生鲜产品是由零散农户生产，来源比较杂，小农户生产不能统一规范，而对农药的不合理认知和在经济利益的刺激下，也易催生农民在农药使用上的乱施滥用。除此之外，生鲜产品经过多次集散，难以对它们溯源，不能实现对生鲜产品流通全过程的质量监控，一旦出现安全和质量问题无法找到出事源头。

针对批发市场里鱼龙混杂的供应来源，配送企业要选择批发市场里资质齐全的档口合作，并签订供应合同，做到拿货来源有数据可查。而且出于对这些批发商的信任以及长期合作的考虑，生鲜配送企业采取预订模式，能直接在较短时间内从批发市场运输出产地采购的产品，缩短流通时间，保证生鲜产品的新鲜度。

第二种方式是同小规模的农户签订合同，企业在技术上提供支持，规定生鲜产品在生产阶段所使用的化肥、农药的品种以及数量，将公司按照合同收购农产品。当配送企业在达到一定规模后，会发展自己的农产品生产基地，这种方式是确保食品安全的最有效模式，也是纵向一体化策略的有效应用。

（2）建立标准化检测体系

建立健全的生鲜产品质量标准体系、检验检测体系、质量安全评估指标体系。

建立农产品快速检测室，配备专业实验台等相关设备。同时，尚未达到自建能力实验室的配送企业则选择市场上具有检测机制的第三方检测机构，提出自己的订制化检测方案，从源头上能把控食品安全，选择出可信赖的生鲜产品供应商。

（3）集约化加工管理

中央厨房的建造标准是非常严格的，要符合国家 ISO22000 等高标准要求。在安全无菌的环境下，完成生产产品的预加工。消费者可以直接通过标准化食品的外部特征和相应的溯源信息，判定食品的卫生和检测情况。

（4）保证冷链运输

我国蔬菜、水果等生鲜产品在采摘、储运等过程中损失率高达 25%～35%，冷链物流是保证食品安全的重要手段，自建冷库，配备保温系统。这些基础设施的造价在 2000 元人民币/平方米。同时冷库还要花费高额电费，但为了保证生鲜产品的储存，这笔预算是必不可少的。

（5）冷藏车配置

普通货车不能完全满足生鲜运输，对于距离相对较远的客户，购买、使用高价格的冷藏运输车是必需的手段。然后对于一些易存储且路程较近的客户，可以采用简单的保温箱，或在车内加冰，来保证短时间内的存储问题。

2.10　应急措施

2.10.1　食品安全应急措施

为了有效应急处置食材配送服务配送过程中可能发生的食品安全卫生事故，确保事故处理工作高效、有序地进行，最大限度地减轻事故造成的损失，切实保障有关就餐人员的生命安全，维护客户和社会的稳定，特制订食品安全事故应急预案，并将其应急知识纳入培训内容，采取多种形式开展应急知识教育培训，每季度至少组织从业人员进行事故处置演练一次，使从业人员熟练掌握应急处置程序。

（1）成立项目突发食品卫生安全事件应急处理工作领导小组

机构设置：

组　　长：1名

副组长：1名

成　　员：6名

发生食品安全事件，由应急领导小组负责处置。

（2）工作原则

1）全程预防、全程控制。食品卫生安全突发事件，是指在餐饮环节中发生食源性疾患以及项目食堂负责组织提供的集体用餐导致的就餐人员食物中毒事件。造成以上食品安全事故时启动应急预案。

2）明确责任，落实责任。项目负责人具体负责，各部门协调配合的食品安全工作机制，实行分级管理，分级响应，落实各自职责。

3）科学决策，群防群控。建立组织，实行民主科学决策，依法规范应急救援工作，确保应急预案的科学性、权威性和可操作性。要加强食堂的日常监管，坚持群防群控，及时分析、评估和预警。对可能引发的食品安全事故，做到早发现、早报告、早控制。

4）及时反应，快速行动。发生的食品安全事故要做出快速反应，及时启动应急预案，严格控制事故发展和事态蔓延，有效开展应急救援工作，认真做好食品安全事故的救治、处理及整改工作。

（3）救助体系

根据上级要求，成立食品卫生管理领导小组，出现安全事故时，由管理领导小组统一指挥应急处理工作。

领导小组的主要职责有：

1）启动本项目重大食品卫生事件应急预案；

2）领导、组织、协调事故应急处理工作；

3）负责事故应急处理事项的决策；

4）负责上报与事故相关的重要信息；

5）向区食品药品监督系统食品安全事故应急指挥中心报告救援情况。

（4）工作要求

1）搞好环境卫生，卫生区域责任到人，下班之前对卫生工作进行检查，并建立卫生管理制度；

2）建立冰柜管理制度、食品留样制度、消毒工作制度，一切有关食品安全的都应按制度执行；

3）配送员工要养成良好的个人卫生习惯，做到勤洗手、勤剪指甲、勤洗澡理发、勤洗衣服，要进行员工卫生知识学习培训，每年要体检一次并取得健康合格证方可上岗；

4）原材料要有专人管理，专库存放，要建标立卡，严把原材料采购关；

5）要确保食堂各种炊具、用具、桌、椅、地面的整洁，做到干净整洁，无苍蝇、蟑螂等。

（5）食物中毒应急反应运行体系

1）认真落实"三查"制度，食堂管理人员发现有异常情况，及时采取果断措施进行处理。

2）及时报告。食品卫生安全事故发生后，必须及时向采购方报告，负责人报上级部门备案，并向当地政府和卫生疾控部门报告，以便及时施救。在事故处理过程中根据实际情况，建立定时报告制度，报告时间不得超过1小时，不得迟报、谎报、瞒报和漏报。

3）事故发生后，立即封存食物样品，保护现场，以便有关部门现场进行调查，核实，取证，采样。

4）一旦发生事故，要当机立断，以人为本，采取果断措施，安排救援人员行动，同时要摸清情况，如果是群体发病的还要彻底排查发病人员，建立动态名册，防止遗漏。

5）医疗救援。发生食品安全事故，立即向就近医院发出医疗救援，并拨打"120"急救电话，要想尽一切办法将病人送到医院抢救。

6）食品安全事故善后处理工作结束后，事故应急小组要总结分析应急救援经验教训，提出改进应急预案工作的建议，完成应急预案总结报告，报送食品卫生中心。

2.10.2 配送车辆故障应急措施

（1）预案人员

1）驾驶员；

2）送货员；

3）车辆调度员；

4）配送中心负责人。

（2）应急措施

1）配送车辆在送货途中发生重大以上交通事故，车辆调度员获知情况后立即报告送货部（配送部）、安保部门负责人；

2）送货部（配送部）会同安保部门、安保处立即赶赴现场，处理有关事项，协助交警做好事故处理工作，并将情况及时报告配送中心负责人、市局领导；

3）车辆调度员应立即调度应急车辆前往出事地点，将食材装到应急车辆上继续送货，若部分食材受到损坏，立即调度应急车辆将损坏食材运回配送中心储配部（配送部）调换，继续送货；

4）若不能如期将食材送达客户，送货部（配送部）提前通知向零售客户做好延迟送货的解释工作，并告知估计到达时间；

5）送货员送达食材时，主动向客户表示歉意，并做好解释工作。

（3）相关要求

1）坚持以人为本，一切以员工的生命安全为重；

2）应急预案处置完毕后，对预案启动过程进行评估与记录，存档备查；

3）应急时限：2小时。

（4）报告程序

驾驶员或送货员→车辆调度员→送货部（配送部负责人）→上级局领导

（5）为把交通事故的损失降到最低程度，须做到：

1）发生交通事故，当事人应立即进行自救，并报警。电话：122（交警）、119（消防）、120（急救），应简明讲清事故地点、伤亡、损失等情况，以及事故对周围环境的危害程度，保护现场，抢救伤员，保护货物财产并通报运输经营者与保险公司。

2）当事人应立即切断车辆电源开关，使用消防器材，布置好安全警戒线，应果断处置，不要惊慌出错，避免造成更大的灾害。

3）对伤者的外伤应立即进行包扎止血处理，发生骨折者应就地取材进行骨折定位，并移至安全地带，对死亡人员也应移至安全地带妥善安置。积极协助120救护人员救死扶伤，避免事故扩大化，把伤害减至最低程度。

4）保护好自身的安全，积极配合交警、消防等部门进行救护并做好各项善后工作。

5）发生一次死亡事故应在20分钟之内报告当地交通主管部门。

（6）运输注意事项

1）设计并保持货物储存和仓储安全系统。

设施的所有地方都应便于进入，以进行清洁。设施应充分隔热，并配备良好的温度控制设备。入口加锁或围栏，防止未经授权人员进入。执行有效而系统的计划，以此防环境污染以及昆虫造成的灾害。

2）设计和制造保护货物的车辆。

车辆的设计与制造应便于锁闭和密封，防止货物过热、过冷及虫害。车辆的设计应便于有效检查、清洁、消毒和控制温度。车厢内部表面应装有适合直接接触货物的材料。例如表面可用不锈钢或食品级环氧树脂镀层。

3）清洗与妥善维护车辆。

由于货物运输的车辆、附件和连接件应当保持清洁，不得有灰尘、碎屑及可能污染产品的其他物质或气味。应根据需要进行消毒。清洁作业程序应写成书面文字。

一般而言，清洗用水的温度应当至少达到180华氏度（82摄氏度），并应当使用经批准的清洁剂来减少微生物数量和化解任何黏附在车辆内部表面的残余脂肪。

货盘、货物固定装置和装货设备应当保持清洁，不得有可能污染食品的物质，并应定期清洗和消毒。

食品传送设备应当维护良好，保持清洁。运输车辆在不使用时应当采取保安措施，防止被破坏。

4）使用专用运输车辆。

运输车辆、集装箱和传送带应当专门指定并标有"仅限用于货物"的标记，并仅用于运输货物。如有可能，应当仅限于运输某一种产品。这样做可以减少与上一次运送的货物发生交叉污染的危险。

（7）车辆故障等突发情况无法及时送达的应急方案

1）车辆突发故障应急预案。

运输车辆专人管理，定期保养检查。避免故障率。如遇突发状况故障，随车师傅立即检查维修，如预计 15 分钟之内不能完成，立即与公司或其他线路车辆联系，调备用车辆转货配送，所有车辆配送按实际时间提前 40 分钟出发，预防突发状况，确保按规定时间内到达。

2）道路堵塞及交通事故应急预案。

●在运输过程中遇到交通堵塞情况，服从当地交通主管部门的协调指挥，加强交通管制；

●在运输车辆发生交通事故时，现场人员及时保护事故现场，积极协调交警主管部门处理，必要时，协调交警主管部门在做好记录的前提下"先放行后处理"；

●在每辆配送车辆上均安装有 GPS 可以实时了解车辆及道路状况，且在每次配送时，提前做好路线规划，且比实际路程提前 40 分钟出发，保证及时将所需物资送至指定地点。

3）不可抗力应急预案。

在运输过程中有不可抗力的情况发生时，首先将运输的货品置于相对安全的地带、妥善保管，利用一切可以利用的条件将事件及动态通知收货方，并按照公司的授权开展工作。不可抗力的影响消除后，如果具备继续承运的条件，生产部将在确保货品及运输人员安全的前提下，继续实施运输计划。

2.10.3 缺货补货应急措施

食品配送临时补货变更供货配送的应急预案：

1. 目的

为了有效确保本项目食材食品等采购物资的供应，预防因采购人临时性、紧急性、零星性食材食品采购需求造成的短缺或不当等因素引起的意外损失，保证采购物资供应的及时有序、保质保量，结合我公司工作实际制订本预案。

2. 范围

本预案适用于临时性、紧急性、零星性食材食品采购的供应，在紧急情况下的预防及应急处理。

3. 组织机构及职能

（1）小组职责

1）根据采购人的采购供应情况，决定是否实施应急预案；

2）统一指挥和组织临时性、紧急性、零星性食材食品采购的应急处理工作；

3）采购人提出换货要求等情况后，确保无条件且在 2 小时内提供换货服务。

（2）应急措施

特殊情况：

1）漏单；

2）报错单；

3）临时加单；

4）临时增加就餐人员等。

若在配送过程中出现上述情况及其他特殊情况，设计以下应急方案，保证 30 分钟内解决问题：

1）若在配送车辆未出发情况下：将采取就近市场临时补货措施，保证 30 分钟内解决问题，采购物品价格同当日采购物品价格同样计算方式，不计其他费用。

2）若车辆已经出发：配送线路中有大型卖场或大型农批市场，将于大卖场或农批市场临时紧急采购，保证 30 分钟内解决，采购物品价格同当日采购物品价格同样计算方式，不计其他费用。

3）若配送车辆已出发：且配送线路上无采购场所，将采用应急车辆进行采购和配送工作。保证 30 分钟内解决，采购物品价格同当日采购物品价格同样计算方式，不计其他费用。

4）非采购、配送时间内应急：30 分钟内与当地大卖场，如麦德龙、大润发、华润万家等地进行临时性采购。采购物品价格同当日采购物品价格同样计算方式，不计其他费用。

2.10.4 大型活动、临时性大型食材配送任务

我国的传统节日临近之时，为了安全愉快地过节，全面提高配送队伍的综合水平和应急处置能力，最大限度地保证节假日期间部门工作稳定安全运行和可靠畅通形成良好的管理机制，方案如下：

（1）值班原则

节日当天值班人员搭配：组长、副组长、组员；

节日次日值班人员搭配：组长、组员或副组长组员；

节日期间不在值班岗位上的组织人员，电话随时保持畅通，如遇特殊情况随时到位。

（2）准备工作

通信保障：

1）节日期间重要岗位的领导及值班人员配送组长、替班要保证多种通信方式的畅通。各级应急组织成员在节假日要保证网络、移动和固定电话随时处于待机状态。

2）各级及时更新通信录，要求办公室人员每人一份，办公桌通信录要摆放明显位置。

人员保障：

节日前对部门人员休假情况进行一次摸底，根据实际情况合理安排人员休假，节日期间除特殊情况外，休假主体为配送员，其他人员以倒休为原则。节日间保证人员在位率 85% 以上。

（3）临时增减所需食材应急预案

对于临时增加的食材、特需物品，将在接到通知的同时立即准备调动周边配送、销售网点，确保货源的足够性，立即启动当日备用食材。若以上均不能满足需要，则在食材配送的同时，采购人员立即在当地进行食材采购，加派人手，执行标准检测等流程，保证余下食材的及时补充。

对于临时减少的食材、特需物品，接受无条件的货物退回，百分百配合采购方的工作执行。

2.11　不合格食品退换货方案

为提高服务质量，更好地为采购方服务，公司须充分落实"第一人责任制"，要充分体现公司的优质服务水平。

2.11.1　投诉"第一人责任制"

任何接到服务差错诉求的公司工作人员，即为该差错处理的第一责任人，全权负责该差错的直接处理。

处置处理程序：

1）问题接报（第一责任人落实）；

2）接报人可以直接处理的，立即予以处理；不能直接处理的，向公司内控部门及项目经理汇报；

3）内控及项目经理商量处置方案，同时落实问题处置、解决人员；如该处置权限超出责权范围，立即向分管领导沟通、汇报；

4）处置意见反馈采购方相关负责人员，取得同意后，立即安排人员办理；

5）处置结果建档，内部追究责任人事故责任，汇报分管领导。

2.11.2　响应及处理时间及方法

（1）响应处理时间

1）接报人接到问题，必须立即予以响应，任何人不得推诿；

2）汇报及处置方案的做出，不得超过 1 小时；

3）处置时体现效率，按照就近原则，在 1 小时内予以解决，特殊情况不得超过 2 小时，并于当日指定时间前配送至各单位，以不影响正常用餐为最低解决目标。

（2）处理方法

卫生安全质量差错惩处：食品卫生安全质量，直接关系身体健康，必须切实抓紧抓好。为确保公司配送物资的质量，公司承诺：

1）加强事前管理，努力杜绝不合格食品流入。

2）配送期内，如出现卫生安全质量问题，立即配合采购方，妥善解决，如尚未流入餐桌，我司立即收回重新发货，并同意扣除该批物资货款 10%。

3）配送的食品质量问题引发食品安全事故的，自愿终止配送送货，废除协议并承担相应违约责任。

4）配送期内，如确因我司所供货物质量问题造成食物中毒等其他严重后果的，我司愿承担一切经济责任和法律责任。

5）食品数量差错处罚：食品数量是配送质量的重要内容之一，如果数量得不到保证，配送质量就无从谈起。

6）所有标准包装食材，根据包装上标明的重量进行抽检，确保份斤充足，保障采购方利益。

7）所有非标准自行分装食材，严格按照标准进行称重分装。称重前，对计量器具进行校准，确保计量器具准确。称重时，不得所缺斤少两。

8）采购方验收称重时，如发现量不足，如可以认定是水分流失的因素，同意在配送数量中进行扣除，或按照采购方要求，立即进行就近补货，决不影响贵部正常用餐。

9）采购方如有发现公司在配送中故意缺斤少两情况，愿意按照缺一罚十的标准，接受采购方的惩罚处理。

2.12　对账核单技巧详解

作为一个生鲜配送行业,财务部门的对账核单板块是整个公司非常烦琐且十分重要的事项。你可以想象一下，采购单、配送单、损耗单、库存盘点单等，都是很庞大且琐碎的工程，所以把这个对账核单技巧作为一个章节单独列出来，跟大家做详细的分解跟介绍。

现在的生鲜运营公司，只要上了些规模已经在逐步地往数据系统化发展，数据系统化会提升财务核算工作的效率和精确性，把对账人员从琐碎的计算工作中解放出来。作为一个生鲜运营公司，我们一定要清晰明了地核准每笔交易的单据。如果公司不这样做，它所蕴含的风险非常大。这个风险会引发收款环节的延迟，还会造成公司日常管理的损耗加大，成本提高，甚至会滋生贪污的温床。

2.12.1　支出、收入两本总账

支出金额、收入金额两本总账的准确性是我们做精细化管理的基础。它就像是进水管和出水管，先保证进水管和出水管无异常，再去核对水流是否正常，管道中间是否有漏洞。比如财务部门本月总账采购支出 100 万元，采购必须用 100 万元的采购单来核销（ERP 管理系统导出的采购支出为 100 万元）。财务部门用 ERP 管理系统导出（配送单或结账单）营业收入 126 万元，即毛利润 26 万元在公司可控制的范围内。如果营业收入是 108 万元，即毛利润 8 万元这就远远低于公司核定的利润。其实无论高低我们都必须核对数据的真实性，并提出降低成本的可行性方案。

2.12.2　支出（采购单）明细账

（1）采购备用金数额合理。一般不超过 3 天的采购量，采购人员手上的现金太多，会引发挪用公款的风险。因采购金挪用公款的事例非常多，我们要用流程来减少控制风险的发生。

（2）采购金支付优先级为：公对公转账—公对私转账（供应商私账）—私对私转账（公司私账对供应商私账）—微信支付宝转账—现金支付（此项在付采购金时尽量避免），非现金类支付方便核查取证，除特殊情况外尽量避免现金支付。

（3）采购单原始凭证留底。原始凭证需要体现商品名称、规格、采购数量、单价、总价、折让、实付金额等商品信息，以及供应商联系人、电话、地址等供应商信息。

（4）采购款支付分两种：采购报销单及采购付款申请单。

1）采购报销单是采购人员已经把货款支付给供应商，需要核销采购备用金或采购借款或采购人员垫付的现金等的报销程序；

2）采购付款申请单是采购人员未支付给供货商，需要向公司申请直接支付给供货商货款的付款程序。

（5）采购报销单可依公司实际支出情况。通常按周、10 天、15 天或其他周期进行采购单报销，采购付款申请单可依供货商货款周期，按合同或口头承诺的日期付款。采购人员需要争取供货商的账期支持，降低公司流动资金的压力。

（6）采购报销单及采购付款申请单，需要 ERP 管理系统里导出的采购单明细与采购单原始凭证核对无误后，由采购人员、仓库管理人员、系统核对人员共同签字无误后提交报销申请或付款申请。

2.12.3 收入（配送单或销货清单）明细账

配送单或销货清单关系到公司营业额的准确性、收款的及时性等重要信息，关联到的相关人员也非常多，包括客户签单人员、配送司机、系统核单员、单据汇总统计员、财务核单员等。这需要公司各部门员工的高效配合保证单据的准确性、及时性、无遗漏和可追溯。

（1）凡有出货一定要有配送单或销货清单，时间及条件允许请使用机打配送单或销货清单，避免因手写引起的商品描述错误、计算错误、字迹模糊等对账争议。现在的 ERP 生鲜管理系统都可以轻松解决这个问题。如果有临时性的加急出货，可以先以手写单的方式让客户签收，第二日补签机打配送单。这样就可以确保所有出货都有原始签收单及 ERP 生鲜管理系统的电子配送单，方便汇总结算。

（2）凡是签收单据要确保回单及时性，单据能当天回签的不能拖延至第二日，特殊情况对方需要多个领导签字的也须控制在 3 日内拿到签单。

（3）凡是已签字的单据要确保双方认可，而非单方面同意。生鲜产品在签收时很容易碰到在复称时修改产品数量，或对价格产生异议而修改单价的情况。此类情况需要配送人员在现场与签收客户沟通并及时反馈给公司客服达成一致修改意见。双方均确认无误后签字并注明数据修改原因方便追溯。

（4）配送司机将当日签收无误的单据交客服中心或系统核单人员，进行原始单据与系统后台数据核对，原始签收单据有进行修改的，系统后台须进行数据调整。确保原始单据与系统后台数据完全一致。

（5）原始单据保存归档管理是很重要的对账基础工作，每日单据数量庞大，管理松懈就会造成单据受潮、数字缺失甚至丢失等严重后果。单据保管员需要用适合的工具提高文件安全性，文件柜和每个客户专用的单据文件夹，原始单据依客户、日期顺序排列放置，如有借阅须及时归还。最后按月度做配送单装订并附每个客户的明细汇总，交财务部核查。

（6）财务部依各客户明细汇总表，与系统核对无误后，逐一发给客户对账。双方对账有差异的核查原因直至无差异，进入开票流程。

2.12.4 损耗单或数据调整单，张张有依据

有条件的生鲜运营公司对生鲜类别的产品尽可能做到每日盘点，每日盘点过秤就可以把损耗的数据控制在当日的数据分析中，对损耗的把握更准确。

当日入库的大白菜为 1000 斤，20 家出库单合计 900 斤，系统库存 100 斤。经盘点过秤实际库存 50 斤，当日大白菜损耗 50 斤。经核实剥掉的包装、叶子、蒸发的水分等此数值在合理范围内。做系统盘亏 50 斤处理，系统库存与实际库存调整一致为 50 斤。

当日入库的猪肉为 500 斤，20 家出库单合计 501 斤，系统库存-1 斤。经盘点实际库存 0 斤，经核实 20 家分开的包装或其他小误差之合，此数值在合理范围内。做系统盘盈-1 斤处理，系统库存与实际库存调整一致为 0 斤。

当系统库存与实际库存差异非常大，不在合理范围内时，须逐一调查原因，入库是否异常、出库否异常、损耗是否异常、库存管理是否异常。调查出异常原因做分析说明，避免下次出现同类情况。

每月的损耗单汇总，可以很清晰地看到每日损耗，管理层可根据损耗数据做管理决策。

2.12.5 盘点单或盘点数据调整单，张张有依据

盘点是每月必做的一项工作，很多的生鲜企业因人员安排或时效性或不重视而没有时行盘点工作，就算有盘点也对盘点数据的完整性和准确性不重视。盘点工作使财务部门对仓库管理是否合格起到很好的监督作用。

要想月度盘点工作能顺利及快速地推进，准备工作要充分。当日入库、出库数据全部完成，后台数据扎账导出期末库存数。仓库实物能提前做整理盘点的提前做，月底前几天也减小存货以订单采购。仓库商品的摆放不仅方便日常拿取，也要遵循类别摆放方便盘点工作。

每月盘点都会出现实物与账面数据不一致的现象，要充分调整原因后做盘点数据调整，让实物与系统数据保持一致，数据调整单须存档备查。

2.13 进销项发票知识详解

2.13.1 小规模纳税人、一般纳税人、个体户

关于小规模纳税人、一般纳税人、个体户，很多人总是分不清这三者的区别以及联系，今天我们就学习这方面的知识。个体户就不用多说了，主要是小规模和一般纳税人，我们简单做个区分：

（1）小规模纳税人：

1 个标准：年应征增值税销售额≤500 万元（2018 年 4 月修正）；

2 个不能：不能正确核算增值税、不能按规定报送有关税务资料。

（2）一般纳税人：

1 个标准：年应征增值税销售额＞500 万元；

2 个能够：能进行健全的会计核算、能按规定报送有关税务资料。

小规模纳税人与个体工商户是交叉关系的，有关联，又有差别。小规模纳税人里有个体工商户，个体工商户里有小规模纳税人。

三者可否互转？

1）小规模纳税人、个体户可以转为一般纳税人。

小规模纳税人、个体户满足一般纳税人条件的（见表 2-16），可以向主管税务机关办理一般纳税人登记。

表 2-16　一般纳税人与小规模纳税人区别

对比项	一般纳税人	小规模纳税人
税率	适用 13%、9%、6%、0 几档税率	适用 3%征收率
发票使用	销售货物可以开具增值税发票，购进货物可以开具增值税专用发票	购进货物不予抵扣进项税额
财务处理	按价款部分计入成本，税款部分计入"应交税金-应交增值税-进项税额"的账户	按金额计入成本
应交税金计算	按销项税额和进项税额的差额纳税	按照销售额乘以增值税征收
申报期	以月为纳税期申报纳税	以季度为纳税期申报纳税
计税方法	一般计税方法（提供公共交通运输服务等特定应税行为的一般纳税人也可选择简易计税方法）	简易计税方法

2）一般纳税人可以转为小规模纳税人。

2019 年 12 月 31 日前，一般纳税人可选择转登记为小规模纳税人。

如果转登记后，连续 12 个月或者 4 个季度的应税销售额超过 500 万元的，则应再次登记为一般纳税人且不得再转登记为小规模纳税人。

（3）那么注册公司是选择一般纳税人还是小规模纳税人？

1）看规模：如果公司投资规模大，年销售收入很快就会超过 500 万元，建议直接认定为一般纳税人。如果估计公司月销售额在 10 万元以下，建议选择小规模纳税人，从 2019 年 1 月 1 日起，将享受增值税免征政策。

2）看买方：如果你的购买方预计未来主要是大客户，很可能他们不会接受 3%征收率的增值税专用发票，这样建议直接认定一般纳税人，否则选择小规模纳税人。

3）看抵扣：如果你的公司成本费用构成取得增值税专用发票占比高，进项税额抵扣充分，通过测算估计增值税税负低于 3%，建议选择认定一般纳税人，否则选择小规模纳税人。

4）看行业：如果是 13%税率的行业，且为轻资产行业。这类行业一般增值税税负较高，建议选择小规模纳税人，否则选择一般纳税人。

5）看优惠：看你所在行业能否销售增值税优惠政策。比如软件企业增值税超税负返还等增值税优惠政策，如果能享受，建议选择一般纳税人，否则选择小规模纳税人。

注：以上内容针对部分地区，不同地区要求不同，具体情况请咨询当地工商局。

可以依公司实际选择一般纳税人还是小规模纳税人，小规模纳税人对公司财务规范要求相对较松，但也会制约公司的发展。所以有一定业务发展需要的公司建议都以一般纳税人的要求来规范财务工作。对进项发票索取和销项发票的开具都需要依税务要求进行。

2.13.2 农产品进项发票来源

我们在选择供货商合作时优选可以提供发票的公司或个体户或种植基地合作社或家庭农场，这些都可以向税务局申请自行开具税务发票。另外有些个人销售给公司的农产品也须要求个人向税务局申请代开发票，这样就可以解决 70% 以上的进项发票问题。

另外一部分进项发票，可以用农产品收购发票来解决。农产品收购发票是指收购单位向农业生产者个人（不包括从事农产品收购的个体经营者）收购自产农业免税产品时，由付款方向收款方开具的发票。

开具农产品收购发票应该具备的条件：

1）有固定经营场所、仓储设施或设备，并具备收购业务所必需的人员和资金；

2）拟收购的农产品属于《农产品征税范围注释》列举的农产品；

3）收购单位对外销售的产品耗用的原材料属于《农产品征税范围注释》列举的农产品；

4）从事农产品收购加工业务的单位，必须有加工生产车间及与其加工农产品相匹配的机器设备；

5）收购后委托其他生产单位加工的业务，应与受托加工单位签订合法的书面委托加工协议，并报税源管理部门备案；

6）会计核算健全，能够准确提供税务资料，并能通过网络准确开具收购发票且及时上传开票信息。

2.13.3 农产品免税的六种情况

（1）销售自产初级农产品：《中华人民共和国增值税暂行条例》第十五条规定，下列项目免征增值税：农业生产者销售的自产农产品。初级农产品的具体范围由《农业产品征税范围注释》确定。

（2）农民专业合作社销售本社成员生产的农业产品：自 2008 年 7 月 1 日起，根据《关于农民专业合作社有关税收政策的通知》（财税〔2008〕81 号）的规定，对农民专业合作社销售本社成员生产的农业产品，视同农业生产者销售自产农业产品免征增值税。

（3）制种企业在特定生产经营模式下，生产销售种子：2010 年 12 月 1 日起，根据《关于制种行业增值税有关问题的公告》（国家税务总局公告 2010 年第 17 号）的规定，制种企业在下列生产经营模式下生产销售种子，属于农业生产者销售自产农业产品，应根据《中华人民共和国增值税暂行条例》有关规定免征增值税。

（4）从事蔬菜批发、零售的纳税人销售的蔬菜：自 2012 年 1 月 1 日起，根据《关于免征蔬菜流通环节增值税有关问题的通知》（财税〔2011〕137 号），免征蔬菜流通环节增值税，对从事蔬菜批发、零售的纳税人销售的蔬菜免征增值税。蔬菜是指可做副食的草本、木本植物，包括各种蔬菜、菌类植物和少数可做副食的木本植物。经挑选、清洗、切分、晾晒、包装、脱水、冷藏、冷冻等工序加工的蔬菜，属于所述蔬菜的范围。

（5）部分鲜活肉蛋产品：自 2012 年 10 月 1 日起，根据《财政部国家税务总局关于免征部分鲜活肉蛋产品流通环节增值税政策的通知》（财税〔2012〕75 号）的规定，对从事农产品批发、零售的纳税人销售的部分鲜活肉蛋产品免征增值税。

免征增值税的鲜活肉产品：指猪、牛、羊、鸡、鸭、鹅及其整块或者分割的鲜肉、冷藏或者冷冻肉，内脏、头、尾、骨、蹄、翅、爪等组织。

免征增值税的鲜活蛋产品：指鸡蛋、鸭蛋、鹅蛋，包括鲜蛋、冷藏蛋以及对其进行破壳分离的蛋液、蛋黄和蛋壳。

（6）采取"公司+农户"经营模式销售畜禽：根据《关于纳税人采取"公司+农户"经营模式销售畜禽有关增值税问题的公告》（国家税务总局公告 2013 年第 8 号）的规定，自 2013 年 4 月 1 日起，纳税人采取"公司＋农户"经营模式从事畜禽饲养，即公司与农户签订委托养殖合同，向农户提供畜禽苗、饲料、兽药及疫苗等（所有权属于公司），农户饲养畜禽苗至成品后交付公司回收，公司将回收的成品畜禽用于销售。属于农业生产者销售自产农产品，应根据《中华人民共和国增值税暂行条例》的有关规定免征增值税。

农产品免税优惠政策只要公司条件满足是可以申请的，这样我们就可以合理地享受国家的税收政策，其他的就是努力开拓业务做好服务。

2.14　收付款注意事项

2.14.1　常见风险情况

规避风险保证资金安全是公司一定要重视的问题，生鲜行业多年行业经验，遇到的付款和收款风险大致有如下几种：

（1）采购人员挪用备用金

因采购频率高且交易额大，有些必须是现金支付，就会出现采购人员有大笔采购备用金进行周转，如果对账及时且清晰掌握备用金余额可防患此风险。

（2）采购人员私自拖欠菜款

有不少的个体户或个人在前期都是现金结算，随着合作时间的拉长及信用建立，采购人员依旧执行公司现金结算，同时却与供货商执行账期结算，利用时间差挪用菜款。

（3）采购人员利用公司信用背书欠款采购非公司所需商品

采购人员很容易在当地供货商中建立账期信用，采购品类多涉及面广，很容易利用职务之便私采商品，会给公司造成很大的资金及信用风险。

（4）采购人员与仓库验收人员串通数量造假

不做精细化管理生鲜损耗很难归属到哪个商品，很容易数量造假，管理不善会给公司带来重大损失。

（5）采购人员与供货商串通提高采购价

无论是与供货商串通提高采购价，还是采购人员私自改价报账，都需要管理层及时发现严禁此类事情发生。

（6）业务人员收取客户现金不及时上交公司

因生鲜行业的性质会经常出现现金、微信、支付宝等收款情况，不及时上交公司会造成货款挪用。

（7）与客户串通做收款折扣

借商品品质及服务不合格为由与客户串通做折扣，或自行折扣上交货款。

很多老板心里会认定以上种种事件大概率不会发生在自己身上，公司的采购、核心业务岗位都是股东抑或是亲戚朋友，都是可以信任的工作伙伴，但光靠单纯的乐观无法避免风险的存在。

挪用公款的股东和员工，让企业损失从几千到几十万的，甚至上百万。报警调查，扭送公安机关，反目成仇的比比皆是。一直都说千万不要去考验人性，企业不要给员工制造犯罪的可能。要学会用标准的流程与制度管理，用数据化系统监督，才能长久地规避风险。

2.14.2 采购吃回扣案例

（1）案例

××配送公司老板经营企业已经三个年头了。因为蔬菜类的不易保存，公司每天需要去市场采购最新鲜的，那段时间由于菜价波动较大，几乎一天一个价，没想到被采购员钻了空子。以前价格波动较小只有一两毛钱，现在的波动能够达到 1～2 元，采购员在这里干了两年也没出过差错。有的青菜价格现在上涨到了 5 元/斤，进货价格持续了半个月，老板觉得蹊跷去市场打听，原来 5 元/斤的价格持续了两三天就降下来了，按采购量计算采购员吃了近一万块回扣，是其工资的两倍以上，公司当即予以开除。

公司随后又招了一名采购员。在采购的清单里有几样货品，是 VIP 客户点名要的，对品质要求高，当然价格也不便宜，在当地售卖的商贩也不多。不过好歹利润也高，后面突然被客户投诉并要解除合约，说现在供应的品种不是要求的那种，其市场价格是正宗的 1/3 左右，老板后来问了同行，发现确实存在这个问题，调查发现原来是采购伙同供应商挂羊头卖狗肉，不仅吃回扣还让公司的优质客户流失，最终公司当即予以了开除。

而第三名采购入职没多久，就在销量最大的几个单品中动手脚让公司神不知鬼不觉，因为价格微调公司感受不明显，但是拿到的回扣却非常可观，给公司带来的损失也不小，特别是在开拓市场时，客户对这样的商品价格会比较敏感，公司最终还是做出了开除员工的决定。

导致采购吃回扣的源头，主要来自以下三个方面：

1）产品的价格市场波动大，有时我们无法判断是市场波动还是人为波动的价格；

2）产品专业属性强，专业性越强的产品越容易有山寨货，特别是在农产品上，有的光一个品类就有上百种单品之多；

3）金额巨大随便掉一点渣都是对人性的极大考验，万一家里有什么事亟须用钱，难保不会走捷径。这些吃回扣的情况很难通过监督的方式实现有效管理。

（2）为何吃回扣如此普遍

吃回扣首先是属于违法行为，违法层面的事实公司当然是严令禁止的。俗话说：吃人嘴短，拿人手软，又吃又拿就什么都不管。餐配企业现阶段的采购渠道主要集中在农贸市场自采、产地直销、供应商送货三种模式，不同模式各有优劣。再说了，逢年过节供应商送他一条烟，再来一箱当季水果，这些事你有办法管吗？所以管不来的事，就不能硬管，要调整思路和方式。我能管的是每人 5 元钱的菜钱，你能做出吃饭人满意的三菜一汤，如果在这个前提下，你还能吃到回扣，那就是你的本事；这样的人就不需要做采购了，完全可以发展成为公司的合伙人。为什么，因为你能管好成本、品质和供应商，人盯人的监督，很难真正解决回扣问题。

2.14.3 预防采购腐败

我们主要从采购前、采购中和采购后三个阶段分享把控采购黑洞的方法。

（1）采购前：企业反腐的最有效控制阶段

1）事前预防

制定对应的采购管理规范，令行禁止，做了不一定马上有用，不做就一定没用，至少秋后算账也是有依据的，只有成文字化后才能被记住、宣导和遵守。管理规范的制度化和仪式化也是很重要的，国内某些餐饮巨头规定，一旦发现吃回扣，哪怕是一斤肉，都要立即进行辞退，并且没有任何补偿，对于采购一旦发现严重的回扣腐败问题，一定要敲锣打鼓宣传，进行全员的再教育。尽可能地招聘到品格优秀的采购人员，并做好清晰的岗位职责要求也是有效预防采购腐败的方法。

2）约束供应商

你在初期筛选供应商时应该严格把关，比如合作的条约里加大供应商行贿的成本，发现行贿直接扣除对应比例的货款，按照回扣金额的比例，或者账款的比例进行扣除。严重的甚至直接拉黑，查证后也应该把大概的情况在所有供应商里面进行通告批评，起到敲山震虎的作用。

3）廉洁声明

配送企业可在各个业务洽谈室或采购工作区墙面上，标识有"廉洁警示牌"，提醒来访供应商：如遇本公司人员有索贿、故意刁难等行为，可用电话、短信以及匿名信等方式进行举报。对于公司内部人员，参加有业务往来的供应商的宴请活动，必须提前请示，在得到批准后方可参加，如果私下接受宴请，一经发现将予以内部处分。宴请的费用标准上，也要确定好报备的标准和红线的标准（供应商赠送东西的价值），通过对采购人员的行为监管，既保护了采购人员，又降低了供应链的灰色成本，还能赢得供应商的尊重。

4）高层互访

供应商能够站着赚钱又何必跪着乞讨，高层互访可以避免采购对供应商进行要挟，这样跳过采购人员直接与供应商建立长期的合作，只要价格品质各方面都能满足预期。

5）绩效管理

有些采购员吃回扣，一个原因是薪资待遇比较低，二是没有相应的激励空间，就成了想马儿跑得快又不给草吃。也有供应商非常擅长挑拨采购和公司的矛盾，询问薪资是多少，承诺高于薪资的回扣，甚至以介绍其他配送公司采购工作为名，打消采购员被开除失业的顾虑，薪资还比现在的高。所以设置合理的绩效就会显得尤为重要，把采购员带来能量化的效益分一部分给到采购，也可以叫"合法回扣"，只不过这个回扣是公司给的，员工也会更感谢公司。

（2）采购中：事中控制，动态地管理

1）内部审计

不定期不通知进行审计，前提是找到自己信得过的人去做，对采购人员的行为进行抽查，一旦发现腐败问题就进行处分，供应商也会拉入黑名单，扣除相应货款，并将结果通告给所有供应商，以起警示作用。

2）价格稽查

冒充其他公司采购角色去市场上进行摸底询价，核心是为了辅导和促进工作，看价格把控是能力的问题还是腐败的问题，没能力把价格砍下来，和不砍价格拿回扣还是有区别的。

3）内部轮岗

建议 3~6 个月轮岗一次，既能提升综合采购能力，也可以防止采购和供应商接触太久滋生腐败，内部轮岗还能提升员工的工作积极性，并且更容易发现腐败问题，比如 A 采购之前负责叶菜类，毛利低损耗高，轮岗换成 B 采购之后，各方面都有大幅改善，这种历史数据对比起来是非常直观的。

4）AB 角色采购

一个品类由两个采购人员负责，都向外询价，哪个便宜就选择哪个，使采购员内部进行竞争，用降低的成本来均摊增加的采购人员工资。

（3）采购后：建立优化的长效机制

1）定期地复盘采购工作数据

定期的复盘采购工作数据，既可以达到优化的目的，也能通过这种复盘交叉验证一些管理细节。每过一段时间进行供应链管理的优化，比如增加供应商送货的比例，部分标品之类的通过招标选择供应商，做好市场价格波动较大商品的备用供应商。

2）采购权力适当分散

把采购按照"采"和"购"进行分割。须采购的货品按性质划分。标准产品不管金额大小尽量让供应商直接供货，如此也不会引诱采购犯罪。不能投标采购的蔬菜水果等，不论金额多大，要直接交给最懂行的采购人员。优化你的采购流程制度，甚至让你的供应商，每天通过采购系统里面的 app 直接进行报价。

配送企业老板，也不应把太多的精力放在防腐上，水至清则无鱼，核心还是降本增效，更多的是考虑怎么提升采购的专业性。邓小平有一句名言：好的制度能让坏人干不了坏事，不好的制度能让好人变坏。

2.15 企业应收账款催收文件及注意事项

应收账款是指企业在正常的经营过程中因销售商品、提供劳务等，应向购买方收取的款项。应收账款是伴随企业的销售行为发生而形成的一项债权，应收账款表示企业在销售过程中被购买方所占用的资金。企业应及时收回应收账款以弥补企业在生产经营过程中的各种费用支出，以保证企业持续经营。

应收账款应及时催收，催收过程会用到下述三种文件：

2.15.1 对账单

很多企业都有定期对账制度，每隔一定期限如一个月或三个月就向购买方发送对账单，卖方在对账单上写明发票编号、交货数量、单价、总价、已付金额、未付金额等，签章后发给买方，买方核对认可后签章返回给卖方。

通过定期对账可以达到如下目的：

1）沟通合同执行进展情况，及时确认合同履行状态；

2）双方确认欠款金额及支付时间，便于今后结算；

3）如果买方不支付，将来起诉时可作为证据。

对账单主要包含如下内容：

1）买方和卖方的公司全称、联系人及联系方式等；

2）对账起止日期，长期持续供货的，须写明对账开始日期及结束日期，表明对账单中信息是在某一期间内发生的，供货不频繁的，也可不写对账起止日期，按双方已签的一个或多个合同来对账；

3）卖方写明合同编号、产品名称、数量、单价、总价、交货时间或到货时间、验收日期、已付金额、未付金额等，要求买方及时核对；

4）买方经核对如果发现不符，可在对账单上写明不符金额；

5）对账单上还须写明，对账相符情况下，买方应及时付款。

2.15.2 催款函

对账一次或几次后，买方仍不支付欠款，则有必要发催款函了。

催款函是一种单方文件，是付款方未按约定支付款项时，收款方经常使用的催付通知书。催款函通常包括以下内容：欠款公司名称、欠款事项、欠款时间、欠款金额、催款方的银行账号、最后付款期限等，此外，催款函尾部可以增加欠款方经催款函提醒仍不付款，催款方不得已采取法律措施解决时有权依据合同或法律规定加收利息、违约金、律师费和诉讼费等表述。

催款函注意事项：

1）催款方的信息要明确，方便欠款方与催款方沟通还款事宜，要写上催款方的联系人、地址、电话、手机、邮箱等。

2）根据欠款时间的长短，催款语气不同，如果欠款方未按时付款时间不长，收款方出于提示告知付款时间已过，让对方付款，此时是通知性质，催款函内容及措辞不宜强烈；如果欠款方未按时付款时间很长了，不仅是通知，更有严重警告的意思，催促语气应比前者强烈，催款函的内容及措辞可更严厉些。

3）催款函可分阶段多次发出，如第一阶段予以提醒，提示付款时间已过，请尽快支付；第二阶段直接催款，限定买方在一定期限内或什么时间之前付款；第三阶段最后通牒，告知如再不付款，将交给外部律师通过法律手段解决。

2.15.3 律师函

如发催款函后，欠款方仍然没有动静，此时行动就要升级，动用外部律师帮助发律师函，此时的律师函专指外部律师接受收款方的委托发给欠款方的要求欠款方及时还款，否则会承担法律责任的通知函。律师函由专业律师根据事实和法律来起草，结尾由律师签名并加盖律所公章。

如果欠款方收到律师函后做了回复，收款方应根据其回复内容，积极和对方沟通协商解决。实践当中，欠款方做出书面回复的较少，电话回复的有，所以在律师函的联系方式中一定要留多种联系方式，以便对方联系方便。在对方电话回复时，如果条件允许，尽量做好录音取证工作，录下对方认可欠款的语音内容。录音能否作为证据？答案是可以的，虽然未经他人同意进行录音，但是并没有侵害他人合法权益，也没有违反法律禁止性规定，是可以作为证据使用的，但通过录音一定要能识别出对方的身份，录音内容是对方的真实意思表示，没有受到威胁强迫，内容未被剪辑或篡改，内容真实连贯。录音单独作为证据，可信度会降低，最好与其他证据共同使用，可增强其证明力。

如果律师函发出去以后，对方没有回复，这时候需要考虑是否采取进一步行动，一般律师函在结尾部分都会要求对方在"指定的时间内，做出相应的行为，否则采取法律措施解决"的字样。如若"合法的恐吓信"都发了，在指定的期限内，对方并没有按照你的意思去做，假设你什么法律措施也没采取，那以后再发什么函，估计效果都不好，对方会觉得你就是吓唬吓唬而已，并不会采取什么行动，所以如果发律师函后不奏效，应尽快办理委托手续，委托律师提起诉讼或仲裁通过法律程序解决。

对账单是双方签章文件，但如果买方收到对账单后不对账也不签章返回，则有必要直接发催款函或律师函了，催款函和律师函是单方通知文件，需要对方签收，上述三种文件都可以起到在提起诉讼或仲裁之前，中断诉讼时效的作用。

2.15.4 文件发送签收注意事项

关于催款函和律师函的发送和签收，重点提示下述几点：

1）关于快递详情单的填写，在内件品名栏中一定要填写详细了，不要简单就写"催款函"或"律师函"三个字，建议写成如"××××号合同欠款事宜催款函"或"×××
×项目欠款事宜律师函"等，避免买方签收后否认其收到的文件是卖方发出的××××合同或×××项目催款函或律师函；

2）及时向快递公司索要对方签收记录；

3）保存好快递详情单及签收记录，将来作为证据提供给法院或仲裁机构，作为诉讼时效中断的证明；

4）为了确保对方收到催款函或律师函，可以采用多种方式发送，用邮寄的方式寄送，同时还可以辅助用邮件或微信等方式发送，发送以后，还可以和对方电话沟通已经向其发送了律师函，收到律师函后及时沟通。

企业随着业务的不断开展和积累，应收账款会逐年增加，及时催收才能保证尽早回款。希望上述三种常用催收文件，能对催收工作有所帮助。

2.16　管理者的仪表盘数据思维

现在是数据时代，作为企业经营者和管理者数据思维是必备能力。有数据思维，遍地都是资源；没有数据思维，到处都是陷阱。你思考一下在企业经营管理过程中有多少方面的数据可以直指企业的成败？如何收集数据、理解数据、分析数据、操纵数据，打通数据世界和真实经营世界的挑战，让数据真正地为管理者所用，实现企业利润。

2.16.1　理解什么是数据思维

（1）数据思维就是使用数据来提出问题和解决问题的能力，说白了就是面对一堆企业经营问题的时候，能不能通过数据的方法做分析从而给出建议来解决经营问题。财务部每个月都会出财务报表，报表只是显示的一串串数字吗？如果你不能通过分析报表上的数据去解决问题，那财务报表对你来说就没有任何意思，你也不具备任何的数据思维能力。

（2）数据思维发挥作用，需要与其他能力相结合。比如敏感度、问题意识、行动能力，虽然这些都不是数据思维，而是不同的能力和品质，只要与数据思维结合起来，就可以发挥出数据思维的最大效应。比如看到员工流失率居高不下，能意识到问题的严重性，并开始行动找原因去解决，这才是好的数据思维能力。

（3）数据思维要全员参与，每一个岗位每个员工都要有数据思维的意识，把每个员工都变成利润中心才是管理者最大的职责。员工的心中有了数据就可以去核算企业的成本，比如下班没有关空调，数据思维会调动他去算损失了多少电费，有责任心的员工不会出现第二次失误。

（4）掌握数据思维其核心有两个：一个是数据敏感度，一个是数据方法经验。数据敏感度，我理解的就是你看到一个数字，你大概就能感知这个数字是否合理还是有异常，当数据异常的时候，大概能知道问题可能出在哪里，并且能够追溯到原因。总之，假如你数据敏感度高，你可以看到数据背后更多的信息。数据方法经验，我理解的是你看到这些问题还不行，还须能够利用数据分析的方法来解决实际的问题，这也是构成数据思维很重要的一部分。

2.16.2 数据来源和分析

（1）数据来源：市场外部数据和公司内部数据

市场外部数据包括：

竞争对手：对手名称、年营业额、客户属性、增长情况、优劣势情况等；

潜在客户：客户名称、与谁合作、合作期限、合作情况、有无未满足的需求等；

供货商数据：供货能力、价格优势、货物品质、履约情况、账期情况等；

政府政策数据：相关业务的政策条款、项目资金补贴政策、资金贷款扶持、相关业务等。

公司内部数据包括：

客户数据：有效客户（流量客户、利润客户、口碑客户、潜力客户）、无效客户（休眠客户、无利润客户等）、风险客户（违约型客户、资金风险客户、有媒体或同行具有破坏风险客户）等；

财务数据：利润表、资产负债表、现金流量表、应收账款、应付账款、各项费用明细表等；

目标数据：销售额目标、成本目标、市场目标、人才目标、系统目标等；

人才数据：岗位、年龄、性别、学历、行业经验、岗位经验、籍贯、婚姻状况、价值观、忠诚度等；

资产数据：现金资产、固定资产、专利资产、品牌商标资产等；

销售数据：销售总额、各岗位分解目标、销售权重占比、现金到账占比、销售评分标准等；

薪酬数据：固定工资、绩效工资、工龄工资、提成工资、年终奖金、分红工资等；

运营数据：业务增长率、毛利率、单个客户毛利率、单个商品毛利率、采购成本、产品损耗率、人效率、配送准时率、客户投诉率、人员流失率、资产维护成本等。

（2）数据分析示例

客户数据见表2-17。

表2-17 客户数据

客户名称	日下单金额	活跃度	货款到账时间	利润率	忠诚度	客户属性	客户类型	合作期限
×××水泥股份公司	1万元	365天下单	50天	25%	五星	上市公司	有效客户利润客户口碑客户	每年签合同
×××中心学校	1.5万元	除寒暑假、休息日外下单	60天	23%	五星	教育系统	有效客户利润客户口碑客户	每年签合同
×××公安局	0.1万元	365天下单	40天	28%	五星	机关单位	有效客户利润客户	每年签合同
×××餐饮公司	0.5万元	365天下单	90天	18%	三星	餐饮公司	有效客户	每年签合同
×××企业	0.3万元	工作日下单	150天	16%	五星	私营企业	风险客户资金风险	每年签合同
×××工程项目	0.5万元	依项目日期下单	150天	25%	一星	项目工程	风险客户资金风险	依项目签合同
×××银行	0.2万元	下单30天停止	30天	23%	无	银行系统	休眠客户须跟踪	未签合同
×××	×××	×××	×××	×××	×××	×××	×××	×××

目标数据见表 2-18。

表 2-18 目标数据

	总经理	运营总监	采购总监	财务总监	市场总监	人力资源总监
销售额目标	总销售额 5000 万元应收款 10% 以内，人均效率 8 万元/人/月				老客户流失率小于 3 家	
成本目标	利润率在 20%～25% 之间	利润率在 20% 以上管理费用年度 50 万元以内	采购成本控制在 70% 以内，应付款占采购额的 20% 以上	净利润在 8% 以上，税销在 4.5% 以内	利润率 20% 以上	人工成本占比 10% 以内
市场目标	新成立 1 家子公司				新客户增长率大于 10 家	
产品目标			优质供货商目录增加不少于 5 家			
人才目标	子公司高级管理人员 3 名中层管理人员 5 名	运营人员控制在 50 名内		财务人员 5 名	达标干部团队 4 个人员编制达标率 80%	新员工培训通过率 100%
系统目标	营销系统建设，每季度更新营销手册	组织系统建设，2022 年 8 月前导入	产品系统建设，形成产品采购标准化、文本化	财务系统建设	营销系统建设，每季度更新营销资料	

运营数据见表 2-19。

表 2-19 运营数据

生鲜配送中心运营数据分析表										
日期	日营业额	毛利率	员工人数	平均人效	客户数	客户下单增长/流失率	客户投诉率	产品损耗率	配送准时率	卫生合格率
8 月 10 日	10 万元	21.50%	35 人	2857 元/人	95	-2%	1%	2%	100%	98%
8 月 11 日	12 万元	22.60%	36 人	3333 元/人	97	0	2%	1.80%	100%	95%
8 月 12 日	11 万元	20.80%	34 人	3235 元/人	95	-2%	1%	2%	99%	96%

2.16.3 如何用数据指导决策

（1）如何用数据指导决策?

在日常的管理工作中，我们决策往往凭借的是感觉，经验。但很明显，感觉很多时候会不靠谱，让我们决策失误。如果能有个决策模型，确定的条件出现就触发特定的行动，那我们的决策水平就会高很多。我们在做数据决策时要找到需要的数据,有些信息是决策的关键量,虽不是以数据的方式呈现,但都可以量化。而量化的实质就是降低不确定性。所以我们在管理时也要建立一个信念,没有不能量化的事物,有了这个信念就可以更好地开展数据决策。

比如损耗数据差异很大,首先我们看到的仓库的盘点数据,由盘点数据核查入库数、出库数。如果是因为入库环节引起的数据差异过大,那管理者就需要调查采购的工作是否到位。如果是因为产品品质问题引起的分拣损耗过大,那管理者就需要调查采购价与品质是否匹配、仓管验收是否合理、品控抽查是否到位等相关问题。如果是出库数据有漏报造成配送单数据失真,那就核查配送司机是否与客户有利益关系(见表2-20)。

表2-20　生鲜配送中心损耗数据分析表

生鲜配送中心损耗数据分析表										
日期	品名	系统账面库存数	商品实际库存数	损耗明细情况					总损耗	异常情况	管理决策
				采购损耗		分拣损耗(不良品挑出)	盘点损耗	退换货损耗			
				入库毛重	实际净重(包装物、冰水等)						
8月10日	西蓝花	500	300	1000	950	50	50	50	200	入库数据异常、损耗过高、产品品质差	1. 调整入库数据取净重 2. 采购品质加强提升一个级别 3. 库存上线下调降低库存
8月10日	土豆	100	70	1000	1000	30	0	0	30	数值正常	

从管理系统里调取的运营数据如图2-4所示。

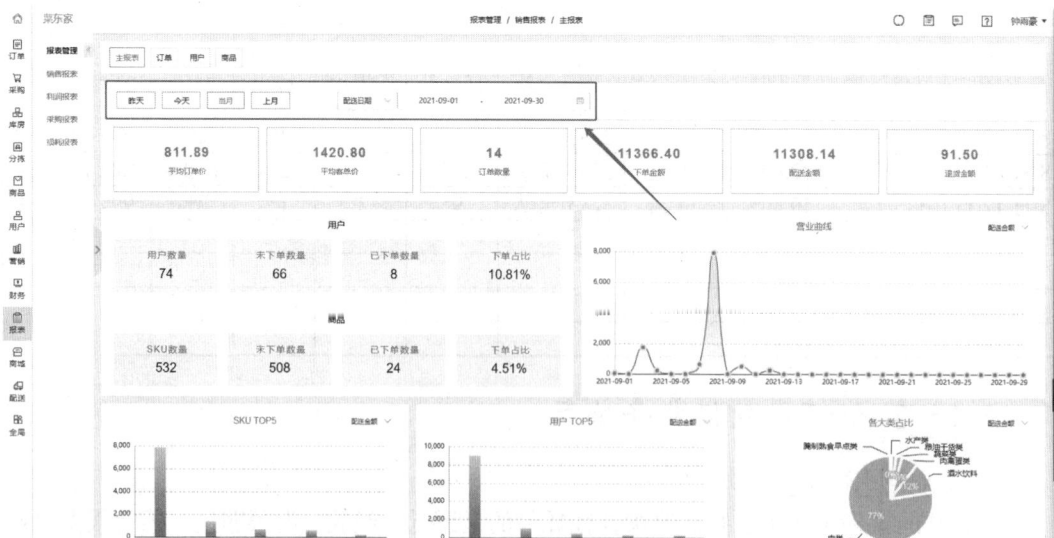

图2-4　从管理系统里调取的运营数据

图 2-4 中的数据，可以判断我们客户的下单情况、客户活跃度、平均客单价、商品占比等信息，以此来做客户维护、商品调整等经营决策。

（2）怎样识别数据中的陷阱？

我们以数据思维做管理决策时，也要注意不能被数据操纵，更不能被数据误导。学会运用数据更要会识别数据中的陷阱。举几个可以帮助我们识别数据陷阱的例子：

1）用平均数掩盖分布："某农产品配送公司年销售额 3000 万元，平均毛利润是 15%"，单看平均毛利润很低。如果用这个毛利润来设定下一年的利润目标显然是不科学的，因为忽略了重要的一条，产品的分布与销售占比。3000 万元的销售额是粮油米面类商品占比 50% 以上，已经拉低了公司的平均毛利润，所以我们在做下一年目标时，要做分项利润目标这才合理。

2）用百分比掩盖规模："人力资源部的人员流失率达到了 50%。"但其实，整个部门才两个人，前几天刚离职了一个员工。

3）用短期波动代替长期效应："本月销售额突破 300 万元营业额，业绩增长率 20%"，这是因为销售部推广带来的吗？下个月业绩是不是也会以 20% 的数值增长？其实是公司的一个客户有了临时的项目，才有了这么快的增长，是短期波动，而非常态。

4）偷换概念：市场部某业务员对业务评比数据有异议，为什么小张的客户只有 19 个点的毛利润却得到了公司奖赏，而他自己维护的客户毛利润达到 26 个点还要受处分。但其实真相是 19 个点的毛利润回款率 100%，26 个点毛利润的客户账期长不说，回款率不到 20%，严重占用了公司的现金流。

5）定义不统一：采购人员要核算采购单价时，毛重与净重未做统一，表面上看采购员 A 的价格比采购员 B 便宜了 0.1 元，统一换算成净重之后却贵了 0.1 元。这就是定义不统一造成的。

第 3 章　生鲜运营员工篇——员工能力提升技巧

3.1　如何选人——工作中的重中之重

3.1.1　找人是天底下最难的事情

资本和人才，是两个永不停止的博弈。今天，人才的重要性节节上升。管理者必须从"招人"心态，变为"求人"，甚至"抢人"。一个企业有了强大的人才做支撑，企业很快可以走入快车道。公司的人力资源部同老板一样也要对人才如饥似渴，时刻去发现挖掘更多的人才加入公司。如果说 HR 哪个模块最能让人以更短时间走向人生巅峰，我会告诉你是：招聘！招聘！招聘！

招聘，是人力资源工作中需求最大、最能凸显 HR 工作成果，也成为人力资源工作中晋升最快的工作板块。同时，它也是最容易暴露问题的一项工作。不断攀升的招聘成本，居高不下的爽约率，说走就走的新人，用人部门的催促等等，这些都给招聘 HR 带来了极大的苦恼，招聘简直比销售还难做。其实好的招聘就是在做营销，把公司卖出去，把自己卖出去。

对于招聘部门要像销售攻坚一样饥渴，我们在选择招聘 HR 的时候，一定要注意他们身上是不是有销售的特质。所谓销售特质就是：想尽一切办法，像做业绩一样，追进度，追结果。他们会集中所有力量办大事，设定目标，制定策略，把控节奏，抽调人手，为了达成最终的招聘目标，会绞尽脑汁，日夜兼程。拥有这样的招聘类 HR，是高效招聘的前提之一。

建立招聘的操作流程，使操作流程结构化，这样我们就可以有的放矢，在公司有招聘需求时拿来即可使用。

3.1.2　招聘过程中的 6 大操作步骤

（1）确定招聘岗位与用人标准；

职位各项胜任素质进行结构化描述（考核要素结构化、面试试题结构化、评分标准结构化）。胜任要素通用的六个维度分别为：专业知识、专业技能、综合能力、个性特征、求职动机、价值观。

（2）制作面试手册并培训面试人员（面试手册附在工具篇）；

（3）对简历进行初步筛选；

（4）面试；

（5）面试评估；

（6）做录用决策。

做面试评估时，可以参考下世界 500 强企业面试时最看重的能力素质：

1）工作态度：诚信正直、计划与自我管理、高效、职业化、充满工作激情；

2）人际交往能力：领导力、沟通影响力、团队合作能力、客户服务能力；

3）分析判断能力：分析能力、市场敏感度、创造力、清晰地目标性、学习能力、结构化的思维能力；

4）面试问题的收集：审阅简历，寻找关键点。是面试提问的基础，找到以下关键点，为面试提问做准备；

5）职业发展情况：在各阶段的工作时间、行业及专业工作时间的连贯性、职务承担职责的变化情况；

6）业绩点：有哪些信息表明应聘者具备相应的能力，是提供一般性的描述还是量化、具体的信息。无工作经历者，主要关注其能力体现的事件；

7）疑惑点：简历上有不清楚或应聘者有意回避的信息。

其实作为面试官是不是"专业"，不是从面试环节才开始体现，面试官跟应聘者的每个接触点，都会影响对方对公司和面试官的印象，比如信息发布，电话邀约。

招聘信息中最好有一些有关公司的具象化的信息。如恒康捷餐饮公司获得 2019 年武汉军运会食材配送供应商，或团餐事业部技术骨干成员是国家级餐饮大师等。

如果一直苦恼招不到合适的人，可以试试任职要求写的标准比期待略低一些。因为现实会让我们清楚地知道能招到什么样的人，通常不是我们期待的标准。标准放低一些不仅可以收到更多的简历，也可能会收到经历不足但有培养潜力的简历。

电话邀约时需要格外重视礼貌。因为简历筛选时，让你眼前一亮的简历很有可能不是应聘者主动投递的，而是系统推送的简历。可以先在招聘网站上发送礼貌的站内信，也可以直接打电话，打电话确定对方身份后直接自我介绍，如对方暂时不方便继续接听电话可约定另外的时间段再进行电话沟通。

像拜访客户一样，促成与重要候选人的面谈。如果是你特别感兴趣的简历，不要"公事公办"式的进行面试时间地点的告知，而是如同要拜访重要客户一样，想办法促成双方见面，如果对方表示最近没时间，也可以想办法先加上对方的微信，这样更便于后续交流。

3.1.3 招聘的渠道

（1）内部推荐

1）员工推荐

制定一些激励政策，鼓励内部员工推荐。比如推荐成功一个岗位奖励多少钱。

2）内部轮岗

就是把难招聘的一些重要岗位考虑由内部人员进行轮岗，然后再招聘那些空缺出来的岗位，这样是可以降低招聘的难度的。

3）离职人员的联系

离职人员也是公司非常重要的资源，因为他对公司是非常了解的，完全可以推荐和宣传，多以做好员工的离职管理也是非常重要的。

（2）移动网络招聘

移动网络招聘是我们比较熟悉的，包括微信、公众号、微博、QQ、微视频、手机招聘 App 等。

1）社群招聘

现在的微信群是大部分人活跃的重要阵地，而 qq 群的热度已经远远不如以前了，但根据统计 90 后和 95 后玩 qq 空间的反而更多，这个是需要注意的。

朋友圈、qq 空间发布时间：

虽然很多人朋友圈是想发就发，其实这里面也是有规律的。给大家提供 4 个阶段：

●凌晨，这个时间发消息的比较少，而很多人早起第一个动作都是拿起手机看朋友圈，看微信，招聘信息就很容易被人看到；

●上班期间大家忙于工作，很难顾得上去看微信群、朋友圈，中午下班之后，吃完饭之后，下午上班前是看朋友圈的高峰期；

●晚上八点吃完饭之后是一个高峰期；

●晚上十点到十一点人们入睡之前是看微信的一个高峰期。

2）微视频招聘

另外，微视频是营销领域里面非常重要的一个方式，也是现在比较火的一种方式，我们完全就可以借鉴过来，把它用在招聘上，一方面可以把自己公司的事拍成视频放在网上，让策划公司给推广一下。发布的内容一定要简短、直接、亮点突出。

3）App 招聘

现在很多事情都可以在手机上解决，移动互联网已经实实在在的生活了，所以我们的招聘也可以通过手机实现。现在很多招聘网站都有自己的 App 了，大家可以下载，然后实时使用。

（3）网站招聘

网站招聘包括全国性的招聘网站，地方性的网站，行业门户网站，和一些搜索性的网站。而招聘网站在招聘渠道中是排在第一位的，是所有招聘渠道里面效果最好，提供简历最多的。

那么如何挖掘招聘网站的潜力？我们需要做到以下几点：

1）职位发布的信息描述。招聘信息一定要吸引人；

2）每天信息的刷新置顶。要让信息保持新鲜度，才会让更多人看到，而不是被沉下去；

3）首页展示的应用。很多招聘网站的套餐里都会包含有首页展示，提升认知度；

4）关键词的搜索，先紧后松。搜索简历的时候要尽量多的搜到相关的简历，比如，一开始搜索词为：年龄、性别、专业、毕业年限等等，但你去掉专业或毕业年限，又会搜到新的简历。同时可以多换几个关键词，也会有新的收获；

5）简历的审核。我们在下载简历之前要快速的浏览并且判断这份简历是不是符合要求，看工作经历、工作年限、家庭地址等等这几个关键的要素，十几秒快速判断是否合适。

（4）社交招聘

社交招聘体现出了人脉的关键性，包含了同学、同事、同行大咖、论坛沙龙、行业展会。这也是比较重要的渠道，如何挖掘这个渠道的潜力呢？

1）链接资源

让认识的大咖或者专业人士进行推荐或宣传，因为自己的资源是有限的，而业内的大咖他们认识的人脉和资源要比你多，让他们推荐和宣传影响力肯定比你大。

2）借助资源

寻找网红，大V进行合作。多参加一些论坛，沙龙活动去认识更多的人脉。

3）扩大影响

在社交网络去发布信息，让更多人看到。利用一切可以利用的社交网络去发布信息。

（5）人才信息库

人才信息库的建立主要来源两方面：

第一是企业内部人才库，来源于现有员工的人脉关系，在职人员推荐，离职员工的回访等，要通过诸如伯乐奖、员工推荐奖励等方式，逐渐形成一条自己企业搭建的供应链。

第二是企业外部人才库，大多数情况下，企业内部人才无法满足的情况下，就会从外部来招聘人才，形成外部人才库。

外部人才库来源：

1）外部渠道简历库。如***人才网等人才网站；

2）来公司面试，并未录取的人员；

3）猎头公司推荐的人员；

4）各种媒介推荐的人员。

人才库的建设，是个长期性的工程，需要一些其他的制度体系来作为支撑。比如，良好的企业文化，劳动关系的和谐程度，一个和公司有过劳动纠纷的员工是不会再回到公司里了。符合市场价位的薪酬，上下班路途的远近和便利程度等等，都会对人才库的使用结果产生影响。

3.1.4　面试时的初试提问清单

（1）欢迎你来参加我们公司的面试，先做一个简单的自我介绍吧；（破冰，同时可考察应聘者的口头表达能力）

（2）你在XXX公司工作时，主要负责哪些具体的工作？遇到过什么挑战吗？（了解过往工作的具体内容，以评估应聘者岗位胜任力）

（3）你在XXX公司工作时，XXX项目你们是怎么做的？团队有几个人组成？大家是如何分工的？你主要负责哪几个模块？（进一步了解过往工作的具体内容，以评估应聘者岗位胜任力）

（4）以往合作过的领导或同事是如何评价你的优势的？（了解应聘者的个性特质，与对应聘者的初步判断进行对比分析）

（5）你认为自己比较擅长什么样的工作任务？哪些工作是你特别不擅长或者不愿意做的？（了解应聘者的自我评估与自我期待）

（6）你离开XXX公司的原因是什么？（通过了解应聘者的离职原因，不仅可以了解应聘者内在动机，也可以以此问题作为切口进一步了解应聘者的价值取向、人际合作等方面的情况）

（7）简历上写到你在学XXXX课程，你为什么会选择这个课程？有什么收获？（进一步了解应聘者对自我发展的期待以及如何做决策）

如果你对应聘者感兴趣就可在以上问题的基础上继续追问细节，如果你认为应聘者与期待严重不符就可以点到为止。

一般复试可安排在一周后，复试主要了解对方的求职意愿强烈程度和对这份工作的期待，问题清单如下：

1）上周我们交流后，你对我们的项目/业务有过哪些思考吗？有什么想和我分享的吗？（破冰、了解应聘者深度思考的能力，以及考察应聘者对本次面试的重视程度）

2）上次你谈到离开XXX公司主要是因为什么原因，那这次找工作你觉得什么对你来说是更重要的呢？（了解应聘者求职动机及价值取向）

3）你希望自己和什么样的团队一起共事？（了解应聘者对团队的期待，同时了解应聘者团队合作方面是否存在风险）

4）如果公司派你去 XX 城市做新项目拓展，有什么困难吗？（抛出一个有挑战性的难题，考察应聘者在特殊情况下的情绪稳定性和思考问题的方式）

5）你对自己未来两三年有哪些规划？（了解应聘者对未来的期待，同时收集相关信息看看是否还有什么需要进一步了解的信息）

6）薪酬方面你是怎么考虑的？（无论前面你对这个应聘者什么印象，是否打算录用，这个问题最好都要问。它不仅帮你衡量你是否负担得起，同时帮你了解市场，知道这类岗位或者这个能力和经验的人，大致的薪酬水平。）

如果是特别满意的候选人，可以在更轻松的环境和氛围里进行复试，因为人在放松的时候更容易袒露自己。比如双方约下班后或周末时间，选一个彼此交通方便的咖啡馆，用轻松聊天的方式完成信息交换；甚至可以和对方聊聊当下的热点新闻，或畅谈人生，通过看似"侃大山"的交流，你可以对候选人的三观有一个基本摸底。

跟特别满意的候选人聊的时候，把诚意释放到位。包括：聊公司的战略布局、项目进展，包括一些正在跟进的项目或业务或融资情况。

最后你还可以问问候选人如果想加入你公司，有哪些期待和想法？这其实已经进入了谈OFFER的具体内容了。

3.2 如何育人——标准流程制定

对员工进行系统的培训，这不但只是关心员工，更因为这样做对企业有利。只靠实践本身是不够的。如果某人错误地做某件事，而且还努力苦干，最终会完全错干下去，因为得不到纠正。考虑怎样使培训工作能提高每个人的工作能力，怎样用提升内部员工或新进员工补充未来的工作岗位，而不是靠挖角让竞争对手来为你提供。

以下几点将帮你沿着有效路线迈出第一步，使你看到培训新员工对你做每件事的重大意义，帮助理解该怎么去做。根据所定的目标并制定培训期间的行动计划。培训后要听取他们的汇报，并对照他们的计划检查他们的学习进展情况。

有计划地培养下属，使每一位员工积极向上。在一个公司有成长的空间和培训的体系员工才会留下来，如果不这样做，那些最具有发展前途的员工就会离职而去。如果你有足够时间去挑选你认为适合的具有更高培训练水平的人那就行动吧。

3.2.1 警惕人才套娃现象：不用比自己优秀的人

套娃是俄罗斯的一种独具特色的纪念品也是玩具，很多人都非常的喜欢这种玩具。一个大的空心木娃娃，打开后，里面还套一个小的空心木娃娃，再打开，里面还有一个更小的，一层层套下去，通常能有5～7个。你可以想象一下这是不是一个很形象的人才比喻："你要是永远都只任用比自己水平差的人，那么我们的公司就会沦为侏儒；你要是敢于启用比自己水平高的人，我们公司就会成长为巨人！"这个套娃现象的故事正是管理学界著名的奥格威法则：善用比我们自己更优秀的人。

（1）那为什么很容易出现"套娃现象"呢？

1）是因为不安全感。

在一个金字塔式的组织里，晋升是最重要的获得名利的方式。如果招到了一个比自己更优秀的下属，那真是不出几天自己就会被下属所取代，可真会很快应了那句"长江后浪推前浪，前浪死在沙滩上呀"，坑就那么多别来个大萝卜就把我给挤走了。很多管理者的安全感都建立在"我必须是整个部门最优秀的"这个基础上。这就造成从选人开始或从新员工的入职开始，管理者就会对更优秀的人多加阻拦，先是设门槛不让优秀的人进来，再者是就算进来了，我也想方设法的把你弄走。越是平庸的管理者，越是心胸狭小的管理者，越是如此，这就是所谓的：兵熊熊一个，将熊熊一窝。

2）是因为容易领导。

下属不如领导者，所以就会出现总是赞同领导、敬佩领导、坚定地执行领导的决定，不会有过多的不同见解，以至于领导的感觉越来越好，慢慢开始把对下属的这种崇拜和唯命是从，误解为团队的执行力，并享受这种观点的统一性，行动的一致性。然后，很高效率地、做很低效果的事。

举一个简单的例子，公司的一个老采购主管勤奋认真，采购单据采购报销单每天一丝不苟的用笔去手写明细、用计算器去算账。可以说每天光这个时间都占去了2个小时以上，可谓是忙的连睡觉吃饭的时间都要挤出来去算账了。可对于年轻人来说，用系统导出的采购订单做采购单及费用的核算，不出20分钟轻松搞定。电子表格更容易让财务部核销，问题是这个老主管还天天的嫌弃年轻人不加班偷懒要赶别人走呀。可真是应了那句：勤奋的做低效果的事呀。

（2）那如何解决"套娃现象"呢？

1）解决安全感问题。

优秀管理者的安全感，来自更大的发展空间。不少的公司还会沾沾自喜，说自己中高层的管理者流动性就很低，都相对稳定。那恰恰也说明一个问题公司给到管理层的机会少。正常的流动性，是一套筛选机制，给优秀员工以希望。安全感，更来自于自信。所以一个公司更多的培训和独当一面的机会，能给管理者自信和发展的平台，从而在心中容得下更优秀的下属。例如上面说提到的采购老主管，他的优势在哪里？是这么多年积累的丰富采购经验和认真勤奋的工作态度，如果公司能给他更好的职业规划，去做采购人员技能培训及供货商和采购员监督，他会很快的去接纳年轻人。

2）解决制度问题。

●直属经理的上级，要参与面试，做最终决策。如果公司不大，建议总经理参与每一位员工的面试，杜绝直属经理招人的套娃心态；

●设定选人标准，新进员工的能力，超过其团队的平均能力水平，才可以录用；

●直属经理连续两次选人失误，新进员工能力低绩效垫底，扣除直属经理一定金额的绩效奖金。

3）解决自身问题。作为老板或总经理，更要时刻反省自己，看看自己是不是就是"套娃现象"中最外面、最大的那个套娃？所以作为公司最大的老板最应该容得下优秀的下属。把公司各个方面的能力优势集合起来，就组建了企业的人才优势。

3.2.2 提升员工的职业素养

职业素养是职业发展的基本素质，有助于提升员工的职业形象，更有助于增强企业的竞争力。要提升员工的职业素养，要从员工的意识、能力、态度、职业道德、形象等多个方面去提升。以下为提升员工职业素养的具体内容。

（1）职业态度

说到态度我们先了解一个招聘的例子，你面试了两个潜在员工。

第一个叫小张，他在前一家公司干的工作，和你正在招的这个运营主管职位非常类似，显然是有很多实际操作的经验，你很喜欢。但问到他为什么离开上一家公司时，他对公司、老板、同事、职位充满了抱怨，虽取得了成绩却把团队说了个遍。你还发现，他两年内换了三份工作。

第二个叫小李，他的能力和你招聘的岗位虽有类似，但并不完全匹配，显然还需要学习，可能这个学习还需要点时间。但是看他过去的经历，她的工作非常主动积极，而且还相当刻苦，人事部打电话给她的前同事做调查，发现同事们都很喜欢和他一起工作。

一个能力强，一个态度好。你陷入了选择困难中：要谁？

我们先简单定义一下什么叫态度，什么叫能力。

态度是职业素养的核心，都说态度决定一切。好的态度例如负责的、积极的、自信的、建设性的、欣赏的、乐于助人等态度，其实这是养成的性格，简单来说就是"想干"。能力，包括是否有做这件事的知识储备、是否有多年的经验、是否有相关的资源等，这是习得的技能，简单来说，就是"能干"。

绩效=态度×能力；也就是说，这两者缺一不可，如果只能选一个，你选态度还是能力？其实一个人的态度，例如他是否是个积极的人，是个负责的人这个特性是很难改变的，而能力是后天有机会可以买得的。通俗来讲，就是改变态度的难度，远远大于改变能力。

所以，对于态度好，能力强的破格使用。对于态度差，能力弱的坚决不用。对于态度好，能力弱的培养使用。对于态度差，能力强的员工限制使用。

（2）敬业精神

所谓敬业，就是要敬重你所从事的工作。为何要如此，我们可以从两层去理解。低层次来讲，敬业是对本职工作认真负责。如果上升一个高度来说，那就是把工作当成自己的事业，要具备一定的使命感和责任感。不管从哪个层次来讲，敬业所表现出来的就是认真负责，认真做事，一丝不苟，并且有始有终。一个人具有敬业精神，既要认真看待和把握所从事的工作，又要在实际工作中尽职尽责。更重要的还要按职业责任有效完成工作。偶然的某种成效，但与其敬业起点和敬业过程不相符合，也难以说具有敬业精神。说到敬业，可能我们很多人都会说："我很敬业的啊！"我们说只是口头上的敬业，实际工作中拿不出成效，不能说具备了敬业精神。

人无生来就有敬业精神的，但是人的敬业精神是可以培养。员工进入企业的直接目的是谋生，即获取报酬。眼下的企业管理，就是利用员工的谋生动机，强化考核奖惩。这无疑是有效的，然而作用也是有限的。好的员工会好好工作，对得起工资。思想落后的员工则会投机取巧、有利就做、无利不干。总之，工作是为领导做的，是做给领导看的，工作不是自己的需要。企业管理理念的升华是鼓励员工利用岗位提升自己、实现自我。工作岗位，不仅使员工能获取报酬，而且为员工提供了增长才干、拓宽知识、证明能力的机会和途径。要看到员工进入企业，不仅是为了获取报酬，也有提升能力、证明能力的愿望。有这种动机的应该受到鼓励、支持，没有这种动机的应该启发、引导。对大多数员工来说，他们最初的工作也许很简单、很平凡。既要鼓励他们安心于简单、平凡的工作，又要启发他们把简单的事做好就不简单、平凡的事做好就不平凡的理念。

（3）职业道德

以诚实守信的态度对待职业、廉洁自律，秉公办事、严格遵守职业规范和公司制度、决不泄露公司机密、忠诚对待公司、公司利益高于一切、全力维护公司品牌、克服自私心理，树立节约意识、培养职业美德，缔造人格魅力、敬业是做事的基本原则。

（4）职业意识

团队是个人职业成功的前提，个人因为团队而更加强大，面对问题要学会借力与合作；帮助别人就是帮助自己；懂得分享，不独占团队成果；与不同性格的团队成员默契配合；通过认同力量增强团队意识，顾全大局，甘当配角。

（5）个人行为规范

以顾客的眼光看事情，耐心对待你的客户；把职业当成你的事业，为实现自我价值而工作；对自己言行负一切责任；用最高职业标准要求自己；积极应对工作中的困境，懂得感恩，接受工作的全部；不断的创新，为企业注入新元素。正确对待与同级、上级的关系。

（6）职业技能规范

制定清晰的职业目标，学以致用，把知识转化为职业能力，把复杂的工作简单化；加强沟通，把话说得恰到好处；重视职业中的每一个细节；多给客户一些有价值的建议；善于学习，适应变化；突破职业思维，具备创新精神。

（7）自我时间管理

制定时间管理计划，养成快速的节奏感；学会授权，掌握高效的会议技巧，养成整洁的条理的习惯，专心致志，有始有终，合理简化工作流程。

（8）沟通技巧

讲出来，尤其是坦白地讲出来你内心的感受、感情、痛苦、想法和期望，但绝对不是批评、责备、抱怨、攻击。不无根据地批评、不责备、不抱怨、不攻击、不说教。互相尊重，绝不口出恶言。所谓"祸从口出"，在情绪状态极度波动的情况下不要沟通，尤其是不能够做决定。理性的沟通，不理性不要沟通。经常反省，不只是沟通才需要反省，任何时候都需要。

职业素养的提升是一个长期的过程，在我们的工作中，生活中都应该时刻的注意。要塑造个人的良好的职业形象，提升个人的职业能力，不断的增加个人的职业知识以及经验，努力成为企业优秀的人才。

3.2.3 提升员工的学习能力

打造全员学习的氛围，让员工学会学习本身，比学什么更重要。很多公司的老板没有学习的习惯却要求员工成长，这就如同家长不学习却要求孩子必须天天向上，那结果可想而知。员工的成长离不开老板的成长，员工学习习惯的建立更离不开老板的坚持，让我们全员一起加入学习之旅，开启终身成长之路。

在讲具体的方法之前，先讲一下菜东家的全员学习战略，菜东家在公司成立了读书会，每周二下班前 30 分钟，组织读书会的同学进行学习分享。分享的内容除了每月指定的图书外，还可分享自己的成长心得及对某件事的看法见解。这个习惯已经持续了近一年，所取得的成绩也慢慢显现。大家的沟通更顺畅，思考问题的角度与方式也更公正理性，你不懂我、我不懂你的现象也慢慢在减少。相信这都是思维方式转变而带来的正向变化，期待更多的生鲜运营公司都可以引导全员学习，提升业务的增长。

目前，全世界的教育专家，和学习技术的研究者们都有一个共识，那就是：我们现在已经找到了一种最好的学习方式。这种学习方式就叫做"任务式学习"，用真实的任务、项目、目标来牵引自己的学习。

只有以"交付一个任务"为目标，来展开自己的学习，才能既促进你学习的广度，也能保证学习的深度，还能让你在学习过程中保持成就感。任务式学习也是提升学习能力的关键。

那"任务式学习"所说的这些任务，都是什么样的呢？我在这里提醒你一下，这些任务可以是一个工作任务，也可以是来自各种不同人生阶段或公司发展阶段，对我们提出的挑战。

例如一个 20 岁刚毕业的新入职员工，你看，如何适应新的工作岗位就成为了一个任务。那就可以围绕"工作技能"这个任务来进行学习。我要学习熟练运用办公软件、要学习文案写作、要学习怎样在工作的第一个阶段能创造出业绩。

入职 3 年之后，我想的可能是，怎么成为一名能带领别人一起工作的团队领导者，这个时候的学习任务，就变成了怎么当一名小领导。那就可以围绕"管理技能"这个任务来进行学习。我要学习如何搭建团队、如何做绩效考核、如何分解公司的战略目标等等。

这样学习的氛围，是不是特别值得我们向往？我们就是要打造全员学习的目标，并为之而努力。

（1）找到优质的学习资源

现在这个时代真是知识大爆炸的时代，也是一个学习者最好的时代，我们身边根本不缺学习资源，我们要做的就是善于找到更优质的学习资源。

也是最简单的方式：搜索。

我们都知道互联网上有海量的学习资源，但遗憾的是，很多人还没有掌握搜索高品质信息的技巧。下面为一些最实用的搜索方法，可以借鉴。

怎样搜索得更准确：

1）善用关键词。在关键词搜索的时候，有个障碍：如果这个词包含的含义太多了，前几个页面都是无关信息。所以需要把形容词副词去掉，只留名词作为主干信息来搜索。

2）当你想搜索的内容，同时包含了两个或以上的关键词，可以用空格来隔开，例如「罗胖 罗振宇」；而当你想搜索的内容只需要包含多个关键词里的任意一个，可以用竖线（∣），例如「得到∣罗振宇」。

3）很多人在搜索的时候，只会用直接的关键词。这样搜索到的信息，不仅有限，还会跟别人搜出来的很雷同。其实，你可以通过不同关键词的组合，来挖掘出更多隐含的信息。举个例子，假如你想在成都找一个大型场馆。第一反应可能是搜索"成都 场馆"，但你还可以把关键词设为"成都 演唱会"，你就能搜到以往在成都开过演唱会的场地。搜这些场地，就相当于有人帮你筛选了一层信息，比你直接搜"成都 场馆"更好。

4）当你想让搜索的内容不包含某些关键词，可以用减号"-"来避开干扰信息。例如你想搜罗振宇的信息，但不想看到跟得到有关的信息，就可以用「罗振宇-得到」。注意：减号前面有空格，后面没空格。这个用处还能帮你避免广告，例如「托福考试-广告-推广」。

5）当你希望精准搜索的时候，例如你想搜一句话，这个话一个字都不能少，你就可以加个双引号。例如「"脱不花·30天沟通训练营"」，搜出来的页面只会出现完整的一整句话相关的页面，而不会出现只跟"脱不花"有关，或者只跟"沟通"有关的信息页面。

6）当我们输入关键词的时候，只要是文稿中含有这个关键词，这些页面都会被搜索出来。如果你只想看到标题中有这个关键词的网页，那就可以在前面加个搜索指令：intitle，例如你输入「intitle：跨年演讲」，就只能搜出来标题中含跨年演讲的网页。

7）在用百度、谷歌等搜索引擎的时候，搜索框下面有个卜拉菜单，可以选择时间期限内发布的网页。

8）当你想在某个特定网站上搜索某个信息，就可以运用搜索指令"site"。例如，你想在得到网页里搜索冬奥会相关的信息，可以在google搜索「冬奥会 site：dedao.cn」；使用这个方法，也可以搜索一类后缀的网站，例如你想搜集政府网站关于社保的内容，可以搜索「社保 site：gov.cn」

9）当你想搜索影视、音乐、图书相关的内容，加上书名号《》会帮你避免很多麻烦。例如搜索「《格局》」这本书，加上书名号，就能排除其他信息。

10）当你想快速找到某类文件，可以运用文件类型的搜索指令"Filetype"。例如你想搜索某公司研报，你就可以列「600519 深度研究 Filetype：pdf」，600519是上市公司代码，「Filetype：pdf」是定义文件格式，就能定向搜到该公司研报。

不同类型的知识，在不同搜索引擎上，能够搜到的信息丰富程度也不一样。你可以根据你要搜索的内容，选择不同的搜索引擎。

（2）最省力的方式，用专业的学习平台

"得到App"有一门《黄碧云的小店创业课》给从事生鲜小店经营的从业者就可以打开一扇生鲜零售店的大门。这门课，从设定目标开始，一直讲到小店能够盈利为止，把开小店从 0 到 1 可能遇到的所有问题，都给你讲透。

"樊登读书"解读过一本《高效能人士的七个习惯》，因樊登老师的解读让很多人对这本书着迷，更因着迷而付出改变的行动。正因这本书让人可以一点点建立起积极、高效、自律的习惯。也相信更多的员工可以通过学习找到改变人生的方法。

（3）最高效的方式，跟人学

这是最了不起的学习方式，也是一种学习的捷径，直接和最好的头脑，优秀的人交流，肯定是获取新知识、新思想最快的方式。那么问题来了，要如何找到身边的牛人，如果身边没有牛人，那能跟谁学？可以试试"三级导师制"，分三级找到自己的导师。这三级分别是：入门、进圈和拜佛。

假设一个年轻人，想成为演讲的专才，但是基础又比较差，有人说，这个时候必须是中央电视台的董卿来给你当导师才行。那这个事基本没戏。别说这个时候见不到董卿，就算见到了，最多也只能合张影，产生不了任何的价值。所以得先找一个导师带你入门。其实只要是干演讲或主持这行的，都能当第一级导师。这个想必不难，只要肯想办法就可以办到。找到之后，可以向他请教几个问题：

你这么走上这行的？作为一个主持人每天都干什么？或者就是让他给列一张清单，写这个主持领域最牛的人，和有关这个领域最值得看的书。

拿到这一张清单，要赶紧研究：单子上的牛人都在哪，他们的微信公众号、抖音号或其他知识输出途径都是什么？找到后就关注他们吧。而通过这种关注，就会发现，牛人之间谁和谁互动，牛人的圈子研究什么问题、关心什么问题。他们研究的关心的方向正是大家所要研究学习的地方。这样就可以逐渐进入一个共同体，这就是第二步，进圈。

如果在这个圈子里认认真真的学习，很快就能发现，圈子里会不定期发布一些机会，例如行业大会或线下交流会等。这样就有机会来到第三步，拜佛，也就是面对面接触行业里的大神级人物。

虽然我们是生鲜行业小白，但通过一步步的提升也可以得到行业大牛的指点。

（4）制定更有价值的学习目标

一说到学习目标，我们肯定就能想起每年年初，自己总要花上半天时间，来认认真真地制定好多目标，例如提高办公软件操作能力，学习制作 PPT，每周跑步 3 次、坚持每天写日记、每周看一本书、减重 10 斤等等。

有这么一个调侃的笑话，每年年初每个人都是摩拳擦掌信心满满，自己所制定的目标无论如何都会坚持完成的。但实际情况是什么？大多数人到了年底又会制定一张一模一样的目标来，等于这一年的目标都未实现。

为什么会这样？问题其实不是出在愿望上，而是出在"定目标"这件事本身的技巧上。尤其是在"任务式学习"这个体系中，定什么任务，定什么目标，就决定了能学到什么。

那我们就来看看，怎么样定目标，学习效果最好。什么叫目标？很多人会觉得，开什么玩笑我天天定目标还不知道什么叫目标，说不定真的是好多人会误解呀。

我们来看三个目标：

1）加强学习，争取加薪；

2）每月读四本书；

3）为了二个月后要在公司里的培训师选拔赛中胜出，从今天开始每天练习演讲 2 小时，利用周六周日休息时间报一个培训师强化训练短期班，每周六晚上找朋友做试讲练习。

请问，上面三个目标里面，哪个算目标？不好意思，其实只有第三个才是最容易坚持个实现的目标。为什么？因为一个合理的学习目标，至少要满足四个条件：第一个叫有场景、第二个叫有距离、第三个叫有抓手，第四个叫有阶梯。

有场景，就是如果达到了目标，要在某个地方能验证它；学会了一样东西，至少能在一个地方用。如果只说想争取加薪那动力就不足，那你再补充一个场景，为了孩子提高成绩要支付每月 5000 元的一对一私教培训费，这个动力就大了。

所以有场景的目标一定是好目标，没有场景的目标就是良好的愿望而已，统统删掉吧。

有距离，就是目标和现状得有点差距，例如要升职加薪，就得努力提高工作能力，在 6000 月薪的基础上再增加 300 元每月，这叫啥目标吗，没有挑战性，和现状太接近了，很难给自己带来动力。所以一个好的目标，它应该跟自己的现状有一定的距离，跳一跳才能够得着。

有抓手，上面说目标要有距离，那就来个目标远大的吧，在 6000 月薪的基础上增加 10000 元每月。可是努力了一年下来，只完成了 2000 元，特别伤自尊。那怎么样订目标才合适呢？在定目标的时候一定要有可具体入手的地方，如果没有细节的抓手，你根本不知道从哪切入。

还拿 6000 月薪为加薪目标，6000 元是小组长的薪资水平，那我第一个要实现的上升阶梯肯定是部门主管，那部门主管的工薪是多少呢？10000 元每月，我的目标就会有目的性的核定为 10000 元，为实现部门主管的目标就可再细分成每个必须学习进步的岗位技能。例如部门主管需要熟练公司的业务产品线，那你对公司的产品了解多少，还需要哪些方面的学习？有针对性的去提升就会非常快。

当你立一个目标的时候，一般要明确几个事情：

1）开始和结束的时间。有个起止时间就更好约束自己的行为习惯；

2）具体的执行动作。例如作为配送小组长，需要往配送主管提升，那就除了本线路的业务情况外，还需要通过替岗去完成所有配送线路的业务精通工作；

3）执行动作的数量。例如每周利用休息的时间替岗 2 次，可以让想休假的同事或有急事的同事去休息。用 3 个月左右的时间就可以熟悉全公司所有的配送线路；

4）执行动作的完成度。在设立目标时就明确，需要完成到什么程度这个动作才算真正完成，避免自己糊弄自己。例如熟悉全公司所有的配送线路，就必须对整个线路的客户属性了解，客户的到货时间、客户的签收要求、客户的服务反馈等做详细的记录。相信工作能力的提升很快就可以成为配送部门最强的标兵，升职加薪指日可待。

有阶梯，我们把目标可以拆分成几层阶梯，每登上一层就会收获一个不一样的里程碑，就能收获相应的成就感。更重要的是，每一层阶梯都是全新的挑战，都要用不同的学习和训练的方式，都能激发自己的探索精神，而不是每天都单一重复，那不是在学习，那是在消耗自己的意志力。

例如自己制定的一年跑步 700 公里计划，如果依平均值去平均用力，那可能时间上就无法坚持，如果是阶段性的目标，前 3 个月完成 100 公里，用 30 多天每天 3 公里就可以达成，先养成跑步的习惯。第二阶段的 3 个月完成 150 公里。第三阶段的 3 个月完成 200 公里。第四阶段的 3 个月完成 250 公里。这样每一个除段性目标的完成都可以自己奖励，就更可以更好的为下一阶段激发能量。

制定目标，本身就是学习的一部分，更何况，定好目标还会产生一个特别的好处，就是如果永远都是由易到难完成目标，就会一直在"攻城拔寨"慢慢就会变成一个始终自我强化的人。

（5）如何学以致用

学了就一定要用，而且要产生效果，只有这样才能更有动力去实现下一阶段的学习目标。那就用现在最实用的一个法则"用输出倒逼输入"，通常的经验是至少要做四种输出，才能做到真正的学以致用。

1）记笔记：这种输出方式最为简单，就是在学习的过程中，对自己有帮助的内容要记下来，要记录最重要的信息和关键词。另外还要记录自己的感受和联想，就相当于把原来的知识网络跟新的知道进行缝合，再加工，这样就变成了一个属于自己的新知识。

2）讲小课：教是最好的学，学到的知识到底有没有真正消化理解，最简单的验证方式，就是讲给别人听。经常听管理的大师讲，自己所理解的东西如果讲给文化水平很低的人，她是否可以完全听的懂，如果能懂这个管理就适合推广，如果不能就再提炼简化。那这样说学到的东西可以讲给小朋友、同事或朋友听，用小朋友、同事或朋友都可以听的懂的语言来转述讲解，这个知识就真正融入自己的心智体系。

3）会迁移：迁移就是能把 A 知识灵活应用到 B 领域，能把 B 知识迁移到 C 领域用起来。这就是常说的触类旁通、融会贯通、举一反三，是学以致用的高阶状态。简单的方法就是每学到一个新知识，强行问自己一个问题：所学的这件事，它能用在什么地方？例如学了沟通的技巧，在与同事相处的过程中可以使用，与客户谈判的时候可以使用，甚至在食堂投诉菜品质量问题的时候都可以用上。

4）列清单：记也记了，该同别人分享的内容也分享了，都会举一反三了。也就别光想，必须得真干，而且还得给自己列出一张操作清单来。因为干了之后再拉出清单来对照，看操作的关键点在哪里，做出总结，再去优化，这个时候才算是把这个知识，真正地内化和固化成自己的能力。

（6）利用学习清单

下面附两张清单，可做学习上的参考。

书面表达清单：

1）大多数人的"写"都不能称之为写作，定义为"书面表达"更为准确并有效；

2）多年前不知如何下笔时，告诉自己八个字："眼前有人，对他说话"；

3）书面表达与口头表达相对，区别在于没有情境和场景，执笔者必须靠自己的文字为对方完整的创造出情境和信息链，并且带动阅读者的感受，快速调频；

4）强制自己养成动笔习惯，哪怕只是在朋友圈写个每日清单；

5）一件事能被称之为"习惯"、意味着定时、定量、规律进行、产出明确；

6）书面表达的基因是永远比口头表达更正式、所有要素的分量都变得更重。所以尽量不要在书面形式中表达负面情绪，不要隔空撕逼，姿态非常难看以及会留下证据；

7）眼下最常见的书面表达是微信和邮件。除了私人关系，其他来往，切勿失了分寸。时常问问自己："我和人家很熟吗我这么说话？"；

8）为了便于对方 Get 到你的点，主动划重点很重要，说正事绝对不用语音、能用清单的不要起承转合，一个邮件最好只说一件事；

9）所有伟大的写作者的秘诀都是：一直写。

关于如何高效的学习其实也是很简单的，主要先让自己找到好的学习资源、制定适合自己的任务式目标，再学以致用，这样就可以让知识成为每个人的力量。对于企业而言，员工成长了企业的利润自然就会水涨船高，所以让员工一起成为终身学习者吧。

3.2.4 提升员工的时间管理能力

很多的员工每天上班都是一大堆的工作等着，再加上一个安排接着一个安排，没有喘息的空间。手上好几个任务，却不知道要先处理哪个；或者是一点意外不能出现，只要有突发状况就手忙脚乱、乱了分寸。甚至见过从事生鲜的同事连睡觉的时间都是见缝插针，其实这些问题都是因为缺乏时间管理的能力。

其实时间管理，是个人在职场上实现跃迁的一个重要因素。

虽然每个人的每一天都是 24 小时，但会时间管理的人，他们的产出可能是不会时间管理人的五倍、十倍、甚至更多。他们能够更快实现职场晋升、能力发展，他们的人生更有密度、更有价值。

现在的时代，每个人面临的工作挑战非常多，机会也非常多，但会因为没有时间而放弃这些机会。其实很多时候不是没有时间，只是不会管理时间。其中的核心观点就是：时间管理的本质是对外管理事务、管理合作关系，对内则是管理自己。

既然要更好的管理时间，那就要学习一套时间管理的方法，做任何事情都要靠系统，而不是靠感觉。

（1）运用好计划表、项目推进表

说到计划表、项目推进表，很多时候，大家都会有不少误解。为什么要做一个计划呢？未来有那么多的不确定性，关键还是很靠执行。做个计划太麻烦了，有那个时间都可以做好几件事情了。

为什么一定要做计划呢？答案很简单，计划有两个基本的功能：规划和备忘。规划，是制定出实现目标的有效路径；备忘，则是可以帮助自己在执行时方向清晰、全情投入。任何事情都是先在头脑中构思，也就是智力上的第一次创造，然后再付诸实践，也就是体力上的第二次创造。

这就跟做生鲜行业一样，未来的生鲜发展方向一定是以销定产，先收集需求计划，再做采购计划或生产，最后是种植计划，只有这样才可以很好的解决农产品滞销问题。生鲜行业如此更何况每个人日常的工作，运用好计划表是职场必备的工作技能。计划表对未来要达成的目标，以及达成路径，包括进行头脑中的第一次创造的过程，都可以做好记录，可视化呈现（见表 3-1）。

表 3-1　项目推进表

项目推进表

序号	工作项目	具体任务重点	工作目标（进度/成果/完成情况）						责任人	参与人员	考核人	工作成果预估
			5月份（10日至31日）			6月份		7月..				
			第二周	第三周	第四周	..	..					
1	筹备工作	办公室、宿舍、食堂确定	1天						朱珍	宗总	胡总	员工食宿解决
		办公室卫生	2天						朱珍	宗总	胡总	办公环境整洁
		办公设备及用品	1天						朱珍	宗总	胡总	可投入办公
		项目投资款到位	1天						朱珍	宗总	胡总/钟总	投资款到指定账户
		商学院牌匾制作（设计）	1天						朱珍	宗总	胡总	挂牌方便开展工作
2	团队组建	制定薪酬标准（第一阶段人员筹备）		1天					朱珍	宗总	胡总/钟总	可清晰快捷招聘
		人员招聘（课程研发专员、课程培训专员、营销招生专员）		6天					朱珍	宗总	胡总/钟总	一周内人员入职3-4人
3	制定商学院各项制度	办学方针、课件研发准则			2天				朱珍	新同事	胡总/钟总	制定办学总方针
		员工行为准则			1天				朱珍	新同事	胡总/钟总	规范员工行为
		财务管理制度			1天				朱珍	新同事	胡总/钟总	规范财务管理
		商学院奖惩制度			2天				朱珍	新同事	胡总/钟总	课程研发及招生奖励（让员工有干劲）
4	课程研发	制定课程研发总目标				3天			朱珍	新同事	胡总/钟总	确定课程总表
		依总目标做分项课程研发计划				4天			朱珍	新同事	胡总/钟总	确定课程研发进度表
		依课程研发计划做对应培训课件研发表							朱珍	新同事	胡总/钟总	确定培训课件研发进度表
		课程研发推进							朱珍	新同事	胡总/钟总	依目标持续推进
5	培训招生计划（营销宣传）	7月初做第一期生鲜实操培训班（做营销招生准备）							同事	朱珍	朱珍	3周时间营销推广招生

（2）提高执行力、拒绝拖延

其实执行力低下，拖延的一大原因，是"担心自己做不好"的心态造成的。怎么克服这类心理障碍，想分享一下关于写这本"生鲜运营手册"的初衷。其实早在几年前就想着要把这本书写出来，把自己的生鲜管理经验整理成可以传授的知识，可是迟迟不敢动笔。就算提笔去写了也是左看不行右看不行，总感觉跟那些优秀的生鲜大伽相比太逊色了。但是相比于写书，每次遇到客户需要培训或讲解生鲜运营经验的时候，却可以讲几个小时都不停歇，更重要的是可以得到客户的一致认可。于是同事们鼓励自己，把想讲的东西以及实际工作中碰到的问题写出来就好了，无需惧怕好与不好，先做就是。由衷的感谢同事的鼓励，才得以让这本"生鲜运营手册"问世。

所以，如果说在工作中，遇到类似的问题犯难犯怵，而造成拖延的情况，可以给到两个建议：

1）当自己担心做不好时，不妨"转念一想"，反正都是要面对的，不如找到一个积极的、能说服自己的理由，主动去做；

2）不要一个人在那里为难和纠结，多跟上司、同事交流。他们的建议和鼓励，可能就会带来行动的动力。

（3）掌握"转、做、存、扔"四字口诀

这里讲一种快速做决定和快速行动的方法。叫做："转、做、存、扔"四字诀。每当遇到一件事情，建议在 10 秒钟内就做一个判断，同时下一步该做什么？所有的情况，都无外乎四个选项：

1）转，转给别人；

2）做，马上去做；

3）存，放入待办清单；

4）扔，拒绝或者忽略掉它。

首先讲一下"转"，是指那些可以授权给别人替我们完成的动作或任务。例如，可以安排下属去处理一个不太棘手的客户投诉，也可以提升下属的工作能力；可以寻求老板帮助，解决一个超出职责范围的审批。总之，不应该由你做的事情，坚决地把它们转出去。可能很多人会想，拉不下这个面子，不敢去麻烦别人。其他完全可以换一个思路，之所以要把这些工作转出去，为的是更好的完成工作，而不是想偷懒。

其次来说"做"，工作中经常会讲"要事优先"，做计划的时候，也要将规则"重要的事"。这里要注意"要事优先"，并不代表在做事的时候，只能先做"重要的事"，再做"不重要的事"。相反，如果一个动作，只需要两三分钟就可以完成，那么建议你马上做，不要拖着占用大脑内存。例如客服正在处理订单，但此时接到一个电话"中心幼儿园需要公司明天带着公章去续签生鲜食材配送合同"，这个时候就需要把这个事情立马安排业务部对接人做好明天签约的准备，并告知签约时间联系人。这个动作也就一两分钟的时间，如果不做就会老惦记着这个事，也会影响其他的工作，甚至会一转身把这个事情忘掉。这里还要分享一个关于"做"的经验，那就是确定要做的事"趁热打铁立刻做掉"。反正都要做在当时做，要比一天之后做效果好太多。

再例如，一个会议结束了，马上把会议纪要整理出来，立刻发出去；一个临时的配送任务结束了，尽管已经很疲惫，但马上和相关同事总结工作经验。因为，当时的记忆、体验是最深刻的，马上做掉，效率最高，效果也最好。

没有办法马上做，需要大块时间在未来处理的事情，可以把它们记下来，放进自己的"待办清单"中，这个动作叫"存"。好多人会说，自己老是记不住东西，这大脑哪里存的了这么多的东西。如果什么事情都存到大脑里，就太浪费宝贵的大脑资源了，这个"待办清单"可以写日程表里、记在本子上或手机里，到了时间提醒自己去做就可以了。例如3天后的一个会议、7天后约的一个客户到访、10天后出差云南等等。

最后，既转不出去，又没法立刻做掉，也没必要存下来以后做的事情，果断"扔"掉。例如推掉某次无聊的会议邀请、删掉一些没有意义的邮件、放弃某个无关紧要的指标等等。总之，不要让脑子被琐事占领，而是清空它们去做更有价值的事情。

（4）掌握敏捷工作法，让计划赶上变化

敏捷工作法，核心是一种不断迭代的工作方式。它不提倡"追求完美、一步到位"，它提倡不断调整、适应，逐步去达成目标。举个例子，业务部刚拿下一个配送业务，服务500人的全品类食材配送。如果你想追求完美，一次性把客户的品质、价格、服务全部到位，可能真的有难度。如果没有实际的配送服务是无法掌握客户的真正需求的，所以需要掌握敏捷工作法，不断的去调整菜品的品质、价格及服务满意度，最后达到客户满意公司成本最低的最优状态。

建立"最小交付"意识，这是因为，计划不是一成不变的，日常中常说计划赶不上变化，很多时候，就算是老板，也没有办法做到 100%看准一个方向。更多的时候，是领导布置的工作，领导自己都没有真正想清楚到底要的是什么，但是如果有看到你的最终产出，上级才意识到自己的需求是另一个东西，那么通常都会推倒重来。真实情况就是所有的时间就这么浪费进去了。所以需要在早期，就应该拿出最初版本交付上级，要拿的出手，但又不至于过于复杂。也就是"最小可交付"的 1.0 版本，它可以帮助自己确认最终的需求，避免把时间投入到不必要的地方。

（5）管理合作者的时间

在工作中离不开合作者，单打独斗的工作几乎是不存在的。所以学会与人合作，可以大幅度提升时间使用效率。职场人的时间管理，有两个特点，一是开放透明，二是互相负责。

"开放透明"，在做计划的时候，就把别人拉进来。哪怕你是团队的领导，也有必要这么做，否则大家也会觉得，自己被排除在了决策范围之外，最终执行的，是领导的个人意志，而不是团队的想法。最好让大家集思广益，即可以让团队成员觉得这是"我们的计划"又可以充分同步信息，避免盲点。看似在准备阶段多花了时间，其实在执行阶段会省很多事。在计划阶段可以通过项目管理软件，或者干脆弄一块大白板，把每个组员的任务进展，通过这些工具，展现给所有人。更可以主动去"推销"自己的工作，让它处在其他人的视线中。其实员工的工作可见度，也是评价一个员工是否有晋升潜力的重要因素。能够被组织看见自己在做什么，短期来看可以帮自己更好地去调动和协调资源，长期来说也是一种自我营销。

"互相负责"是指在通常的合作者名单里有上级、同级、下级，所以要学会管理合作者的时间，互相负责也是提升时间管理能力必须掌握的技能。

1）管理上级的时间：在公司里，时间管理这件事上，直接上司通常扮演了一个非常重要的角色。一般而言，自己工作的80%的任务都是你的直接上司安排的。如果遇到一个善于管理下属和自己时间的上司，那工作起来会比较顺畅。但是也有可能，遇到的直接上司并不太会管理时间，工作的安排有可能是"想起一出是一出"，碰到这样的上级多半是高兴不起来的，所以有必要学会"管理上级的时间"，目的是为了让自己的工作更轻松才是。

举个例子，曾经指导过的一个生鲜配送中心的老大，自己经多年在农批市场摸爬滚打，把公司发展成一家集农产品批发与配送一体的公司。随着业务的增长员工人数也不断增加，只是老板因为习惯的养成，仍旧保持着个别老客户自己接单。老板非常细心，只要收到客户订单就会第一时间发给公司客服部处理，但唯一不足的只要有接待或重要事项就会影响此事。公司客服因为级别的问题，通常都不敢给老板打电话询问，只能干着急然后影响订单汇总。这是一个典型的不敢管理上级时间的案例，要解决这一类问题，核心就是要突破自己的层级意识，重要的事情要"敢于去和老板一起管理时间"。

其实多数的公司，企业文化是开放的，人数不多组织架构是扁平的，通常可以直接和老板提出建议，尽量减少这种偶发性但实际会浪费时间的等待。或者就是建议老板这样的事情交给下属来办，可以经常向老板汇总工作的进程，让他知道服务的效果也是可以的，老板也会愿意放心把这个事情交给下属来办。

在这里多强调几句，人一定要有一个"向上负责"的心态。自己上级布置的任务，自己先要记得很牢，因为得"向上负责"；再者如果上级布置了任务以后，下属没有主动去汇报，一旦轮到上级想起来了，开始盯细节、催进度，事后上级就会觉得，是这个下属执行力不行。

"管理上级的时间"有一个好方法就是：主动固定下来和老板一对一沟通的时间，提醒工作放到他的日历表里。同时制作项目管理表，定期和他汇报你的项目、任务的进度。

2）管理同级的时间：尽可能地"当面沟通"。沟通，最强调的是"及时反馈"，书面沟通，不可避免地会出现大量的误解和延时，而且传递信息的丰富程度也不如当面表达。更何况，等对方回应，然后你再回应，这种动作本身，就已经消耗了大量的时间。

在平常的工作中，是不是经常发现不少的同事，哪怕座位背靠背挨着，宁愿在微信里热火朝天的讨论或发邮件，但都不愿意面对面交流，变成了名副其实的"网虫"，离开网络都不想张口说话。其实，其实可以当面沟通，就不要打电话；如果可以打电话，就不要发微信写邮件；如果是一些重要的事情，几句话说不清楚的，可以"书面配合当面"，首先通过微信或邮件，把重要的数据、图片等等先发给对方，然后当面再交流想法。这样双方就可以更快的推进项目进展。

"管理同级的时间"有一个好方法就是：尽可能的当面沟通。让双方的时间同步，相互做计划时就考虑彼此的时间。

3）管理下级的时间："学会授权"让下级真正实现自身的最大价值。如果你是团队的领导，哪怕你只有一位下属，你肩上的责任也比你自己一人的时候要重得多。在职场当中喜欢给下属找活的，想一出是一出的领导有，而另一种极端的领导风格，是喜欢把所有权力和责任，统统抓在自己手里，不懂授权。

曾经接触过不少的从事农产品生产销售的老板，工作非常辛苦。每天白天接待政府领导、拜访客户、处理公司事务，凌晨还去调研农批市场的价格甚至天天参与采购工作。这让人非常不解，因为老板忙的晕头转向，自己又非常累，反而下属却很舒服，很多事情都靠着老板解决，甚至还因为找不到自己的价值想离开公司。所以这都是老板的"亲力亲为"因为发挥到极致才给员工造成的困扰。原本是员工可以去对接的客户、员工可以去处理的售后问题，只要老板一插手，就成功的进行截胡，以后客户有任可鸡毛蒜皮的事，直接就联系他了，根本不把下面的员工放眼里，可真应了"走员工的路，让员工无路可走"。实际来说这件事的责任人，是属于下属，那么作为老板可以指导他给出建议，但同时也要坚定的告诉他，他才是这件事的最终负责人。

"管理下级的时间"有一个好方法：就是学会授权，教会下属，让团队的效率最大化。

（6）如何与忙碌相处

在现实的工作中，作为一个生鲜从业者，很多事情无法像希望的那样井然有序。通常遇见问题也很难每次都能有条不紊，轻松自如地处理一切。很多人会觉得，"忙"是个贬义词。越忙就越累，越累就越不想忙。

首先我们要避免"假性忙碌"，需要甩开的是不是忙碌本身，而是一种糟糕的忙碌状态，也就是"假性忙碌"。这种忙碌就是忙到没有任何规划，今天在干昨天的进度，一个人在干两个人的活。忙到没有时间去学习，忙到没有时间去想怎么去改进方法，提高效率，或者忙到连做个长期计划的时间都没有。看看自己身边的不少人，其实就是忙而不累，总是充满精力，完成了一件事，马上又能全情投入下一件事，不但不排斥"忙碌"，甚至主动拥抱"忙碌"。所以在工作中，务必要想各种办法学习新技能，提升自己的能力，同时提高业绩产出；工作之外，自己给自己增加学习、健身、社交的各种各样的任务，培养兴趣爱好。

一定要提高自我认知，形成"自驱式忙碌"，建议可以去做三件事：

1）得有一个属于自己的好目标，能够让自己兴奋、发自内心想去完成的事。让自己兴奋的目标有两个特点，一是挑战舒适区；另一个是开创新领域。假设从来没有人去做，但你去做还成功了。例如，一个公司采购部的老大，给自己订的目标是除了做好公司的采购管理本职工作外，还订了一个更大的目标，要利用自己的采购管理知识给全员定期培训，出培训教材。让全员掌握生鲜农产品的价格及品质特性，一方面降低了公司损耗成本，还在业内打响了自己的知名度，成为当地生鲜采购界的香饽饽。

2）把定目标当做给未来的简历做准备。可以想象一下，如果你将来简历上写的是，采用了创新模式，创造了公司甚至业内的业绩记录，或者是优化了采购流程创新的供货商管理模式，为采购部降本增效的百分数等等。相同情况下如果另一份简历写的则是"完成了各项本职工作"，作为招聘者，那会聘用谁呢？

3）给成长提供足够的投入，既然选择一个公司，认定一个岗位就要深耕去学习，要给成长留出足够的时间和精力投入，才可以在这个行业这个公司这个岗位取得成绩。心不安定的员工不可能成长、三天打鱼两天晒网的人也做不出成绩，想做好时间管理，就要做长期主义的打算，成功才会降临。

3.2.5 如何把每一天的时间价值最大化

时间对每个人都是很公平的，除了吃饭睡觉如何利用余下的 16 小时呢？在这里可以简单的分享一下把每一天都价值最大化的方法；首先让自己快速进入工作状态。有不少人虽然准时打卡进入了办公室，却要吃早餐、喝咖啡、上洗手间，甚至跟同事再聊聊人生等诸如此类，一翻操作下来半小时过去了还没有开始正式的工作，那就可以利用开工仪式六部曲让自己快速进入工作状态：

（1）设置 25 分钟倒计时。给自己一个指令，现在已经进入工作准备状态，倒计时开启抛开与工作无关的杂事；

（2）列出今天的工作计划。梳理今天的待办事项，用战略高度规划自己的一天，一定不能闷头走路抓到什么事就做什么事，像个无头苍蝇；

（3）对重要任务做分解。重要的事情是需要更专注更耗精力的，所以要对重要的任务进行分解，分步骤完成就不会给自己造成太大压力；

（4）准备工作环境。整理自己的工作环境，整洁干净的办公桌会给我们带来一天的好心情，则更容易高效的投入到工作中；

（5）用琐事热身。例如打印一些文件，处理一会简单的邮件，热身之后再去做重要的事，可以让自己快速的适应新的一天；

（6）新倒计进处理要事。开工仪式倒计时结束，就可以进入重要事项的处理状态，让自己沉浸式投入到工作中。

管理自己的待办清单：可以把任何待办清单都可以分解成，立刻去做、安排别人授权去做、放到其他时间退后再做、或根本不做扔掉。这样经过梳理后的任务清单就可以很好的落地执行完成，让清单更有行动力。

管理好自己电脑中的文件：分门别类，做好储存，方便工作，影响工作的进度。那如何管理好我们的文件呢？可以尝试下面流程：

1）把文件夹按照角色进行分类：做项目的按项目分、做销售的按客户分、做行政的按时间分、职场新人按流程分、自用的电脑可以按文件类型分等等；

2）建立文件夹遵行"57"原则：同级最多 7 个文件夹，最多镶嵌 5 套，再多层级就不易查找了；

3）合理的给文件命名：用 3W1X 方法命名，When 时间、Work 事项、Who 主体、X 备注，例如 20210630-销售部营销计划-客户 A-V3；

4）利用云盘存储文件：现在出差办公的同事非常多，云存储文件就可随时随地调取，手机、笔记本电脑、台式电脑等等可以文件同步，管理文件也会更高效。

（7）学会拒绝同事无理由的帮忙：你有没有经常碰到一上班同事就来找你帮忙，或问你这个问你那个，安排好的时间全被打扰了，自己的事情都没有时间做，但是又不知道该怎么拒绝？可是你能直接去拒绝吗？

有没有想过上面的拒绝你会把同事之间的关系全部破坏掉，未来也没有同事来帮你了，所以除了该帮的忙外，我们也要学会合理的拒绝。那如何优雅的拒绝别人呢？请掌握三个技巧：说事实、谈感受、给建议。

例如：你看，我今天还有五件事情没有做完，其中一件还是老板今天下午就要的，我现在着急的很，能不能这样，你先问问别人，如里实在不行下午快下班那会再说？相信同事收到这样的拒绝方式，对方是没有任何理由不考虑你的事实情况。

（8）学会处理老板临时性布置的工作：你是不是也经常会碰到，快下班了老板临时布置了工作，你说不做吗？对于这种临时性的情况我们要学会分析事情的属性，第一种，老板下班布置任务已经成为一种习惯，第二种，真的临时有任务需要解决。那如果是第一种，我们要主动出击在下班前一个小时去找老板汇报工作，让老板知道你工作的进度，这个时候如果老板有事会提前安排你来做，这样就可以做到反客为主让老板提前安排。那如果是第二种，就是临时有任务需要解决的，先冷静的根据任务清单法进行梳理，搞清楚轻重缓急并勇敢的决定在那个时间内完成此项工作，因为有时候加班加点不见得是老板想要的。

（9）学会利用下班时间提升自己：很多人会说，上班累的半死下班根本没有时间学习，找不到方法提升自己的能力。掌握一些小方法可以让学习更高效，

1）结交优秀的朋友爱学习的朋友，通过朋友的带领可以更自觉的投入到学习中；

2）要学会总结优秀的人他们处理工作的方法并利用到工作当中，你会发现这种学习的方法最快；

3）利用碎片时间见缝插针的学习，等地铁呀、等朋友呀、车上呀等等这些时间都可以用上；

4）找到自己的学习系统，我要系统化的学什么用在什么地方，有了之后有什么样的收获，通过系统化的学习我们的能力就会螺旋式的上升。

3.2.6 提升员工的沟通能力

大多数人必经之路——职场。在职场当中，少不了开会，像什么月度总结会议、季度总结会议、年终总结会议，还有每周会议等等。但是很有可能就是这其中的一两场会议，可以直接决定你是否能升职加薪，你能否再往上一步的关键，而会议的关键除了工作的结果，沟通与汇报的能力同样重要，甚至能决定你在职场上的"生死"！

沟通。是你社交的关键能力，也是工作当中最重要的能力之一。简单一句话来了解沟通表达：想得清楚和说得明白。

如何提升我们的沟通表达能力呢？两个方法，供你参考学习：

（1）自下而上的思考。从最底层思考可能性，层层归纳提炼，——分类提取。假设想开一家店，通常想到的都是资金、货源、人员、产品、店源、和降低所有成本，增加收入等等。比较纷杂，但试试归纳，也就三类：资金、货源、收入。

（2）自上而下的表述。结论先行，归纳分类，逻辑递进。接着上面的例子，再具体细分一下，开什么店？卖什么产品？资金用在哪里？收入哪里来？招聘什么人员？怎么分工合作？怎么开店选址？诸如此类就会变的清晰可见。

3.2.7 提升员工的商务接待礼仪

（1）接待前充分准备

1）了解客户基本情况

商务接待第一步首先是了解客户的基本情况，包括客户的单位、姓名、性别、民族、职业、职务、级别及所到访的具体人数，同时还包括一些细节问题，例如：到访的具体日

期、时间、地点等。

2）确定迎送规格

根据客户的具体情况明确接待规格。

3）布置接待环节

在规定标准的范围内，安排接待工作用车、客户用车、客户餐饮住宿等。

4）商务接待人员选择

挑选好接待人员，根据接待人员工作的能力，具体安排至接待工作中的各个环节中。

（2）接待中服务工作

商务接待服务工作是商务接待过程的中心环节，是直接面对面的服务接待过程。在这个过程当中，要按照接待方案的要求组织实施，认真负责，一丝不苟，完成每一个接待服务事项。同时，要根据随时变化的情况，适时的修正原方案，组织实施。

●商务接待服务要求接待人员特别是负责人，要掌握全局，善于协调和沟通；

●要求真务实，善于随机应变；

●要及时向上级领导请示汇报，善于整合各方面的力量，同心同德，完成好接待任务。

1）客户迎接和食宿安排

●提前到达指定的地点迎接客户，如果领导和有关部门去机场、车站、码头迎接客户，要确定并事前通报集合时间、地点、乘车安排和出发时间；

●帮助客户与机场或车站联系签票、领取行李。按照接待方针和接待方案，到达下榻或就餐的宾馆招待所，实施迎宾接待礼仪；

●客户到住地后，安排人员分送行李，并将《接待手册》（内容包括住房安排，活动日程及乘车安排，就餐时间、地点以及有关注意事项等）发给客户。

2）宴请

●陪餐领导先到达宴会地点；

●掌握宴请的人数、时间、地点、方式、标准，并提前通知宾馆；

●精心编制宴会菜单，做好宴会设计；　摆放席位卡，并核对确认；

●接待人员提前一小时到宴会厅，督促检查有关服务；

●严格按拟定宴会菜单上菜、上酒水等，特殊情况按主陪领导意图办理，准确把握上菜节奏，不宜过快或过慢；

●接待人员主动引导客户入席、离席。

3）商务会见、会谈安排

明确商务工作会见的基本情况，会见（谈）人的姓名、职务、人数、会见（谈）目的、会见（谈）什么人，以及会见（谈）的性质。

有关人员和部门应做好以下准备：

●提前通知我方有关部门和人员做好会见（谈）准备；

●确定会见（谈）时间，安排好会见（谈）场地、座位；

●确定记录员，如需翻译、摄影、新闻报道，要事先确定翻译员、摄影师并通知采访记者；

●商务接待人员先在门口迎接客户，客户进入会议室后，我方人员应立即起身表示欢迎；

●如果需要会谈双方合影，安排在宾主握手后，合影再入座。

4）商务参观考察安排

●参观考察的各项准备工作必须提前做好，包括出行的物资、车辆；

●提前筒子安排领导和随行陪同人员；

●宾客在外的相关服务工作和联络协调工作认真负责；

●协助接待地做好接待过程中的有关突发情况的现场处理；

●旅行途中适时向客户介绍沿途的一些基本情况。

5）商务休闲娱乐

●征求客户意见根据客户的喜爱和习惯安排活动项目；

●安排活动场地、确定活动时间；

●安排电影、健身、体育等娱乐活动，举办文艺晚会，接待之前应做好相关准备工作；

●根据客户兴趣灵活掌握活动时间长度。

（4）接待后期工作

商务接待后期工作主要指接待工作结束后的欢送工作和经验总结。

1）欢送来访客户

●欢送是整个接待过程最后服务，要认真对待，给客户留下难忘的美好印象；

●核实客户离去所乘航班或车次抵达时间、地点有无变化，以及飞机（火车）停靠的情况；

●按照接待方针和接待方案，设计和实施欢送礼仪；

●为了表示隆重，参加接待服务的人员在客户住地列队欢送；

●欢送人员目送客户所乘飞机、火车启动后再返回。

2）扫尾工作

主要包括清理房间、接待费用结算和资料汇总归档等。

3）总结经验

●每次接待任务完成后，要及时、认真进行总结；

●肯定成绩，找出差距，对有突出贡献的单位和个人进行表彰；

●通过进行总结经验教训，深化对接待工作规律的认识，促进接待工作水平不断提高。

3.2.8 提升员工的业务谈判能力

有没有发现：谈判的本质目的是帮助双方实现更多利益，加深谈判双方信任关系。具体说来，高手间的谈判，能够突破敌对及限制，从而可以化解认知或现实中的各种冲突，包括利益、人情等。同时共同创造比"各自让步"或"双输局面"更好的方案，同时加强利益与人情，来强化长远的信任关系。

掌握对手最渴求的目标

关键点：

1）建设性的谈判的基本前提是认真倾听；

2）这是一种分析行为，对于弄清楚对方想要什么、对什么感兴趣非常重要。

谈判刚刚开始时，我们往往并不清楚对方的真正目的和兴趣点是什么，而这些信息可以通过认真倾听捕捉到。

（1）仅仅为听而听远远不够

提起谈判，可能很多人认为就是自始至终坚持自己的主张，然而这是一种误解。在建设性的谈判当中，最关键的其实恰恰相反，那就是应该认真倾听。

所谓认真倾听，并不是仅仅被动地聆听对方的主张，而是指通过聚精会神地听对方发言，努力去了解对方。如果对对方的话听得不够仔细，就无法了解其传递的信息，在你思考自己接下来要说点儿什么的时候，就无法针对对方真正的目的和兴趣点。因此，为了了解对方最想要什么，积极倾听是必不可少的。

（2）了解对方的真实意图

认真倾听，是通过充分了解对方的目的、兴趣点以及价值观，在自己心中将其准确定位的积极过程。对方的真正意图深藏于其表面立场和具体要求背后。为将其找到，我们必须集中精神倾听对方发言，将注意力只集中在了解对方的真实意图上。

（3）把握整体，努力发现问题

认真倾听，还是一个在分层次把握问题的同时接近问题本质的分析过程。对方的发言好比拼图游戏中的几张拼图。我们要善于从这些零碎的信息中把握整体，在此基础上梳理出问题的本质。认真倾听同时也是发现问题的过程。

（4）认真倾听是开展建设性谈判的出发点

如果谈判双方无法准确了解彼此具体要求背后的目的、兴趣点和价值观，那么谈判将无从谈起。很多谈判都是在没有完整而充分地了解彼此利害关系与兴趣点，或是在伴随着误解的情况下进行的。因此，认真倾听堪称高效谈判的出发点。从一开始就尽可能准确地了解彼此，可以事半功倍。

3.3 提升员工的领导力

3.3.1 理解情境、凝聚共识

领导力从来不会凭空存在，必须植根于具体情境中。一个高官在体制内可能富有领导力，在体制外可以能魅力全无。生物学博士在科研领域可能具有领导力，但是在汽车修理的时候，可能只能干点力气活。管理者必须深刻理解情境，才能构筑领导力的基础。

最少搞清楚三点：我们是什么人？我们的处境怎么样？我们的目标是什么？对于这三点没有共识，领导力就无从谈起。

与此相应，任何时候我们当我们希望凭借领导力来影响他人的时候，首先会从强调共识开始，我们是否是一群正直的人、我们是否愿意为团队有所牺牲、如果不改变企业还能够活多久、如果这么做我们离目标更近还是更远。

凝聚共识的难点有两个，一是当组织没有目标的时候，管理者要能够提炼概念，设定目标，为目标注入信心，例如"人工智能"，"新零售"。目标需要能够激发动机，有号召力。二是凝聚于目标相匹配的理念成为共识，组织与管理者、管理者与管理者、管理者与员工需要真正认可这些理念、践行这些理念，认可这些目标、推动这些目标。只有管理者与组织取得共识，管理者领导力才能获得组织权威的背书，只有管理者和员工取得共识，领导者的组织权威才得到承认。无情境无领导，无共识不领导。

3.3.2 持续学习、打造专业

理解情境和凝聚共识是表象，表象背后的实质是专业度，是懂行。不懂行的管理者去评估情境，就像是不懂交规的赛车手，他可能有把握绝对不会出事故，但是这并不妨碍他因为超速被扣 12 分。不懂行的人来为团队设定目标，相当于问道于盲，很可能信誓旦旦的就把团队带到坑里去了。所以管理者首先是个优秀的个人工作者，然后再去思考如何影响他人。

懂行进一步要求管理者不仅仅知道怎么做，还能抓住要点和关键，不仅能达成目标，还要能够低成本高效有竞争力的达成目标。不仅要跟随你，还有要有能力带领大家走在正确的道路上。懂行的难点有两个，一是不仅要自己懂行，还要有能力培训他人；二是跟随变化与时俱进，情境是由内部和外部组成，很多管理者只关注到内部的稳定却忽视了外部的变化。正如德鲁克所说，内部没有绩效。内部做的再好如果在外部没有竞争力也毫无意义。所以管理者必须保持对变化的敏感，持续学习，比内部的同事和外部的竞争者更加有效的学习，才能保持懂行，进而保持领导力。

3.3.3 平衡利益、赢得尊重

如果还想更进一步，就需要靠人品了。具体来说，情境和目标有共识，组织权威被认同，但是利益相矛盾怎么办。喊口号容易，谁来加班、谁来救火、谁来承担责任、如何分配利益呢？

管理者在处理利益矛盾的时候需要秉承两个原则：一是公平，对上司、对平级、对下属的利益分配，要有一个客观的角度和稳定可预期的风格。大家都不是圣人，不是说不能自私，是在自私的时候知道自己是舍弃了什么，又能换来什么，这才有理性的自利，而非短视的贪婪。另外要稳定，稳定才可预期，个人品牌竖起来难倒下去容易，不需要太高调，关键是可以预期。二是牺牲，牺牲不是白白牺牲，而是权衡利弊之后，不围困预存量，选择面向增量，不纠结短期利益，寻求长期的超额收益。最常见的一种牺牲就是花时间和精力了解上司、同事、下属的需求，了解才能理解，理解才有信任。当你在利益分配时作出一定的牺牲后，一面旗帜就已经树立起来，即代表你有更大的目标，也代表你有信心去实现它。真正值得追随的管理者，必然作出过相当程度的牺牲。

3.3.4 创新突破、引领超越

讲道理容易，但是落地很难，凭什么别人解决不了的问题我们能解决，凭什么别人激发不了的团队我们能激发。本质来说领导者必须创新突破，或者挖掘他人没有关注的潜在资源，或者更优化的配置资源，或者发现新的机会，或者创造新的方法。

很多管理者，最常见的三板斧就是"别人怎么做，我怎么做"，"过去怎么做，我怎么做"，"领导安排怎么做，我怎么做"。这里要重点提醒：因循守旧既没办法创造卓越的业绩，也没有办法塑造领导力。因为无论是商业还是职场都是竞争格局，竞争格局少有无风险套利空间。对于创新来说，勇气比智慧更重要，拿出勇气设定新目标，选用新方法，投入新资源，最终承担全部责任。在技术飞速发展的今天，这种试错的勇气正在越来越重要。这也是很多创新型企业领导力比管理能力更重要的原因。

创新和勇气再进一步延伸就是授权，如果团队是由一群正直、懂行、靠谱的人组成，那唯一需要的就是互相信赖、互相支持、互相成就。携手时间、沉淀人品。

说起来容易，做起来也不难，难的是能成事（有业绩）、经过事（可信赖）、能坚持（一以贯之）。所谓能成事，就是说得天花乱坠，也要落地为安。团队需要胜利来喂养，信心需要成绩来塑造，领导者必须尽心竭力，不择手段去追求胜利，用领导力来支持胜利，用胜利反哺领导力才是王道。其次是经过事，牺牲不是嘴里说说，而是真正面对金钱面对机会，能够牺牲短期利益来折服人。总之天长日久，人心自现，必须坚守信念、积累成绩、分享利益。

3.4　如何用人——人员岗位安排

如何用人——把什么人放在什么岗位并充分授权

认同自己所选，让每个人都有适合的位子。英国著名管理学家德尼摩认为："世间的万物都应该有一个可安置的地方，世间的万物也都应该在它原本就该在的地方。"它告诉我们，每个人都有适合自己的位置，在这个位置上，人或物才能发挥出最大的效用。那如何把合适的人放到适合他的位置上呢？企业必须做好岗位设计，好的岗位设计是提高企业管理水平的重要途径，好的岗位设计有利于留住优秀员工。如果一个团队、一个企业的每个工作都是由胜任且业务熟练的员工做的，那么企业的各项功能就可以正常运转，企业就能提供质量水平稳定产品和服务，这是企业生存和发展的关键。

3.4.1　按岗位设人，在做岗位设计时须处理好几种要素

企业为了能促进目标的实现，同时也要兼顾员工个人，需要能调动员工的工作积极性。例如企业今年的业绩增长目标是 50%，一定要选敢拼敢打的人，同时也要对个人收入有要求且主动性很大的人。

规定每个岗位的资格（管理能力、业务水平、学历等不同能力的要求）、任务、责任、权力、报酬等。

还要明确该岗位与其他岗位的关系；例如采购岗位与财务岗位之间的配合度，采购岗位与仓储部的配合度等都需要明确的指引。

（1）用人原则：用人所长，匹配合理。每个人都有自己的特点和特长，作为管理者要知人善用，让员工去做他们适合且感兴趣的事情，这样才能充分挖掘他们的潜能，实现人才的有效利用。如果一个人的长处没有用上，那就是选人的失败。善用人才对员工、管

理者和企业都大有好处：

（2）对员工的好处：发挥自身特长、改善自身能力、树立工作自信心、建立工作责任感、最大化提高工作效率；

（3）对管理者的好处：提升个人管理水平、培养员工成为分担工作的得力助手，让管理者专注于思考更复杂更重要的问题；

（4）对企业的好处：提升企业管理水平、实现人尽其才的工作局面、提升企业人力资源竞争力，最终促进企业的可持续发展。

管理层要充分了解下属的特点、兴趣、优势所在，这样就可以针对某项特定的工作选择适合的人才，让"能力较高的人去做复杂的工作，能力较低的人去做简单的工作"。例如说，让权力欲较强的员工担任与其能力相适应的方管工作。而遇到具有一定风险和难度的工作，可以安排给那些成就感、名誉感强烈的优秀员工去做。在面对细心严谨的人时，可以安排去做仓储管理调价员等岗位。菜东家有一位先天性的聋哑员工，他的特长是非常爱惜物品，通常公司里的周转框、电子秤、分拣用的菜刀剪子、清扫工具等都是他的管辖职责。而他每天在完成当天的分拣工作之后，清洗、清点、维护分拣工具就成了他最重要的事情。

要灵活地看待岗位匹配。如果员工的能力与目标岗位的需求可以完全匹配，这是最好不过的事情，但现实中人的能力和工作职位完全匹配并不容易做到。事实上，在企业中个人能力高于职位和能力低于职位的情况都是普遍存在的，只要管理者灵活看待，运用得当，就能对企业和个人产生更大的价值。例如有的员工能力很强，但是因为需要考虑家中情况，有要照顾的老人或小人，在工作的兼容性上来说，他就不太想挑战时间不稳定的岗位，那我们就可以把他安排在公司内勤事务上，让她可以准点上下班。而有的员工能力弱，但作为年轻人精力旺盛、学习能力强，同时又愿意接受具有挑战性的岗位，所以只要稍加培训，就可以在工作上取得很大的进步。

3.4.2 成功的团队需要不同的角色

对一个团队而言，员工之间的相互配合能力是非常重要的，如果员工都属于团队领导型人才，每个人都想让其他人唯自己马首是瞻，谁也不服谁的指挥，那么这个团队就很难获得成功。因为一个成功的团队需要的不是无数个主角，而是个性迥异、戏份不同的多个角色，这样才能让整个团队呈现更多的精彩。团队里角色的分类一般是以三类任务活动来划分：

1）行动导向：执行团队分配的各项任务；

2）人际导向：对内外部的人际关系进行协调；

3）谋略导向：发挥才智做出决策、提出创意。

不要忽略公司里的 B 角。每个公司里都有不同类型的员工，不同类型的员工才能满足团队的不同需要。例如我们把员工分为 A 角、B 角、C 角。那 A 角就是公司里耀眼的明星，能力强业绩好有担当，完成的工作都是具有挑战性的，这样的明星员工构成员工队伍最上面的 10%；C 角是底层的员工，是公司里跑龙套的角色。那些剩下的 80% 自然就是 B 角，是公司里数量最多的员工。这些 B 角永远不会获得最多的收入，但却是公司的中坚力量。

因为每个公司都有一大批默默无闻，工作踏实的员工。B 角也需要得到公司的重视、培养和认可，但是公司长期的忽视他们的存在，他们只会选择离开，而公司的稳定性便会受到冲击。那如何激励公司里的这一批员工呢？

首先要接受员工之间的差异，作为生鲜企业员工之间受教育层度的差异会更大。但我们要接受基层的分拣阿姨、搬运工的认知能力，只要能踏踏实实的把基础工作做好，一样要奖励。

其次要均分时间，不要忽略对他们的关注。生鲜行业的属性让员工的工作时间及岗位分工比较特殊，员工经常凌晨上班很多时间连老板长啥样都不知道。那如果作为老板偶尔出现在凌晨的工作车间，对各岗位人员进行慰问，实际这个奖励的作用是非常大的。

再者增设一些非常规的奖励。例如在公司中，365 天安全驾驶的配送司机值得奖励，365 天分拣无差错的分拣员同样值得奖励等等。

最后提供横向发展的职业选择。有不少的员工因为教育程度或管理能力的限制，没有更多提升的空间，这个时间公司就要多提供一些横向发展的岗位，同时对他们给予培训，这样既可以保持他们在组织中的良好业绩记录，同时也可以为他们提供职业选择的晋升空间。

3.5　如何留人——点燃员工热情

工作是由人主导的，在典型的生鲜行业里，需要我们的员工投入大量的体力、精力和心力，在工作中，服务客户要热情周到，没有统一的模式让我们按部就班，每个员工在不同工作场景下，工作状态都有着不确定性。如何能让员工保质保量去完成工作，对企业忠诚度高，并愿意和企业一同发展呢？只有当员工认定他所做的工作，他所服务的这家企业与自己的价值观和人生观相符时，才会由内而外地充满工作热情，拥有服务企业的动力与奉献自己的勇气。

3.5.1 人才管理理念

现在的社会，人才流动性加大，特别是优秀的人才更是可遇不可求，那企业要用什么样的人才管理理念留人？可以分享三点：以待遇吸引人、以感情凝聚人、以事业激励人。

（1）以待遇吸引人

马云说员工的离职无非就是两条"钱没给够，受了委屈"。先说钱，菜东家公司一直奉行的是"3 个人的活 1 个人干给 2 个人的工资"。3 个人的活如何让 1 个人干，还能干好？也不是不行，但是一定要有好的工作流程和作业规范对员工进行指导。1 个人提高效率所创造的价值可以拿 2 个人的工资。再者要实行多种分配机制，用以适应不同类型员工的实际需求，因人而异做有效激励。最后健全的福利制度和公平有效的激励机制也不可或缺，最主要能够激发员工的积极性、主动性和创造性，为企业创造更多的经济利益。

1）完善各项福利制度，如员工体检、节日福利、补充医疗等；

2）通常的物质激励以实际物质利益进行激励，如岗位技能工资、奖金、职务和职称的晋升、福利待遇的提升、绩效等方面；精神激励从各种荣誉、称号、表彰出发；

3）其次，对有些在企业中做出突出贡献的员工给予特殊待遇，比如提出一个装车方案降低了运输中的损耗，简化分拣流程在不出错误的前提下又提高了工作效率，这些都可以取得报酬或奖励。

4）很多企业做的股权激励，把企业和员工捆绑为命运共同体，实现企业与个人的共同发展。

（2）以感情凝聚人

工作氛围和工作环境的好坏，也会直接影响员工工作时的态度和心情，如果企业可以为员工营造一个舒适的现实环境和工作氛围，员工的身心必然能更好地投入工作当中。

特别是现在的 90 后、00 后，更需要用企业文化，用领导魅力去潜移默化感染员工，创造他们在企业当中的归宿感。在平常的工作中，多给予他们一些工作、家庭、健康方面的关心，多同他们谈心交流，员工在生活中碰到困难主动去帮着解决。

另外多组织全体员工活动，增强员工之间的沟通与交流，有利于提高团队之间的协作关系，建设良好企业氛围。这些以情感出发的能量会使他们愿意最大限度地发挥自身价值，回馈企业对自己的看重和培养。

（3）以事业激励人

事业可以理解成权力的扩大、地位的提高、职位的晋升等较为主管的概念。这些非物资的激励可以让员工在精神上产生充分的满足感。

通常在一个企业中"职业共同体、利益共同体、事业共同体、命运共同体"是环环递进核心层的，而作为一个新员工的入职基本是最外圈的职业共同体，大家只是同在一家公司有一份可以谋生的职业。通过一段时间的相处，则会因为集体的目标，因为集体的利益，愿意同团队共同去为一个目标奋斗。事业共同体的目标不也只是为了一时的利益，而是想长期坚持，将从事的工作从事的行业在内心中荣升为事业，有了认同感之后为这个事业而奋斗。所以企业要协助员工的事业发展，为员工提供能提高其自身素质和生存能力的培训，帮助员工理清现状，同时做好未来的职业规划，并不断的引导员工去更有挑战性的岗位实现价值。如因员工自我感觉发展受限了，产生职业倦怠，企业应该主动疏导员工情绪，帮助拓展员工职业发展渠道，支持纵向提升，同时鼓励其横向发展，不断引导努力攀登更具挑战的岗位实现自我价值。主要通过这些真正能为员工谋取福利的努力，有效的点燃员工的工作热情，从而提高企业运营效益，实现企业目标。

3.5.2 公司办理社保流程

企业为了长期的发展，同时保证员工的稳定性，有必要依照国家有关社会保险的规定，为固定员工按时足额缴纳社会保险。

（1）社保开户

企业会计带齐有关资料到社保局中进行办理，有些地区也可在社保官网进行办理。

1）准备资料：

●营业执照正本；

●组织机构代码证；

●法人身份证；

●税务登记证；

●企业公章；

●法人公章；

●银行开户许可证。

2）企业在所在城市社会保险管理中心的官方网站进行登记，并打印好官网上预登记表格文件。将上述材料原件及复印件三份分别准备好。此外，部分地区为了能让企业通过银行划款的方式而非现金的方式缴纳社保费用，会要求企业在进行社保开户之前前往银行办理《银行社保费用代扣协议/意向书》，开户的时候必须将这份文件原件及复印件一起准备好。

3）拿着打印的《预登记文件》，以及上述材料，前往指定社保中心（通常是单位注册地址所在区的社保中心）现场办理社保登记。社保登记完成后社保中心会发放《社保登记证》，并按要求购买和激活企业社保数字证书。

备注：有的银行要求企业客户领取社保登记证后再前往银行处办理正式的《银行划款协议》，需要拿着社保登记证、社保中心返还的表格、公章、法人章前往开户银行签署协议。

（2）社保登记

1）整理单位要办理社保人员的名单及身份证原件、复印件；

2）新办人员需劳动合同原件及复印件；

3）续保人员，确保个人窗口已报停、或前单位已报停；

4）填写表格《在职职工社保异动表》、《职工信息登记表》、《公司开户登记表》；

5）缴费时要填写《从业人员缴纳保险金增减变化表》，需盖单位公章，单位负责人公章。

（3）新员工缴纳社保

1）除特殊原因，每人只有一个社保账户；

2）进入新公司时，若员工有社保账户的，应到社保局将员工的账户申请报停（需携带身份证原件）；

3）新员工没有社保账户的，要提交员工的身份证原件（身份证原件需要提供给社保局扫描制作医保卡）；

4）在职职工社保异动表原件及复印件（原件盖单位公章）、劳动合同复印件、身份证复印；

5）市外转入（由于每个人只有一个社保账户，所以如果是外地缴纳过社保的员工到另一城市工作且需缴纳社保，就必须将社保账户转入本市）；参保人员需要将外地社会保险关系及账户金额转入本市，需要办理按照当地社保局要求提供资料。例：武汉市人事局或武汉市劳动和社会保障局的人事调函；用人单位劳动用工合同；户口及身份证；人事档案。在办理"市外转入"基金结算前，先到武汉市分局登记窗口办理该人员社会保险登记手续，市基金结算中心再将转入基金结算到该账户上。

备注：目前、企业和个人只需登录政府人力资源和社会保障服务网，申请社保网上办事资格，领取用户名、密码和数字证书，凭此登录网站，办理网上申报。当需要办理多个业务时，参保单位可提前在网上进行预约。

（5）员工社保增减员

随着单位员工的变动，企业社保负责人要及时在社会保障网进行社保增减员业务办理。参保企业应于每月的 1—20 日，最好 20 日前办理通过社会保障服务网办理本单位参保人员增减变化及应缴费信息的申报业务，并填写、留存相关表格、资料。

3.5.3 商业保险

社会保险是多层次社会保障体系的主体，商业保险可以作为对社会保险的补充，是多层次社会保障体系的一个组成部分。

团体意外保险，全称团体意外伤害保险，是以团体方式投保的人身意外保险，

而其保险责任、给付方式则与个人意外伤害保险相同。团体意外伤害保险都有固定的费率，客户可以选择每人保多少，然后乘以费率 ，再乘以被保险人数量。

主要保障项目：

（1）意外身故保险金

（2）意外残疾保险金（各大保险公司都有此类保险销售）。

3.6　运营组织架构设立

3.6.1 组织架构设计的原则

在管理职能的安排上，组织结构要解决权力和责任之间的相互关系，最为重要的是，组织结构必须保证权力和责任是匹配的。才能实现组织管理效用最大化，提高办事效率。

组织结构设计的四条原则：

（1）指挥统一

双重领导是组织架构设计的大忌，特别是两个领导有分歧时会让员工无所适从，工作无法开展。当然如果在公司创业初期会产生一人多岗的现象，那就他在哪个岗位就归属于哪个领导。例如小张是采购员，在做采购岗位时他的直属上级为采购部经理，小张的采购工作结束开始做配送司机岗位，那他的直属上级为配送部经理。这样做工作汇报或工作请示时因工作岗位不同而直属领导不同。

（2）控制幅度

一个配送中心，在初创期总经理之下可以设 5～6 个左右的核心部门主管，例如业务部、采购部、品控部、运营部（下设客服、仓储、分拣、配送）、人力资源部、财务部等部门。这样的管理跨度效率会很高。

（3）分工

每个岗位有清晰的责任分工，不能互相扯皮推诿。例如客户投诉菜品质量差，各岗位之间互相推卸责任，司机说是分拣出了问题、分拣说是采购出了问题、采购说是仓库保管有问题、仓库说是运输的问题，到最后无人对结果负责，这就是分工不明确没有清晰可见

的品质追溯体系造成。

（4）部门化

部门化组织架构设置，有利于集中管理高效沟通，减少人工浪费，更有利于跨部门之间各主管的高效协助。

3.6.2　初创期组织架构设计

总经理：1 人（大股东）

财务主管：1 人（合伙人或外聘高管）

运营主管：1 人（合伙人或外聘高管）

采购主管：1 人（合伙人或外聘高管）

业务主管：1 人（合伙人或外聘高管）

人力资源主管：1 人

品控主管：1 人

7 大核心岗位确定。通常财务主管与采购主管不可身份重叠，其他岗位人员在初创期都可多重身份兼职。另外再招聘 5～10 位基层的分拣及配送员工（客户配送比较集中或客单价较高需要的员工相对就少些，反之则多些，根据实际情况增设），完全可以满足企业第一阶段的业务需求。

例如总经理除了统管全局外，可以兼任运营主管和业务主管，财务主管可以兼任人力资源，品控同文员，仓管可以一人共担，在公司创业初期创始股东是核心岗位的首选。

创始股东担任核心岗位的优势如下：

（1）筹备期亲力亲为可缩短筹备时间，场地装修、设备采购、人员招聘等各项筹备工作，可降低筹备成本；

（2）业务资源的有效利于，前期的客户积累基本是创始股东的人脉关系，创始股东全身心的投入更容易打开业务拓展渠道；

（3）在公司试营业期可以更好的熟悉业务流程，发现问题第一时间整改，让员工更快的适应标准化配送流程；

（4）采购岗位、报价岗位等成本控制部门都需要创始股东熟悉整个流程，更有利于后期员工管理。

在业务量小客户不多的情况下减少人工成本，员工结构的增加可随着业务量的增长等比例增加。作为一个生鲜配送公司最大的资金占用会是在业务增长期，所以还是要有充足的资金储备，应对业务增长，把钱都用在刀刃上。

图 3-1 为初创期的组织架构图，除了管钱和管账的不能兼任外，其他各岗位都可以一人多岗，这样员工都可以随着订单流的变化不断变化岗位。

3.6.3　岗位说明书

公司管理者在工作中经常有很多困惑，为什么招聘员工，往往不符合要求？为什么员工总是不能完成绩效考核？为什么公司发放了足够的薪资？但员工总是抱怨工资太低，福利太少？

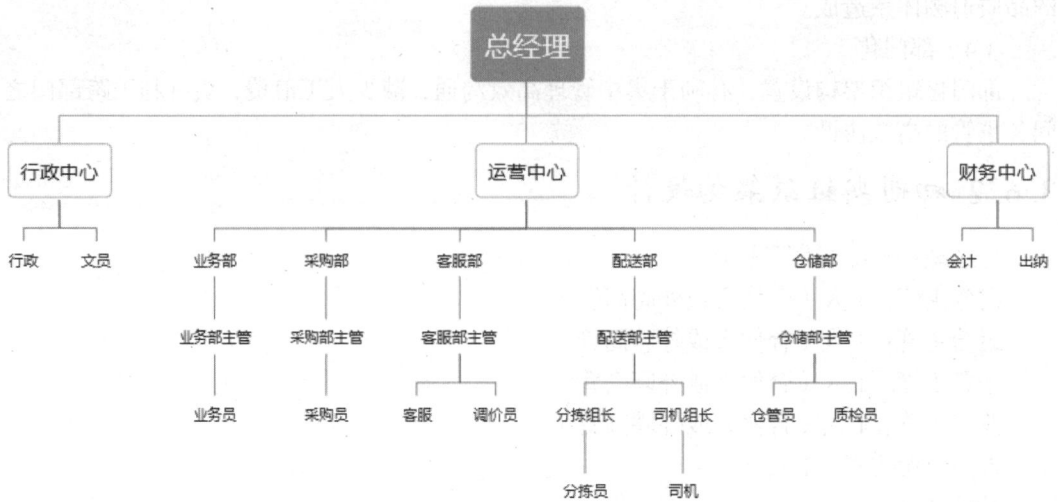

图 3-1　初创期的组织架构图

其实通常情况，是因为不能真正明确员工的工作量所导致的，那么一个岗位需要多少员工，怎么去考核员工以及员工的需求凡此种种，一定要事先做好工作分析。工作分析也称为岗位分析，是人力资源管理工作的基础，而工作分析的最终成果是形成岗位说明书。

（1）岗位说明书的主要内容

岗位说明书内容一般分为岗位基本信息、岗位职责、岗位关系、岗位环境以及岗位任职要求几个方面。

1）岗位基本信息

主要包括岗位名称、岗位等级、定员标准、直接上下级等方面的识别信息。

例如采购员，岗位名称：采购专员，岗位等级：P5，定员标准：3 人，直接上级：采购部主管，下级：无等。

2）岗位职责

主要包括职责概述和职责范围以及具体工作内容和要求。工作内容和要求是岗位职责的具体化，即对本岗位所要从事的主要工作事项作出的说明。

3）岗位关系

主要分为监督和岗位关系、工作权限。监督和岗位关系说明本岗位与其他岗位之间在横向和纵向上的联系；工作权限是为了确保工作的正常开展，必须赋予每个岗位不同的权限，但权限必须与工作责任相协调、相一致。

例如采购员与会计岗位、出纳岗位、品控岗位的关系，采购员与同级别同岗位的其他采购员之前的关系，这些都是需要清晰表述并让员工清楚无异议。

4）岗位环境

主要分为劳动条件和环境以及工作时间。劳动条件和环境是指在一定时间空间范围内工作所涉及的各种物质条件；工作时间包含工作时间长度的规定和工作轮班制的设计等两方面内容。

例如，采购员的工作时间是早班凌晨 1 点至 9 点，晚班下午 2 点至晚上 10 点，工作的场所基本是农批市场或各大批发市场和办公室等。

5）岗位任职要求

分为资历、身体条件、心理品质要求及专业知识和技能要求。资历由工作经验和学历条件两个方面构成；身体条件是结合岗位的性质、任务对员工的身体条件作出规定，包括体格和体力两项具体的要求；心理品质要求是关于岗位心理品质及能力等方面要求，应紧密结合本岗位的性质和特点深入进行分析，并作出具体的规定。

例如采购员的任职条件是对生鲜农产品采购有 3 年以上从来经验，身体条件要适应夜班及倒班，品德要求廉洁自律是最基本的条件等。

岗位说明书一般不受标准化原则的限制，其内容可繁可简，结构形式呈现多样化。公司在撰写岗位说明书时，可从本公司的实际情况出发，做出适合自己公司现阶段员工适用的岗位说明书即可。

（2）岗位说明书的作用

1）规范员工日常工作内容，明确岗位工作责、权、利、能；

2）为招聘、录用员工提供依据；

3）作为新进员工入职培训的教材；

4）作为制定工作总结和计划的基本框架；

5）作为绩效考核的依据；

6）员工应知应会和培训的依据；

7）为员工职等职级评定和晋升提供依据。

（3）岗位说明书编写注意事项：

一份好的岗位说明书需要遵守编写流程，详细且规范地表述出各个岗位的职责以及其岗位细节。在这里，注重强调一下在撰写过程中需要注意的几个问题：

1）部门职责分解要充分、完全；

2）工作领域的划分要合理；

3）岗位说明书要准确、全面；

4）岗位说明书要保持更新状态；

5）岗位说明书针对的是职位，不是个人。

岗位说明书是企业人力资源管理中一项重要的基础文件，它不单单是分析了"什么样的员工才能胜任本岗位工作？"也正确回答了"该岗位是一个什么样的岗位？该岗位是做什么的？在什么地点和环境条件下去做？如何做"等问题。总之，要对岗位进行系统全面深入的剖析。只有编制科学完整的、符合企业实际情况的岗位说明书，才能真正在企业日常管理中发挥其应有作用。

3.7 运营薪酬设计

员工总是抱怨不涨薪，新老员工薪酬拉矛盾，工资与工作成绩缺少联系，干好干坏一个样，关键岗位薪资低于行业水平，优秀人才流失大，遇见这类问题怎么办？务必是需要一个合理有效的薪酬体系，一个有效的设计路径，一个明确的设计流程，做好之后就可以规避一些工作中的常见误区：

（1）明确付薪理念

企业薪酬设计应当支撑业务战略和人才规划，而且要让每一个员工都能明白公司薪酬管理的游戏规则是什么。随便找一位员工，问问他：公司给了哪些人高薪？为什么给他们高薪？你怎么才能涨薪？真正健康的薪酬理念，需要为能力和业绩付薪，并且做到公开透明。例如你们公司的采购岗位是高薪，是因为这个岗位员工所具备的生鲜采购、成本管控经验、凌晨上班综合强度。同样采购人员想拿高薪，那就需要把采购成本、原材料损耗成本、客户品质投诉率、供货商账期适度等数据做到达标即可，在调薪时段做涨薪申请。

（2）搞定内部公平性

企业内部老员工薪资倒挂可以说是常见问题，虽然没有完美解决办法，但可以通过一些手段去调节矛盾。例如让新员工在优势领域做主题分享，要求新员工在试用期内发现企业管理问题的短板，并提供自己的解决方案与思路。通过类似的方式，让老员工认可新员工的能力。同时，老员工需要得到企业的关怀，公司要给他们更多的精神奖励，让他们在公司的职业生涯得到保障，而不是害怕新员工抢他们的岗位。

（3）搞定外部竞争性

薪酬定的高，自然会吸引大部分的优秀人才，不过大部分企业是很少具备这样的条件。所以不妨多从薪酬结构上去调整。思考薪酬结构设置、奖金设置、单项奖励设置、福利设置、员工补贴和津贴设置、员工培训晋升通道、甚至包括年会设置等等，这些都可以成为薪酬最有效的补充。而员工自己也会去考虑薪酬的综合竞争优势是不是与他更匹配。

薪酬结构设计：薪酬结构设计包括固浮比、薪酬内容、档差和宽幅。

3.7.1 薪酬结构的关键要素

判断薪酬结构设计是否合理之前，需要先了解薪酬结构的关键要素：

（1）宽幅，它体现了人员策略和增长策略。

如果是生产制造型企业，大部分人员集中在基层，宽幅不宜过高，否则薪酬成本太高；如果是高科技企业，宽幅要足够，因为以能力定薪。

（2）重叠度，体现出横向和纵向之间的关系。

在相对传统的企业里上级工资是一定会高于下级工资的，但在互联网企业或电商企业，以及我们所从事的生鲜行业，上下级薪酬重叠率基本都大于60%，很多时候没有上下级的关系，只有职位能力关系。

（3）级差，是差别策略和人员结构的问题。

部门经理和普通员工的差距到底要拉开多大？在互联网行业，资深的工程师甚至比部门经理、项目经理薪资还要高；但是在普通的行业，这样就不太可能，具体要去看公司的差别策略。而像菜东家公司里的技术工程师会高过一个运营总经理，就非常的正常。

3.7.2 薪酬入档落实

薪酬结构设计完成后，下一步就是"岗位价值评估"。在以能力定薪的时候，就要求企业去建立起合理的能力素质评估机制。例如把各项能力设定每一档位的分数段，根据综合评定结果进入各职级的各个薪档。假设：A 等级：90～100 分、B 等级：80～90 分、C 等级：70～80 分。其中包括学历占分、工龄占分、专业资格、能力评估、考核占分等各项打分之和。

（1）绩效对接

薪酬、绩效不分家，如果企业没有绩效管理政策，在做薪酬改革的时候，就要留出一个绩效的接口。具体的绩效政策每家各不相同，所以很难给出标准答案，但请大家记住一句话：薪酬模型要求以岗定级、市场定位、能力定薪、绩效定奖金，最后的奖金部分就是与跟绩效管理有关。结合公司业务策略，只要把固浮比例和单项的奖金设计放进去就可以。例如采购经理的绩效与产品毛利润挂钩，运营总经理的绩效与公司净利润挂钩等等。

（2）福利匹配

薪酬很难不断增长，这时津贴福利和员工关怀便成为最有效的补充。相同的成本怎么去设计不同的奖励形式和方式，让福利发挥最大的效应，是薪酬 HR 的必修课。在做外部竞争性调研的时候，也要把我们的竞争对手的福利考虑进来，每项福利的金额最好能详尽地了解到。

每个人在不同的阶段有不同的需求，有一些福利可能年轻人会更加看重，有一些福利是花小钱办大事的。例如下面的一些小技巧：

1）对新员工的归宿感建设，例如像应届生要引导他们做好角色转变和社会角色的融入，有清晰详细的入职指引，交付员工手册、人事部做同事介绍、隆重的入职仪式和生活向导陪同办理宿舍等；

2）对外地员工可以给予探亲假，解决食宿与生活便利方面的帮助，做人生规划关怀和平常休息时的游玩活动等；

3）对 90 后 00 后员工更多的理解、尊重和宽容，多对年轻人进行表扬和认可，辅导对方做职业生涯规划等。

3.7.3 薪酬等级

薪酬等级是为完善员工职级体系，建立人力资源系统化层级结构，为员工职业发展和薪资定级提供依据。

菜东家范例

（1）岗位序列

岗位性质是针对岗位性质和要求相近的岗位进行分类。公司的岗位序列分为两大类：管理序列（M）（集团管理部门），专业序列（P）（各职能部门）。

1）管理序列（Management 简称 M 类）：适用于从事管理工作，具有人员管理权限（不包括师徒关系、业务辅导关系），带领团队运作指定业务的岗位；

2）专业序列（Professional 简称 P 类）：适用于从事产品生产、运营、市场、销售工作等岗位。

（2）职等（见表3-2）

1）定义：指针对员工承担责任，知识经验和技能多寡等能力差异而进行的划分。

2）划分：根据集团管理部门及集团各职能部门，分公司等划分。

表 3-2 职等

职等职级图							
职等	分级 岗位 级别	管理序列 M		专业序列 P		专业序列 P	
		职务等级	职称	职务等级	职称	职务等级	职称
BAND10	决策 层	集团公司 M8	总裁				
BAND9		集团公司 M7	副总裁				
BAND8	高层	集团公司 M6	高级总监	集团市场 部 P6	业务总监（督导总监）	运营中心 P8	高级分公司总经理
BAND7		集团公司 M5	总监	集团市场 部 P5	业务经理（督导经理）	运营中心 P7	中级分公司总经理
BAND6	中层	集团公司 M4	高级部门 经理	集团市场 部 P4	高级业务员（高级督导）	运营中心 P6	高级专员（部门主管）
BAND5		集团公司 M3	中级部门 经理	集团市场 部 P3	中级业务员（中级督导）	运营中心 P5	中级专员（采购、客服、仓管、司机）
BAND4		集团公司 M2	初级部门 经理	集团市场 部 P2	初级业务员（初级督导）	运营中心 P4	初级专员（采购、客服、仓管、司机）
BAND3		集团公司 M1	主管	集团市场 部 P1	业务实习生（督导实习生）	运营中心 P3	司机（兼职）
BAND2	基层					运营中心 P2	后勤
BAND1						运营中心 P1	分拣员（兼职）

（3）职级（见表3-3）

1）定义：指针对同一职等下从事业务广度和深度等级而进行的划分。划分：每个职等下设 3 个职级（CBA），A 级最高，B 级中间，C 级最低；

2）定级：新入职人员的职级一般定 C，个别优秀人员可达 B，原则上不定 A。

表 3-3 职级

职级对应薪酬表（集团公司）					
序列	职级	薪酬	带宽	等级	对应薪酬
集团公司 M8	总裁	15K 以上			15000 以上
集团公司 M7	副总裁	12.5K～15K	2500	A	15000
				B	14750
				C	12500

续表

序列	职级	薪酬	带宽	等级	对应薪酬
集团公司 M6	高级总监	10.5K～12.5K	2000	A	12500
				B	11750
				C	10500
集团公司 M5	总监	8.5K～10.5K	2000	A	10500
				B	9500
				C	8500
集团公司 M4	高级部门经理	7K～8.5K	1500	A	8500
				B	7750
				C	7000
集团公司 M3	中级部门经理	5.5K～7K	1500	A	7000
				B	6250
				C	5500
集团公司 M2	初级部门经理	4.5K～5.5K	1000	A	5500
				B	5000
				C	4500
集团公司 M1	部门主管	3.5K～4.5K	1000	A	4500
				B	4000
				C	3500

职级对应薪酬表（集团公司市场部）

序列	职级	薪酬	带宽	等级	对应薪酬
集团公司市场部 P6	业务总监（督导总监）	8.5K～10.5K	2000	A	10500
				B	9500
				C	8500
集团公司市场部 P5	业务经理（督导经理）	7K～8.5K	1500	A	8500
				B	7750
				C	7000
集团公司市场部 P4	高级业务员（高级督导）	5.5K～7K	1500	A	7000
				B	6250
				C	5500
集团公司市场部 P3	中级业务员（中级督导）	4.5K～5.5K	1000	A	5500
				B	5000
				C	4500
集团公司市场部 P2	初级业务员（初级督导）	3.5K～4.5K	1000	A	4500
				B	4000
				C	3500
集团公司市场部 P1	业务实习生（督导实习生）	2.5K～3.5K	1000	A	3500
				B	3000
				C	2500

职级对应薪酬表（分宜运营中心）

序列	职级	薪酬	带宽	等级	对应薪酬
运营中心 P8	高级分公司总经理	7K～8.5K	1500	A	8500
				B	7750
				C	7000
运营中心 P7	中级分公司总经理	5.5K～7K	1500	A	7000
				B	6250
				C	5500
运营中心 P6	高级专员（部门主管）	4.5K～5.5K	1000	A	5500
				B	5000
				C	4500

续表

序列	职级	薪酬	带宽	等级	对应薪酬
运营中心 P5	中级专员（采购、客服、仓管、司机）	3.5K～4.5K	1000	A	4500
				B	4000
				C	3500
运营中心 P4	初级专员（采购、客服、仓管、司机）	3K～3.5K	1000	A	3500
				B	3000
				C	2500
运营中心 P3	司机（兼职）	2K～2.5K	500	A	2500
				B	2250
				C	2000
运营中心 P2	后勤	1.5K～2K	500	A	2000
				B	1750
				C	1500
运营中心 P1	分拣员（兼职）	1.2K	0		1200

（4）职级升降

1）271 评选评选规则（见表 3-4）

表 3-4　271 评选评选规则

能力分级	人数比例	定义说明	职级
优秀	20%	超出该职位要求，具备胜任下一职位的潜力	A
胜任	30%	完全胜任该职位	B
一般胜任	40%	具备胜任该职位的潜力,但需要通过阶段性的工作实践和能力提升才	
差	10%	能完全胜任	C

2）晋升

晋升规则：

●原则上遵循逐级晋升原则，职级按 C、B、A 逐级晋升。

●职级达到 A 方可进行下一职等，且新职等 C 起步。

●特殊情况一次晋升职级不得超过三级。

晋升准入资格：

●即员工必须是当期 271 评选中"2"即 20%队列员工，且上一周期非"1"即 10%队列员工；

●上一周期内受到公司相关处罚人员者（如指标未达成，价值观不匹配），公司有权取消晋升资格。

晋升评估标准（见表 3-5）

晋升周期：每年 10 月份一次。

3）降级

●降级规则：员工未达成考核指标，被评选为 271 的"1"类，触及公司红线及其他公司规定的情况；

●降级周期：无固定周期。

（5）薪酬调整

定义：指因职务级别、任职岗位、用工性质、工作表现等因素发生变化而对薪资构成或标准进行相应调整的行为。正常调薪包括转正调薪、异动调薪、晋升调薪。

1）转正调薪：是指新入职员工自《转正申请》审批通过后，按照实际转正时间调整为转正薪资，享有正式员工的同等福利；

2）异动调薪：是指由于员工职务、岗位等异动而引起的薪资调整；

3）晋升调薪：是指由于员工职务提升引起的薪资调整。

表 3-5　晋升评估标准

晋升至	资历				绩效指标		管理指标（仅限 M）	
	最高学历（不低于）优秀人才可放宽学历	司龄（不少于）	本岗任职时间（不少于）	不良记录	本期271	业绩指标	人才培养	员工流失
BAND3	大专	0.25Y	0.25Y	无	2	同岗位排名前 20%	/	/
BAND4	大专	0.5Y	0.5Y	无	2	同岗位排名前 20%	/	/
BAND5	本科	0.5Y	1Y	无	2	同岗位排名前 20%	至少培养出梯队 1 人	无群体性离职
BAND6	本科	0.5Y	1Y	无	2	同岗位排名前 20%	至少培养出梯队 2 人	无群体性离职
BAND7	本科	0.5Y	1.5Y	无	2	同岗位排名前 20%	至少培养出梯队 3 人	无群体性离职
BAND8	本科	0.5Y	1.5Y	无	2	同岗位排名前 20%	至少培养出梯队 4 人	无群体性离职
BAND9	本科	0.5Y	2Y	无	2	同岗位排名前 20%	至少培养出 1 人接班人	无群体性离职
BAND10	本科	0.5Y	2Y	无	2		/	/

（6）调整方案

1）年度加薪（见表 3-6）

表 3-6　年度加薪

4 月份加薪	普调	跟随型薪酬策略	全员性的长期性激励,保持薪酬福利的一般性竞争力。	政府公布的上一年度工资增长指导线最低值（员工工资的 5% 左右）
10 月份加薪	点调	领先型薪酬策略	特定人群（20% 优秀员工）的长期激励,保证优秀员工薪酬的领先,跟随公司长期发展。	前半年月平均底薪的 4%

2）期权管理：针对特定人群的长期激励，锁定高贡献/价值的员工，确保其较长的服务期。

3）发放前提：年度经营计划目标达成率>100%

4）期权总池：2%

5）适应对象：

BAND5 及以上且司龄满 1 年的员工；

BAND4 及以下且司龄满 4 年的员工；

新入职授予 BAND9 及以上的员工。

6）分配规则：

员工最大被授予期权股数=当期发放基础系数*271 系数*职等系数*司龄系数*贡献系数。

3.8 绩效考核管理

有人说："没有考核，就没有管理"。所以有人讨厌绩效管理，应付绩效考核。的确也是因为考核产生的员工不满意、中层管理者不满意、高层不满意的现象比比皆是。那么怎么样才能制定出符合实际的绩效考核方案，又要做到公正、公平原则，让管理者能用，又让员工满意呢？

3.8.1 基本原理

通常绩效考核方案制定要做到公正基本原理，需要注意以下五个方面：

（1）清晰的目标

目标一定要清晰，不能使用模糊不清的概念来做结果。例如售后服务部要减少客户投诉，让客户满意。那这个满意如何来衡量如何来考核，怎样做才是有效考核，主要还是为了降低客户的投诉次数，尽可能的从 10 次变到 5 次，再从 5 次变到 5 次之内。

（2）量化的管理标准

要让员工的日常动作可以量化，员工知道具体做哪些动作就可以达成目标的实现。例如客服部售后的电话在响铃 5 声内要接听，客户提出的售后问题在 30 分钟内解决，客户的订单在晚上 7 点前收集完毕等等，这些都是客服部可以量化的管理标准，让员工有章可循。

（3）良好的职业化的心态

在做绩效考核标准建立的时候好让员工共同参与，可以更快的推进考核体系的建立，另外在实行考核之前也要有详细的培训措施，让每个参与考核的员工用职业化的心态去实施落地。

（4）与利益、晋升挂钩

考核就要有奖有罚与利益、晋升挂钩，并准时足额兑现。一旦失信与员工就很难让考核发挥作用。

（5）具有掌控性、可实现性

考核的标准不能太复杂，制定几个关键的重要指标，让管理者可以掌控方向，员工又相对努力一下就可以实现。所以跳一跳就能实现的考核目标才是好目标。

于此之外，在工作中绩效管理也是上下级之间持续对话的过程，在考核的过程中要达到三个共识：

●战略共识

需要公司把战略发展和绩效管理结合起来。管理层需要在企业的战略、定位和业务结构上达成共识。所有员工个体的目标其实都是由公司的战略目标拆解分配到部门，一定要保证在公司战略不出现偏差的前提下合理分配目标。因为每个员工的目标都是公司大目标的分解，公司上下战略共识就非常的重要。例如菜东家的战略目标就是"汇通天下菜"全员所有的工作就是围绕这五个字展开，如果不能为这五个字赋能那就不是公司的目标，就不能分散精力去做。

●执行共识

执行共识主要指中层管理者要根据执行的工具、方法和资源，来下达你对下属的几项指标和要求，告诉下属这个要求的标准线到底在哪里。同时一定避免管理者对员工绩效考核的偏差与被动响应。

●标准共识

标准共识指的管理者下达的考核指标和员工的可接受范围要达到一致。考核的方法和指标，员工必须要认同，而不是在没有认同的前提下，避免造成员工拿着考核表觉得冤屈，觉得这事不该我干那事不该我管，造成员工抱怨。

3.8.2 绩效指标的来源

做绩效考核的前提，是开展工作分析。工作分析是所有人力资源管理的基础，即是薪酬管理系统的第一步，亦是绩效管理系统的第一步。所以企业要建立绩效指标库，来保证绩效考核的基础和核心。

（1）绩效指标的来源有

1）基于企业经营目标的分解，指为完成战略任务而将企业经营目标逐层分解到每个部门及相关人员的一种指标设计方法。通过这种方法得到的指标所考核的内容都是每个人最主要的且必须完成的工作。例如今年公司的营业额目标为 3000 万、净利润 240 万。首先我们分解到公司的三个业务部分别为 1500 万（净利润 90 万，因业务属性不同净利润额不同）、900 万（净利润 90 万）、600 万（净利润 60 万），再逐层分解到每个部门、每个时间段、每个员工的业绩指标上。

2）基于工作分析通过职位说明书或岗位职责说明可以把多种类型的工作分成必须做、应该做和要求做三种，而这种指标设计法就是找出必须做、可衡量的工作，并把它们设成绩效考核的指标。这一项就是为了完成业务目标而必须每日完成的具体动作，只有这些必须做、应该做、要求做的动作不打折扣的完成，才可以推动目标的完成。例如每日拜访客户的数量、每日成交客户的数量、每日员工培训的时间等等。

3）基于综合业务流程根据被考核对象在流程中所扮演的角色、肩负的责任以及同上游、下游之间的关系，来确定衡量其工作的绩效考核指标的一种设计方法。

行为指标量化行为考核对企业用人和长期发展具备相当重要的意义，形成考核表是企业进行绩效考核的基本工具，必须落实到实处，具备极强的可操作性。通常要知道考核不是目的，让员工的行为变好才是目的。很多公司都寄希望于绩效考核的监督作用，监控员工的工作过程，督促员工在压力下完成工作。这很容易造成管理者和员工之间的对立，不但不利于高绩效的达成，还会影响到员工正常工作的积极性。所以，得知道绩效考核不是单纯的为了考核而考核，是要考虑清楚考核的最终目的是什么。且基于现实制定的考核指标，经过适当的努力，跳一跳能实现，从而提高员工的积极性。

通用电气杰克·韦尔奇曾说过："绩效管理的最终目标并非仅使员工达到期望的绩效，而是使他们愿意付出超越职责的努力 。"所以在绩效考核的执行过程中，要充分发挥管理者的辅导作用，做好管控和追踪，而不是到月底才打一个分。过程中的沟通以及绩效评分后的面谈是一个管理者必须要做的。想成就一个高绩效的员工离不开管理动作，离不开管理层与员工的复盘工作。

很多员工对于绩效的抵触，不是说扣了五分，扣分没有关系。而是为什么扣我的分，要告诉我怎样改变，应该怎么做才可以更好，有更好的绩效分，这样才是推行绩效管理的最终目的。所以很多时候管理者在推行绩效管理时，很可能会把最本质的原因和目的带跑偏。

所以绩效沟通和面谈其实是一次复盘的环节，更是员工水平能力提升的一个很重要的管理场景。绩效没达标，用什么样的方式的批评才可以让下属接受和接纳？优秀的员工，用什么方式表扬他，可以让他持续保持高绩效的状态？这些都是管理者需要掌握的能力，当管理者掌握了这些，对绩效管理也就没有那么大的恐惧感和抵触力了。

（2）绩效考核设计的思路和流程

1）梳理完成岗位说明书

只有清晰的梳理出岗位说明书，才能明确不同部门不同角色的工作职责，同时在岗位说明书里面可以填补遗漏的工作细节，简化重叠的工作，做到事事有人干，人人有事干。再根据岗位说明书里要求的工作，找出 4～5 个最核心的事情，并对这些事情设定做好管理标准及考核标准，岗位说明书一定是设计绩效的前提。

2）绩效标准要明确

设计清晰明确可量化的考核标准，并且满足 S（清晰具体）M（可衡量）A（可实现）R（有相关性）T（有时间限制）原则，最好是简单到刚来的新人一看就知道做好的标准，其他部门也清楚怎么去协助。例如配送公司采购岗位要求把控品质和降低采购成本，但是这仅是一个很模糊的概念，因为每个配送公司都会在这个方面要求，但成本具体降低多少，品控的损耗降到多少，都需要好好考虑从而设置规范。

3）进行绩效的持续反馈

● 做+好（反馈）= 继续做（正强化、正反馈）

● 做+不好（反馈）= 不继续做（例如随地吐痰）

● 不做+好（反馈）= 不做了（坐享其成）

● 不做+不好（反馈）= 只好做（被威胁，负反馈）

● 做+没反应（反馈）= 可做可不做（消失溶解，慢慢不做了）

● 不做+没反应（反馈）= 可做可不做（不会没事找事）

4）绩效结果要有层次

绩效的结果一定要让员工拉开层次，让员工知道最好和最差的区别在哪里。很多企业在变革时，会淘汰部分员工的原因，通常都是绩效成绩呈现后，员工能力层次就可以明显区分，这样绝大部分的中间者就能知道，自己是要努力去实现更高的收入，还是被淘汰出局。如若做的最好的和最差两者相比，收入差别只有百十来块的差距，那实际情况是没有人有动力好好做事情。

　　凡此种种一定要多结合企业实际情况去思考，清楚绩效考核设计的思路和步骤，明确自己企业比较适用的绩效考核的方式有哪些呢，下面的考核方式可作为参考使用。

3.8.3 企业常用的绩效考核方式

　　（1）目标管理

　　适合业务团队，结果容易清晰量化，过程基本完全自主，在拿到绩效的过程中和其他部门衔接的程度较低，后续的采购和配送是属于交付，能把控几乎所有过程的部门用管理管理考核是最直接的，效果也会好很多。

　　（2）短板管理

　　找到工作中的短板，对短板进行集中资源的突破。不断寻找，不断解决。短板管理是绩效管理的一个重要手段，短板管理要不断去追问导致问题产生的本质原因是什么，短板管理可以通过连续追问多个为什么找出问题的本质。企业的短板是会随着发展不断变化的，所以企业绩效长期没有调整就是错误的，应该针对瓶颈进行绩效的调整，不断地找出短板，解决短板是提升绩效的核心环节。

　　（3）态度考核（文化价值观）

　　量化考核太多，不涉及的部分就没人愿意去做。核心的解决方法就是在态度上进行考核。工作态度也是产生良好绩效基础，每个企业要求的态度（价值观）标准也不一样，最好是公司核心管理层讨论出来的。不同的人员和不同的层级，要求的指标和标准也不同，例如中层跨团队协作就很重要，高层战略眼光胸怀就很重要。然后用关键事件法来进行衡量是否达标。例如敬业度考核，抓到上班刷抖音，那么这一条考核就不达标。

　　（4）主基二元考核

　　主要绩效和基本绩效按照不同的权重考核，可以刺激显性业绩不断提升，利于打造企业的工匠精神以及组织能力，将主要绩效纳入目标管理的范畴，像销售人员的业绩完成情况，分拣人员的分拣重量或数量，基础绩效部分采用红黄绿三色管理。绿色达标，黄色预警，红色警告。还是拿销售举例，在完成业绩的同时，你要保证利润合理，服务品质保证（可以带来转介绍），这样可以通过基本绩效促进主要绩效，既能分清主次也能简化考核。

　　（5）考核与薪酬

　　每个月的工资与考核不直接挂钩（注意是不直接而不是不挂钩），将绩效工资固定等级（便于核算），每季度或半年调整一次。绩效工资设定成 A/B/C/D 四个等级，按照季度大家总的评分进行排名，将排名和绩效等级工资进行挂钩。有时间跨度，可以减弱员工将绩效换算成工资的想法，使绩效考核真正做到评价工作的目的，而不是只看收入。

3.8.4 生鲜运营中心绩效考核范例

　　主要还是为了调动公司员工的工作积极性、激发员工工作热情、提升工作业绩、增强公司竞争力，保证公司目标的顺利达成，特制定绩效考核办法，具体内容如下：

　　（1）考核对象

　　公司所有部门及员工。

（2）考核内容和方式

1）考核时间：每月 1 日至 31 日；

2）考核工资标准：将员工每月应发工资总额的 20%作为绩效考核工资，根据当月工作绩效考核结果，确定绩效工资发放比例和具体金额；

3）考核内容：员工本人当月工作完成情况及综合表现；

4）考核方式：实行分级考核，由直接上级考核直接下级，并由分管领导最终评定。

（3）考核流程

由制定工作计划、执行工作计划及工作考核三部分组成。

（4）考核结果及奖惩

1）对员工的考核

考核结果：

考核结果以分数确定，最终转换为 A、B、C、D 四个等级，以分管领导最终评定为准。各个等级对应分数及基本标准如下：

A 级：超额完成当月工作任务，综合表现突出，工作成绩优异；

B 级：全面完成当月工作任务，综合表现良好，工作成绩良好；

C 级：基本完成当月工作任务，综合表现合格，工作成绩一般，偶有工作失误；

D 级：未完成当月工作任务，综合表现一般，工作成绩较差或有重大工作失误。

奖惩办法：

注：当月考核结果直接与员工当月绩效工资的发放挂钩：

A 级：绩效工资按 100%发放，并按本人当月考核工资标准的 10%另行发放奖励工资。（当月绩效考核为 A 级的员工比例不超过公司员工总数的 10%，各部门原则上不超过 1 人。）

B 级：绩效工资按 100%发放。

C 级：绩效工资按 50%发放。

D 级：不予发放绩效工资。

考核中过程中，当月考核等级为 D 的，留任原职察看；累计达到两次的，转为试用员工；累计达到三次的，给予解聘或辞退。年度 C 级考核结果累计达到或超过三次的，根据其实际工作情况，给予适当惩处。

此外，员工月度工作绩效考核结果，将作为年度优秀员工评选、年终考核和奖惩的重要参考依据。

2）对部门的考核

考核标准

●部门工作完成情况（70%）

●执行力（10%）

●下属督导力（5%）

●工作失误和安全事故（5%）

●自律力（5%）

●团队精神（5%）

考核办法

对部门的考核采用部门自评和分管领导考评的方式，以分管领导最终评定为准。

考核结果和奖惩

年终，公司将根据各部门全年总体表现情况，评选优秀部门，并根据公司当年效益情况，给予部门适当奖励。

同时对于年终考评较差的部门，公司将根据实际情况，给予部门负责人降职、降薪或解聘处理。

（5）考核执行程序

1）计划制定和返回：

●员工月度工作计划：由员工制定《员工月度工作计划表》，交部门负责人审核后返回员工；

●部门月度工作计划：每月 28 日，部门负责人制定下月《部门月度工作计划表》，交分管领导审定后返回部门；

●计划制定各阶段，应进行必要的沟通。

2）考核、汇总

员工考核：员工考核由员工自评、部门考核、分管领导评定三个部分组成。

●员工填写《员工月度工作考核表》并交至部门负责人考核；

●部门负责人考核完毕后，交分管领导评定；

●考核各阶段，应进行必要的沟通。

部门考评：部门考核由部门互评、部门自评和分管领导评定三部分组成。

●部门互评：由部门负责人填写《部门月度互评表》，对其他部门月度表现进行评议，并交公司领导，作为对其他部门考评的参考依据；

●部门自评：由部门负责人填写《部门月度自评表》，交分管领导评定；

●考核各阶段，应进行必要的沟通。

主管考核：部门负责人员填写《部门负责人月度考核表》，交公司总经理评定。

汇总：每月 5 日前，各部门将员工考核和部门考核汇总后，交分管领导评定。

3）结果反馈

●每月 8 日前，分管领导将部门及所属员工的考核下发人力资源部；

●人力资源部根据考核结果填报《员工月度考核汇总表》，并于每月 10 日前交公司领导审批；

●人力资源部将经公司领导审批后的考核结果反馈至各部门，并函告财务部；

●考核人根据实际情况和需要，与被考核人进行沟通，以改进和提高工作绩效。

●年终，人力资源部将填报《员工年度考核汇总表》和《部门年度考核汇总表》，经公司领导审批后，反馈至各部门。

（6）其他事项

考核人员应坚持实事求是，客观公正地进行考核。被考核人认为考核结果严重不符合事实的，可以向人力资源部或有关领导提出申诉。经调查属实的，报公司领导同意后，可给予纠正，并对相关责任人进行处理。

3.9   团队调休制度

3.9.1 生鲜行业的营业时间特点

如果不理解为什么要单独抽出一个章节来谈调休轮班制度的管理者，那就需要先了解一下生鲜行业的经营特点了。

365 天全年无休。运营生鲜配送公司就是时刻准备着。就如同解放军战士一样守卫着客户的餐桌安全，每天确保食材准时充足的供给。作为团餐服务商，客户覆盖行业太多，部队、医院、电力系统、交通管理系统等等，通常在大型节假日他们最忙碌的时间段，也是生鲜配送公司最忙碌的时候，所以贴心的服务是他们工作的最有力保障。

7*24 小时全天无休。不仅是全年无休，同时也是全天无休。从早上凌晨一两点开始工作，确保新鲜的食材的采购全部完成，三点开始分拣配货，为保证服务的时效性，所有的食材配送车辆必须在六点三十分前出发，直至七点左右将新鲜的食材准时送到客户食堂。八点负责售后的员工也开始忙碌，处理临时性突发事件、客户投诉、补货、退换货等；仓储部的员工进行账单核对、盘点库存、损耗分析等；客服部进行核价工作、接单工作等，直至下午一点三十分又开始进行客户订单的处理，往复循环新一轮的工作。

3.9.2 调休和轮班安排原则

面对这样一个繁杂且琐碎的工作，管理者们肯定会有诸多疑问。例如这么大工作量，需要多少工作人员才可以维持运转？这么多人员投入那每月的开支费用如何吃得消？有没有什么办法让员工 24 小时待命但却没有怨言？

在生鲜配送公司的运营过程中，如何进行员工的调休轮班安排，是直接关系到人工成本和工作效率的高低，务必在调休和轮班安排上要遵循几个原则：

（1）一岗多人、一人多岗

岗位分设 A 角、B 角、C 角，员工分设主岗、次主岗、辅岗。

例如客服岗位为：A 角小谢、B 角小王、C 角小刘，小谢"主岗客服、次主岗仓管、辅岗分拣员"。小王"主岗仓管、次主岗客服、辅岗司机"。小刘"主岗司机、次主岗分拣员、辅岗仓管"。

（2）建立轮岗制度

一人能胜任多个岗位的工作，且熟悉整个工作流程，但要避免不能出现替岗人员无法胜任工作的情况。

（3）建立排班制度

各部门在月初排好员工调休时间，非特殊情况全部依调休安排进行。

（4）设立 24 小时服务专线

任何时间段都有员工接听服务电话，无人值班时设置转接服务。

（5）设立 24 小时应急值班小组

应急小组可随时处理特殊事件，避免临时性突发事件无人处理，应急小组成员轮班待命。

（6）考虑外地员工与本地员工的搭配占比

外地员工住宿舍的较多可多做周六、周日或夜间的临时排班，本地员工离家较近在春节、中秋节等期间适合值班，做完事就可以回家。外地员工与本地员工互相配合节假日就都可以兼顾。

（7）招聘时多用技能多一些的员工

例如招聘一位仓管员，他同时具备开车的技能，这个仓管员在司机紧缺的情况下可以解燃眉之急。

（8）股东及核心管理层也可作为紧急情况的替补人员

特殊情况之下用好股东及核心管理层也是解决问题的办法。老板也是可以跑一趟去送回货的。

3.10　岗位沟通协调机制

3.10.1　常规的工作沟通协调方式

（1）会议召集

1）对于定期召开的常规会议，在会前应明确该次会议的主题和临时出席人员，与会人员应依据本职工作做好各种准备（包括资料、数据）；

2）临时性会议原则上应至少提前 1 小时通知参加人员；

3）会议参加者必须准时出席并签到，因故无法到会者，事先须向会议负责人请假并取得许可，或派代理人出席（代理人应向主持人报备），迟到、早退者须向主持人报备，取得谅解及同意；

4）已列入计划的会议如需改期，或遇到特殊情况需要安排其他会议时，主办部门需至少提前 1 个工作日发出通知。

（2）会议结果反馈

会议前指定会议记录人员，负责做好会议纪要，会议纪要在会议结束后一个工作日内，以纸质文件或微信、邮件形式发送给参会人员，电子档存档留存。

（3）正式的文件沟通

1）规章、制度类文件

规定各种规章制度、管理办法等经相关权责主管审核、批准的正式文件，有专一主题、格式化，适用期长，一般不针对具体个人、具体时间，是在相应范围内必须遵循的基础性制度。

2）签呈、报告、报表类文件

签呈：下级对上级部门进行请求指示、答复询问和对重要事项提出建议或处理办法的一种文件形式，签呈通过不同部门的信息传递，最终由受文者签字确认；

报告：按照工作安排或工作计划，用于反映工作中的基本情况、取得的经验教训、存在的问题以及今后工作设想等的文件格式，用于向领导进行工作汇报或取得上级领导的指导；

报表：用表格、图表等格式来动态显示数据，向上级进行工作报告的文件。

（4）例行性工作沟通协作

1）工作日志：每天通过钉钉或企业微信、微信等方式，向领导汇报当天工作内容及成果；

2）工作周报：每周六下班前，汇总本周工作总结及下周工作计划，以电子文档形式发送给上级领导；

3）工作协作：部门内部员工、不同岗位之间及时进行沟通，做好分工协作，当某岗位员工临时不能在岗时，其他员工配合完成其例行工作。

（5）非正规场合、形式的沟通

1）根据总经理时间安排，每周与各部门负责人进行一次非正式的交谈沟通，人力资源部门负责进行部门间横向的协助与支持工作；

2）除工作接触外，各级主管应定期或不定期与下属进行交谈沟通，以增进彼此了解，掌握各层次人员的动态信息，帮助决策层把握方向，适当准确地制定相关政策。

（6）项目沟通

1）对于因项目需要组建的团队，良好的项目沟通可以确保团队相关信息能及时、正确地产生、收集、发布和储存，确保项目的顺利完成；

2）项目主导部门负责项目成员间沟通桥梁的搭建，积极建立协作机制，达到各部门成员间的最大融合；

3）项目进行过程中，主导部门应按时做好《项目计划书》《项目进度表》《项目评估表》等相关文件，根据需要召开项目沟通会议，确保项目内部工作安排的合理性，工作目标的一致性。

（7）沟通协作原则

1）内部沟通协作是企业日常运营中必不可少的关键环节和重要基础，各级各类人员必须牢固树立一盘棋思想，立足本职，注重细节，以有效沟通为目标，分工协作，共同构建顺畅完善的沟通协作和信息传输体系；

2）内部沟通协调与信息传输实行双轨运行机制，一条自下而上，另一条自上而下，二者同时作用，互为补充，并相互验证，穿插监督；

3）按照层级管理模式，下级员工有问题应首先同主管上级取得沟通，属主管上级职责范围内且能够自行处理的，由主管上级协调解决，超出职责范围或不能自行解决的，可向更上一级反映，直至完全解决，对处理结果存在异议或难以接受的，允许越级申诉，最高可达总经理，但申诉时原则上不能连跨两级，否则作退回处理，若遇紧急事项，可随机安排办理，不受规定程序限制；

4）公司倡导交流无限制，沟通零距离的环境氛围，领导与员工之间，员工与员工之间可随时随地展开工作交流和思想沟通，任何人不得无故拒绝他人的咨询或求助，更不得虚与应付，放弃责任。

3.10.2 公司周例会内容及流程

（1）会议目的

为了规范企业管理，提高各部门之间的团结力，促进沟通，统一思想，通过会议加强协调各部门之间的工作配合度。

（2）例会要求

1）召开会议前，各部门负责人及时向会议助理填写周汇报工作表格（电子档/纸质档），将本周工作重点和具体项目实施情况及需要公司协调解决重大事项呈现，由会议助理收集整理，拟定会议议题，由会议召集人审定。

2）会议研究确定的事项，各参会部门、与会个人必须严格按照会议要求落实，按计划推进项目建设。每次例会召开时，由各部门负责人汇报上次例会决定事项落实情况，对于落实事项不能按时推进的，说明原因和后续动作。

3）会议助理对会议流程全程记录建档。例会召开后，根据工作需要，下发会议相关资料决议。

（3）会议流程如图3-2所示。

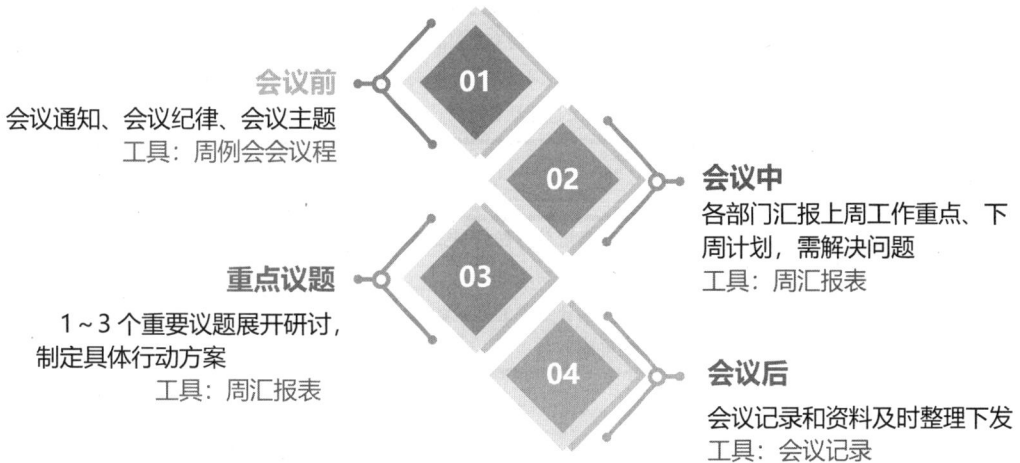

会议前
会议通知、会议纪律、会议主题
工具：周例会会议程

01

02

会议中
各部门汇报上周工作重点、下周计划，需解决问题
工具：周汇报表

重点议题
1~3个重要议题展开研讨，制定具体行动方案
工具：周汇报表

03

04

会议后
会议记录和资料及时整理下发
工具：会议记录

图 3-2　会议流程

3.11　配送中心基础岗位工作流程图

1）客服工作流程如图3-3所示。

客服操作流程

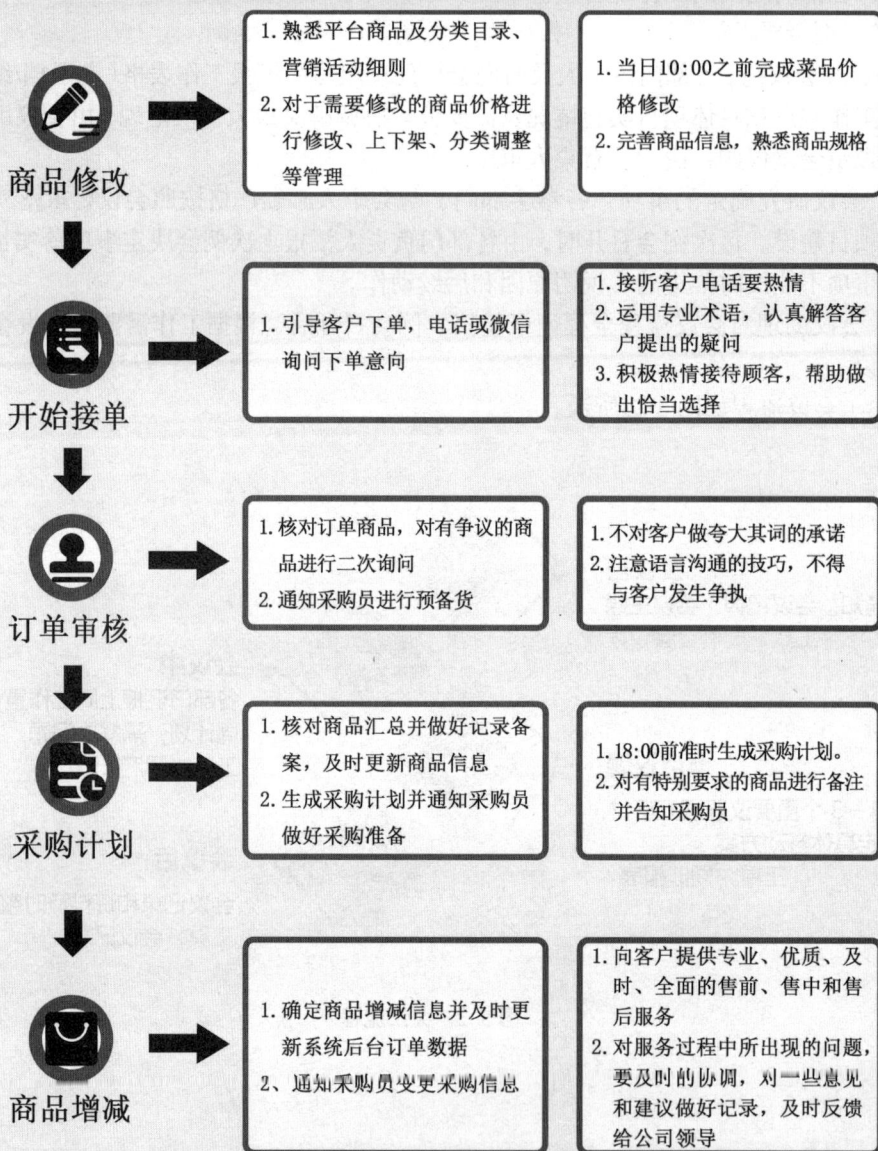

商品修改
1. 熟悉平台商品及分类目录、营销活动细则
2. 对于需要修改的商品价格进行修改、上下架、分类调整等管理

1. 当日10:00之前完成菜品价格修改
2. 完善商品信息，熟悉商品规格

开始接单
1. 引导客户下单，电话或微信询问下单意向

1. 接听客户电话要热情
2. 运用专业术语，认真解答客户提出的疑问
3. 积极热情接待顾客，帮助做出恰当选择

订单审核
1. 核对订单商品，对有争议的商品进行二次询问
2. 通知采购员进行预备货

1. 不对客户做夸大其词的承诺
2. 注意语言沟通的技巧，不得与客户发生争执

采购计划
1. 核对商品汇总并做好记录备案，及时更新商品信息
2. 生成采购计划并通知采购员做好采购准备

1. 18:00前准时生成采购计划。
2. 对有特别要求的商品进行备注并告知采购员

商品增减
1. 确定商品增减信息并及时更新系统后台订单数据
2、通知采购员变更采购信息

1. 向客户提供专业、优质、及时、全面的售前、售中和售后服务
2. 对服务过程中所出现的问题，要及叶的协调，对一些息见和建议做好记录，及时反馈给公司领导

请严格按照以上规范操作执行，违反必究

图3-3　客服工作流程

2）分拣员工作流程如图 3-4 所示。

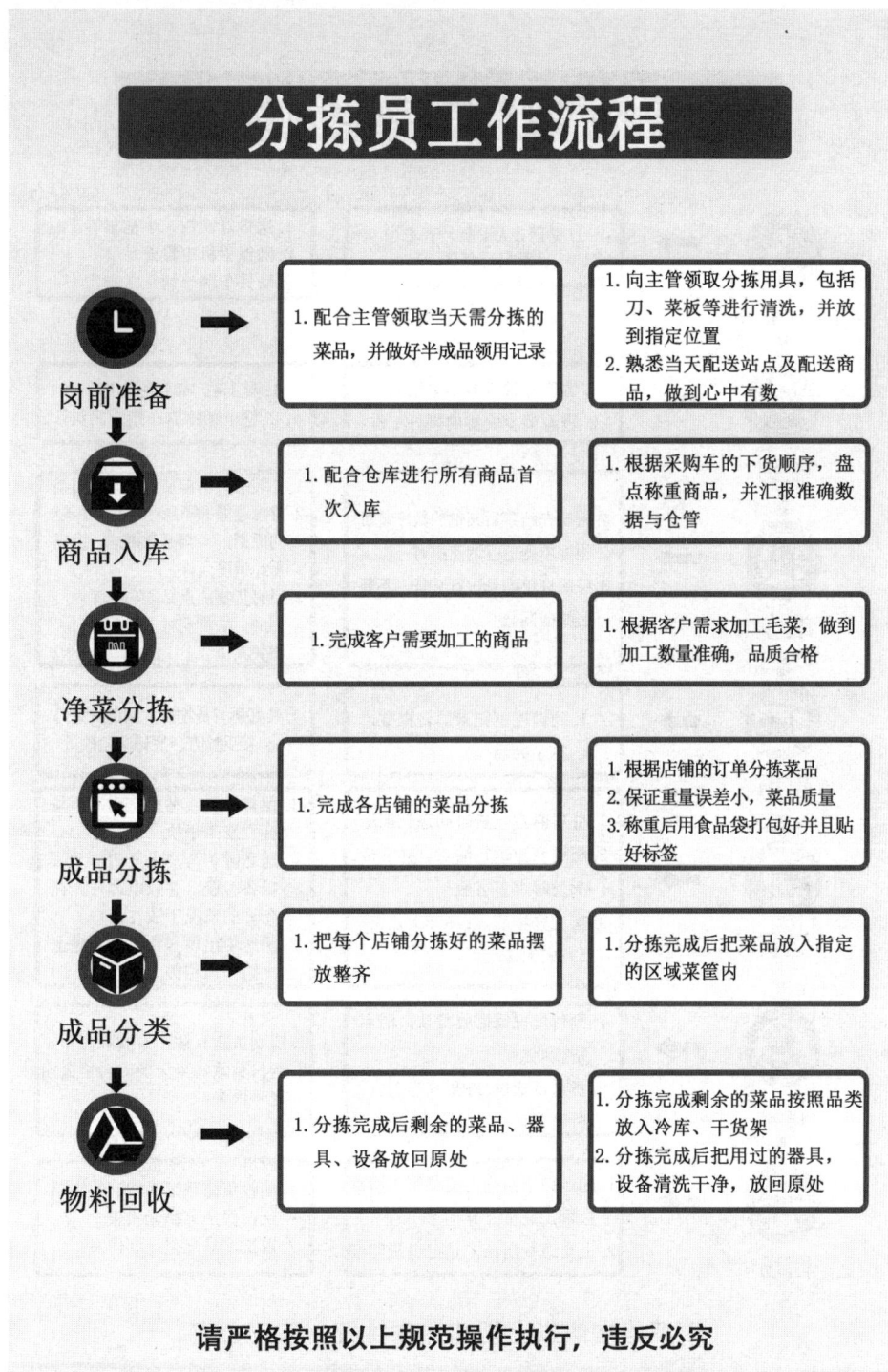

图 3-4   分拣员工作流程

3）配送员工作流程如图 3-5 所示。

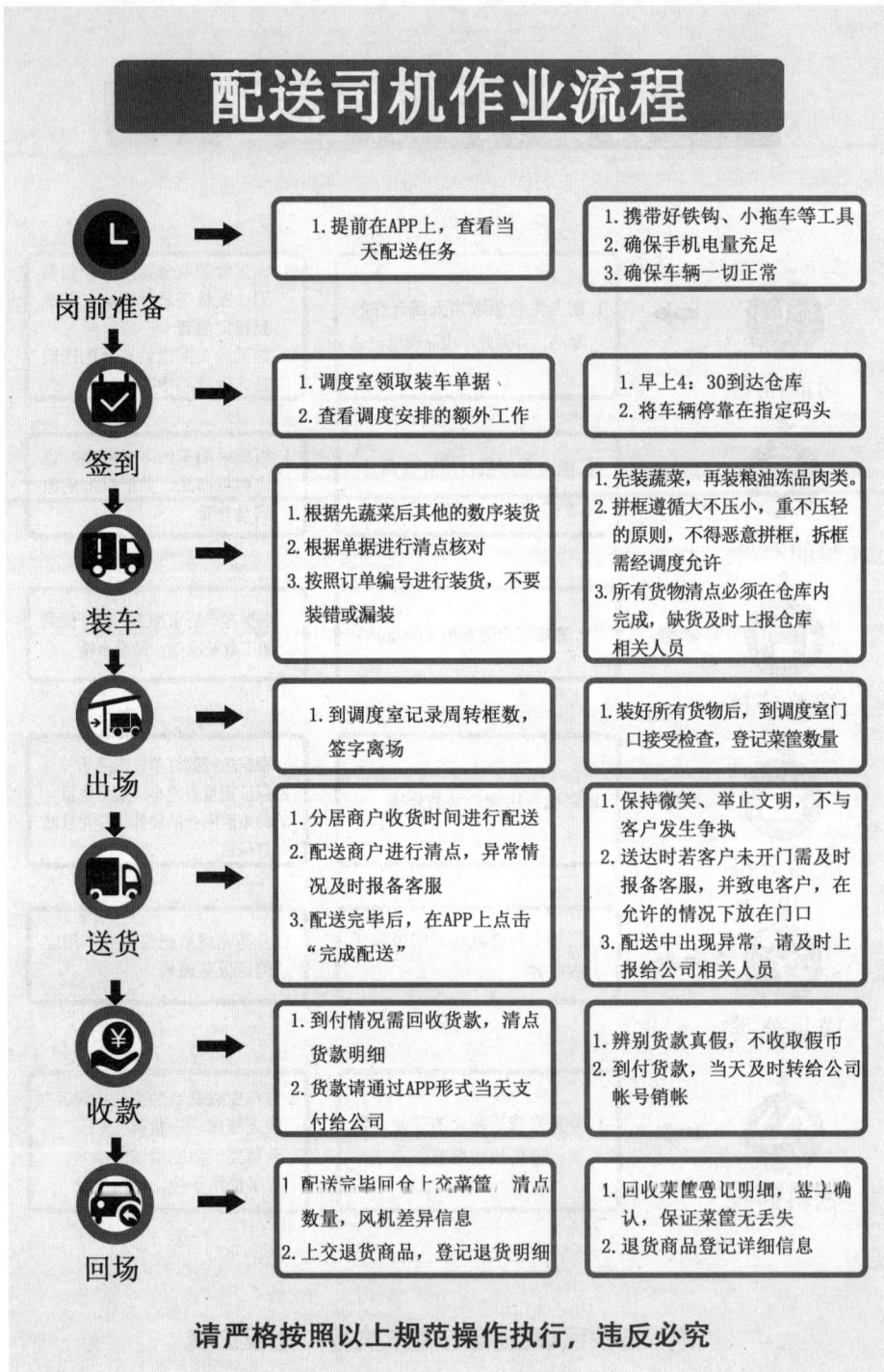

图 3-5　配送员工作流程

4）采购员工作流程如图 3-6 所示。

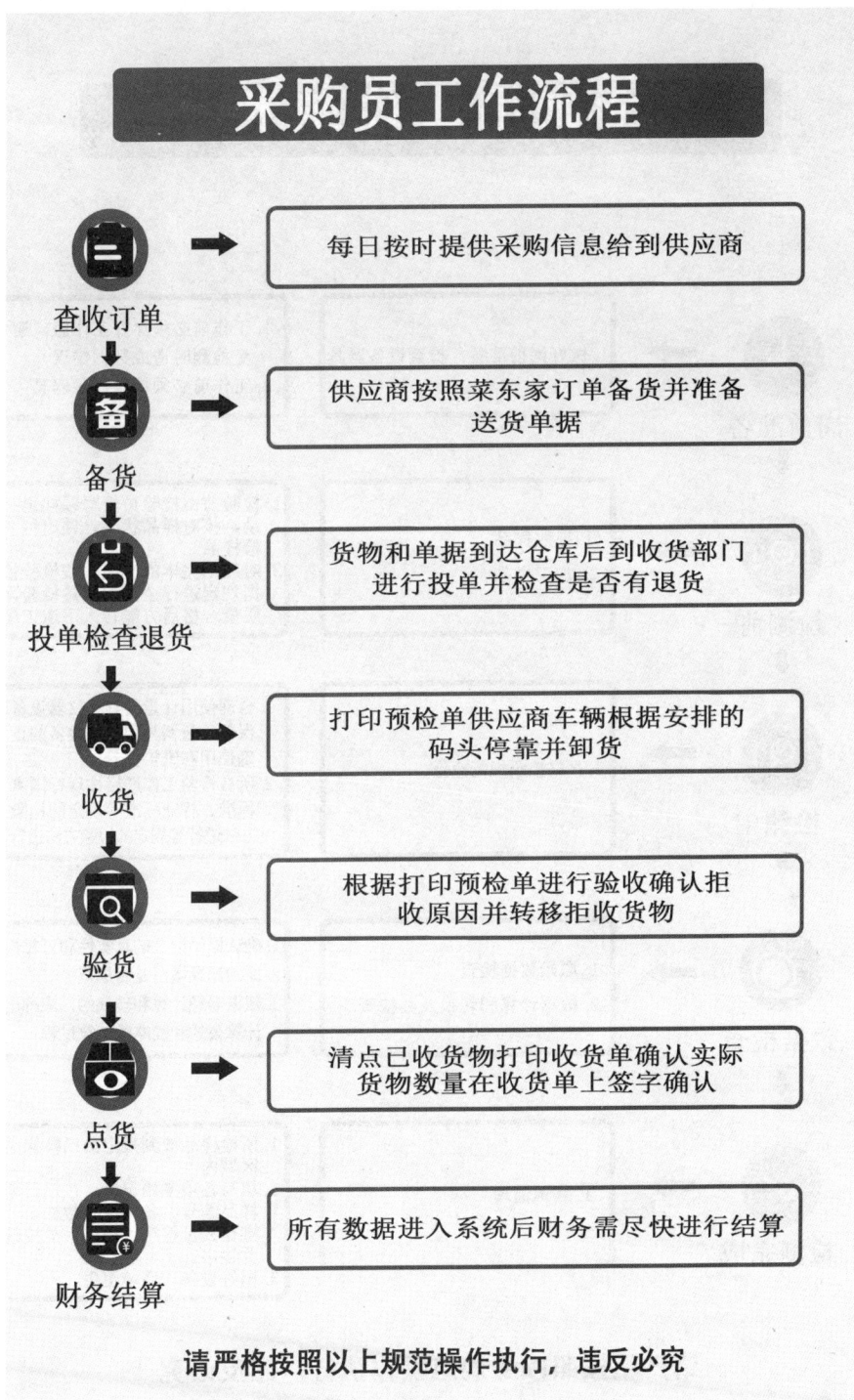

图 3-6　采购员工作流程

5）检测员工作流程如图 3-7 所示。

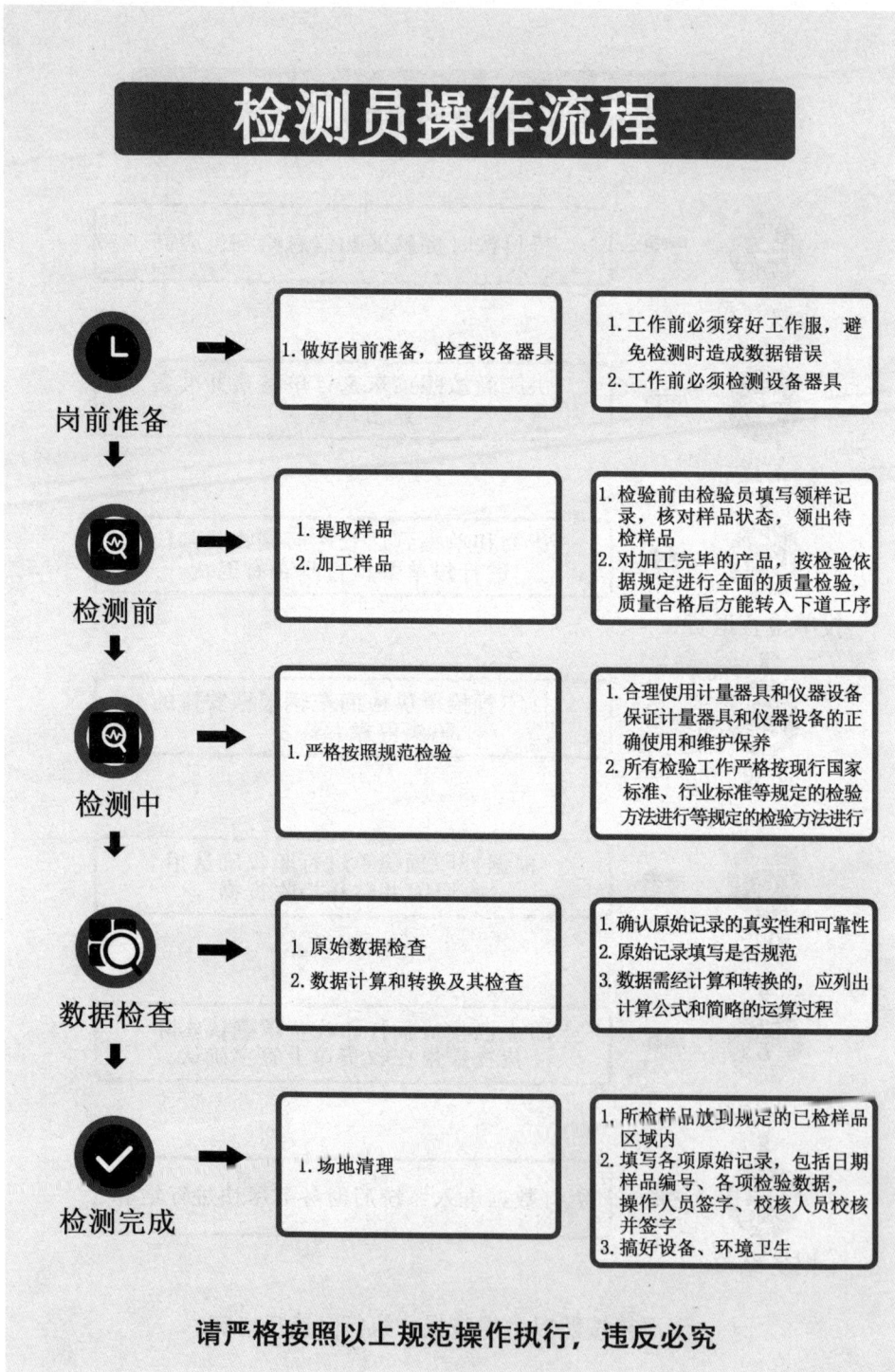

检测员操作流程

岗前准备	1. 做好岗前准备，检查设备器具	1. 工作前必须穿好工作服，避免检测时造成数据错误 2. 工作前必须检测设备器具
检测前	1. 提取样品 2. 加工样品	1. 检验前由检验员填写领样记录，核对样品状态，领出待检样品 2. 对加工完毕的产品，按检验依据规定进行全面的质量检验，质量合格后方能转入下道工序
检测中	1. 严格按照规范检验	1. 合理使用计量器具和仪器设备保证计量器具和仪器设备的正确使用和维护保养 2. 所有检验工作严格按现行国家标准、行业标准等规定的检验方法进行等规定的检验方法进行
数据检查	1. 原始数据检查 2. 数据计算和转换及其检查	1. 确认原始记录的真实性和可靠性 2. 原始记录填写是否规范 3. 数据需经计算和转换的，应列出计算公式和简略的运算过程
检测完成	1. 场地清理	1. 所检样品放到规定的已检样品区域内 2. 填写各项原始记录，包括日期样品编号、各项检验数据，操作人员签字、校核人员校核并签字 3. 搞好设备、环境卫生

请严格按照以上规范操作执行，违反必究

图 3-7　检测员工作流程

6）仓库员工作流程如图 3-8 所示。

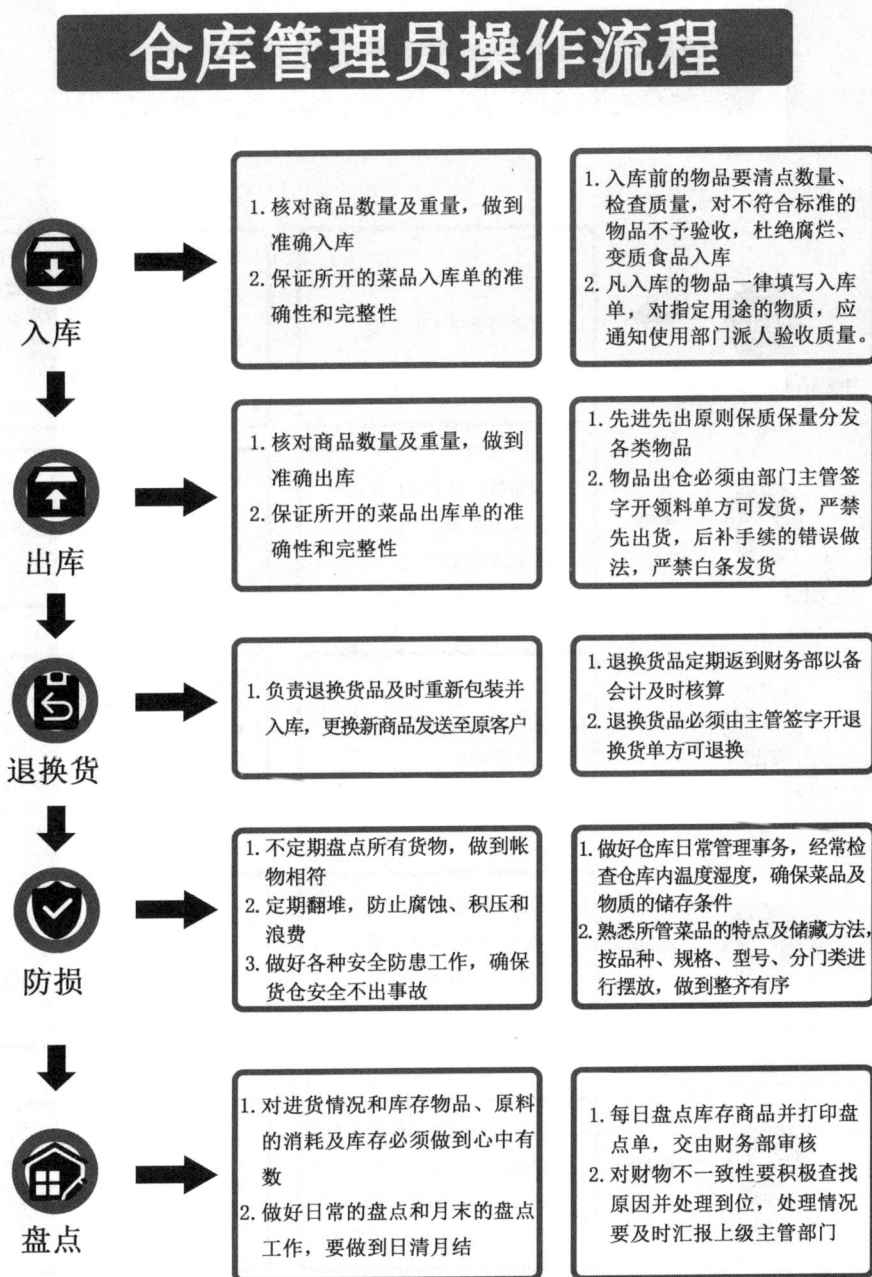

仓库管理员操作流程

入库
1. 核对商品数量及重量，做到准确入库
2. 保证所开的菜品入库单的准确性和完整性

1. 入库前的物品要清点数量、检查质量，对不符合标准的物品不予验收，杜绝腐烂、变质食品入库
2. 凡入库的物品一律填写入库单，对指定用途的物质，应通知使用部门派人验收质量。

出库
1. 核对商品数量及重量，做到准确出库
2. 保证所开的菜品出库单的准确性和完整性

1. 先进先出原则保质保量分发各类物品
2. 物品出仓必须由部门主管签字开领料单方可发货，严禁先出货，后补手续的错误做法，严禁白条发货

退换货
1. 负责退换货品及时重新包装并入库，更换新商品发送至原客户

1. 退换货品定期返到财务部以备会计及时核算
2. 退换货品必须由主管签字开退换货单方可退换

防损
1. 不定期盘点所有货物，做到帐物相符
2. 定期翻堆，防止腐蚀、积压和浪费
3. 做好各种安全防患工作，确保货仓安全不出事故

1. 做好仓库日常管理事务，经常检查仓库内温度湿度，确保菜品及物质的储存条件
2. 熟悉所管菜品的特点及储藏方法，按品种、规格、型号、分门类进行摆放，做到整齐有序

盘点
1. 对进货情况和库存物品、原料的消耗及库存必须做到心中有数
2. 做好日常的盘点和月末的盘点工作，要做到日清月结

1. 每日盘点库存商品并打印盘点单，交由财务部审核
2. 对财物不一致性要积极查找原因并处理到位，处理情况要及时汇报上级主管部门

请严格按照以上规范操作执行，违反必究

图 3-8　仓库员工作流程

7）财务管理流程如图 3-9 所示。

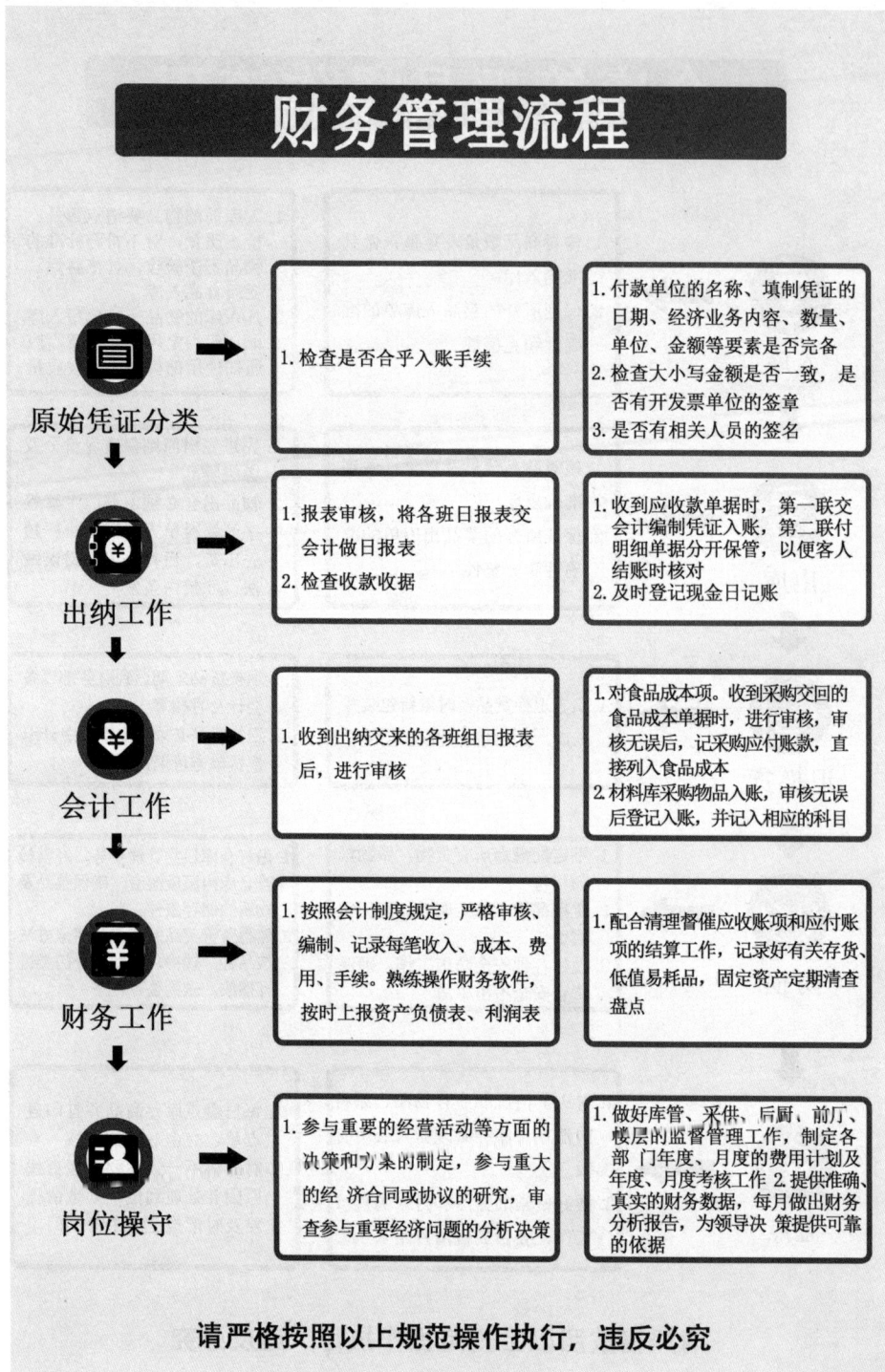

财务管理流程

原始凭证分类

1. 检查是否合乎入账手续

1. 付款单位的名称、填制凭证的日期、经济业务内容、数量、单位、金额等要素是否完备
2. 检查大小写金额是否一致，是否有开发票单位的签章
3. 是否有相关人员的签名

出纳工作

1. 报表审核，将各班日报表交会计做日报表
2. 检查收款收据

1. 收到应收款单据时，第一联交会计编制凭证入账，第二联付明细单据分开保管，以便客人结账时核对
2. 及时登记现金日记账

会计工作

1. 收到出纳交来的各班组日报表后，进行审核

1. 对食品成本项。收到采购交回的食品成本单据时，进行审核，审核无误后，记采购应付账款，直接列入食品成本
2. 材料库采购物品入账，审核无误后登记入账，并记入相应的科目

财务工作

1. 按照会计制度规定，严格审核、编制、记录每笔收入、成本、费用、手续。熟练操作财务软件，按时上报资产负债表、利润表

1. 配合清理督催应收账项和应付账项的结算工作，记录好有关存货、低值易耗品，固定资产定期清查盘点

岗位操守

1. 参与重要的经营活动等方面的决策和方案的制定，参与重大的经济合同或协议的研究，审查参与重要经济问题的分析决策

1. 做好库管、采供、后厨、前厅、楼层的监督管理工作，制定各部门年度、月度的费用计划及年度、月度考核工作
2. 提供准确、真实的财务数据，每月做出财务分析报告，为领导决策提供可靠的依据

请严格按照以上规范操作执行，违反必究

图 3-9　财务管理流程

3.12　运营安全管理

作为生鲜配送公司，安全管理不仅体现在人员、车辆、设备、食材等诸多方面，更是与公司的日常管理分不开。

3.12.1 人员安全培训

安全生产工作历来强调"安全第一、预防为主、综合治理"的方针，确保安全生产的关键之一是强化员工安全教育培训。对员工进行必要的安全教育培训，是让员工了解和掌握安全法律法规，提高员工安全技术素质，增强员工安全意识的主要途径。

安全教育培训可采用多种形式，因地制宜，因人而异。如举办各种培训班、报告会、研讨会、安全知识讲座、安全知识竞赛、典型事故图片展、电视片、简报、发放宣传品等形式。总之，安全教育培训要形象生动求实效，避免枯燥无味走过场，使安全教育培训工作规范化、制度化、经常化。

（1）上班中的安全防护篇

1）安全生产思想教育

主要是学习国家有关法律法规，掌握安全生产的方针政策，提高全体管理人员和操作人员的政策水平，充分认识安全生产的重要意义，严格执行操作规程，遵守劳动纪律，杜绝违章指挥、违章操作的行为，利用过去发生的重大安全事故案例及给社会、给家庭造成的损失，对员工进行安全意识教育。

2）安全知识教育

全体员工都必须接受安全知识教育，安全知识教育和培训，使员工掌握必备的安全生产基本知识，安全知识教育的内容，主要包括：本企业的生产状况、生产工艺、生产方法、作业的危险区域、危险部位、各种不安全因素及安全防护的基本知识及各种安全技术规范。

3）安全操作技能教育

熟练掌握操作规程、安全防护等基本知识，掌握安全生产所必须的基本操作技能。对于管理人员和特殊工种作业人员，要经过专门培训，考试合格取得岗位证书后，持证上岗。

除以上三个方面的教育外，还要充分利用已发生或未遂安全事故，对员工进行不定期的安全教育，分析事故原因，探讨预防对策；还可利用本单位员工在生产中出现的违章作业或不良行为，及时进行教育，使员工头脑中经常绷紧安全生产这根弦，在生产中时时刻刻注意安全生产，预防事故的发生。

（2）上下班途中的安全防护

1）所有员工要本着对自己负责，对家庭负责，对他人负责的态度，自觉严格遵守交通法律法规，做好上下班途中的安全防护，避免或减少交通事故的发生；

2）自觉学习并遵守《道路交通安全法》、《道路交通安全法实施条例》、《工伤保险条例》等法律法规，提高交通安全意识和安全技能；

3）驾驶机动车上路行驶，必须系好安全带，按照操作规范安全驾驶、文明驾驶，不超速行驶，不酒后驾驶，不疲劳驾驶；

4）驾驶摩托车、电动车上下班为了自身安全建议正确戴好头盔按既定上下班路线行驶。冬季作息期间，要穿戴好防护手套、护膝等个人防护器具；

5）驾车人上路行驶前，应当对汽车、摩托车、电动车的安全性能进行认真检查，保证车辆制动装置的完好。自觉控制行车速度，严格遵守道路限速规定；

6）雨雪雾天，车辆间要保持安全间距，谨慎慢行，安全第一；

7）驾车人上下班回家既定途中如果受到机动车或非机动车伤害后，应迅速拨打"110"电话报警求救，并及时电话报告公司负责人；

8）所有车辆包括汽车、摩托车、电动车，一律执行"靠右行驶"的原则，严禁逆向行驶。

3.12.2 车辆安全管理篇

（1）车辆购置注意事项

对于生鲜蔬菜配送公司来说，车辆是必不可少的工具之一，车辆类型的选择，主要指对通用车辆和专用车辆的选择。针对不同类型货物的运输需要采用对应的专用车辆，可以保证货物的运输途中的完好无损，减少劳动消耗量，改善劳动条件，提高行车安全以及运输的经济效益。随着新能源汽车的发展，纯电动的车辆也越来越被广泛使用在蔬菜配送中。

1）生鲜配送车辆类型的选择：

●带有液压卸车机构的自卸车；

●货箱封闭的标准挂车或货车--箱式车；

●冷藏车；

●能够增大车箱容积的高栏板车；

●面包车（面包车和小型厢式车是目前来说最实用的生鲜配送工具，他们以车身短小，易停车，载人载物方便而被广泛应用于食材配送中）。

例如新能源瑞驰 EC35（微面），车身标准为 4500*1680*1985（mm），续航 200KM 从外面看上去车身并不显大，但其货厢容积为 4.8m ，同等级中算比较大的，且由于货厢十分平坦，所以实用性很高；新能源瑞驰 EC31（微卡），车身标准为 4750x1670x2400（mm），货厢容积为 6.8m ，综合工况续航里程最长可达 290 公里，专为城市物流量身设计。

进货车辆会选择容积更大的，常规标准面包车和箱式小货车，"五菱""金杯""依维柯"建议企业都进行货车备案，免得日后被罚款。

（2）车辆日常维护注意事项

1）驾驶人员应每天擦拭清洗自己所开车辆，以保持车辆的清洁，包括车内、车外和引擎的清洗，每月大洗车辆两次；

2）出车前，要例行检查车辆的水、电、油及其他性能是否正常，发现不正常时，要立即加补或调走，出车回来，要检油量电量，发现存油不足时，立即加油，发现电量不足，及时充电，不得出车前临时加油充电；

3）驾驶员发现生辆有故障时要立即检修，不会检修的，立即上报并提出具体的维修意见。未经批准，私自将车辆送厂修，费用公司不予报销，有司机个人承担；

4）驾驶员对自己所开车辆的各种证件的有效性应经常检查，出车时确保证件齐全。

（3）车辆使用注意事项

1）公司驾驶员必须遵守《中华人民共和国道路交通管理条例》及有关交通安全管理的规章制度，安全驾驶，同时遵守公司其他相关的规章制度；

2）驾驶员应爱借公司车辆，平时要注意车辆的保养，经常检查车辆的主要机件；

3）驾驶录因违章或证件不全被罚的，费用公司不予报销，违章造成事故的，由当事司机承担责任和后果；

4）驾驶员对主管领导临时工作安排应无条件服从执行，不准借故拖延或拒不出车对工作安排有意见的，事后可向有关领导反映。

3.13 运营卫生管理

生鲜运营中心不仅要提供有利于员工开展工作的整洁环境，更要提供保证质量、安全、新鲜、卫生的商品，以满足顾客的期望、需要。而提供安全、卫生的商品，除了进货时要严格控制生鲜商品质量关外，还需要对全体员工个人卫生严格要求。另外，对于厂区作业场所，设备及存储区域，更是要时时清洁卫生，且定期保养，不致于污染食品。所以卫生管理和卫生管理责任制在运营管理中是相当重要的一环。

3.13.1 生鲜个人卫生管理

（1）接触生鲜商品最多的就是"人"，那么建立良好的个人卫生，可以降低生鲜商品受到细菌污染的概率同时可确保生鲜商品鲜度、质量；

（2）从业人员的个人卫生包括衣、帽是否穿戴整齐、头发是否掩盖、手部指甲不可过长或有污垢，佩饰不可穿戴以免在做食品加工包装时出现异常，个人皮肤有伤口时必须包扎完好，无个人传染病；

（3）在个人卫生习惯，不可吸烟、饮食、随地吐痰、吐口水等，务必要保持干净、卫生，这不仅是维持个人、商品良好卫生习惯也是给予消费者安全卫生保障的认可；

（4）在个人上岗前必须要有卫生局检查合格的证明。

3.13.2 生鲜作业场区卫生管理

生鲜作业场区为每日工作的场所，作业墙面、天花板、地板的干净、清洁、完善的排水设施，作业场内不得堆放与作业处理无关的物品，作业场要有良好的照明、空调及作业安全，每月需安排消毒工作，可防止病媒、污垢产生，这些都是每日时时、分分、秒秒必须要谨慎注意。

3.13.3 生鲜设备卫生管理

生鲜商品作业场所需的设备，每天应在作业前、后或休息中，将存留于设备上的碎肉、菜屑、鱼鳞等残留物清洗干净，处理刀具、工作台、周转筐、容器、推车等必须每日清洗，每周消毒一次，以减少生鲜商品受到污染。

3.13.4 仓库卫生管理

生鲜仓库是保存生鲜商品的地方，因此仓库堆放时不仅要堆放整齐，且要离墙5公分，离地5公分，以免接触墙面冻伤商品，可利用栈板来堆放，更须防四害（蚊、蝇、鼠、蟑），冷藏、冷冻温度控制要正常，不可过高或过低。

陈列架的清洁务必到位，冷藏、冷冻库（柜）每天务必检查温度的变与清洁，果菜需贮存冷藏于5℃～8℃，而水产、畜产是贮存于冷藏温度-2℃到0℃，配菜加工贮存于冷藏温度0℃～2℃，冷冻品在-18℃以下，提供安全、卫生的商品是公司的责任与义务，尤其是客户的品质意识不断增强，产品质量与卫生更应该是公司所坚持的，身为公司员工，必须要责任到人。

3.13.5 管理人员的有力的监督

（1）在每日员工上岗之前应由各区域的负责人检查工作人员的基本个人卫生，之后统一清洁或消毒双手；

（2）主管人员应规定每个区域每日专人定时清扫工作间；

（3）与食品直接接触的清洗工具、抹布应固定使用。使用后需及时清洗消毒、晾干，并定点放置；

（4）净菜加工车间应每日冲洗、消毒，工作之前应开紫外灯照射30分钟，并定期更换灭蝇灯内的粘纸和灯管，保持加工间的卫生；

（5）主管应每天不定时检查，防患于未然。

3.13.6 毛菜分拣车间的卫生管理

清洁卫生的环境可增加蔬果的鲜度，也可防止不洁环境污染商品，可提升公司形象，创造良好的工作氛围。这里要强调的是：员工要能做到随手清洁。

毛菜分拣车间卫生管理的主要内容：

（1）操作间、库存区卫生管理

1）操作间墙面无污迹、破损处，地面无积水。加工完毕和工作结束时都要清洗，并每月进行消毒一次；

2）冷藏库内每周都要彻底清扫一次，货物分类码放，冷藏库每月消毒一次；

3）报损商品当日处理，不在库存区、操作间堆积；

4）垃圾随有随清，分类处理；

5）设备加工完要用沸水清洗，以免残渣存留、腐烂，污染成品；

6）工作台、加工器具每日用热水冲刷、清洗，保持设备干净；

7）安装灭蝇灯，夜间放粘鼠胶。

（2）个人卫生管理

1）操作间、库存区、分拣区域的清洁管理要分配到每一位员工，并督促其按卫生规范要求执行，养成随手清洁的工作习惯；

2）员工着工服上班，工服要干净整洁、无油污、汗渍；

3）员工也要有良好的个人卫生习惯，不随地吐痰、乱丢垃圾，不在工作区、库存区、操作间吸烟；

4）男员工不留长发，女员工头发要束起，不戴首饰、不留长指甲、不化浓妆；

5）不良的卫生习惯极易污染商品；

6）员工要有良好的精神与工作状态，不拖拉、不萎靡。

3.13.7　肉类加工车间的卫生管理

（1）固定设施的卫生管理

1）冷藏、冷冻库要定期清理及清洗消毒，最好每半个月彻底清洗一次，包括货架、地板、墙壁，堆放用的栈板等；

2）肉类操作间内要有良好的供水及排水系统，以利于清洗肉类的各种设备、工具等。地面不要透水且应只有适当的排水斜度，这样更利于排放污水及干燥；

3）肉类操作间通风设施要完善，保持操作间空气和适当温度。温度应保持在 10—15℃；

4）操作间地板、墙壁、玻璃、天花板、塑料容器要保持清洁卫生，应做到无肉屑，无污水，无污泥，无灰网，无蜘蛛网等；

5）肉类区域要定期消毒，每周一次且不得有蚊蝇、蟑螂、鼠类等要加装灭蝇灯灭蝇；

6）员工禁止在操作间用餐及吸烟，以维持肉类区域卫生；

7）肉类区域的纸皮，垃圾要随手清理干净，垃圾桶要用盖盖上。

（2）机械设备与包装材料的卫生管理

1）可移动的设备，如工作台、砧板，清洗时要将表面的肉屑用钢刷清除，以 60℃温水冲洗，再用清洁剂洗净，最后以 80℃以上的热水清洗消毒；

2）不可移动的设备，如绞肉机、切片机、搅拌机，包装机，锯骨机要将表面的肉屑清除干净，以 60℃～70℃的温水配合清洁剂用抹布擦拭干净，以免碎肉、血水等残留其中而腐烂，衍生细菌而污染肉类。最后在设备表面喷上食用矿物油保养机械设备；

3）盛装肉类的工具以不锈钢及有机塑料材质为主，经选用易于清洗 、干燥、不生锈、不吸水，不易破裂，这样才能更好的维持卫生；

4）包装材料，如 PP 盒，保鲜膜等，不可任意堆放，以保证工作场所的卫生条件。

（3）个人卫生管理

1）个人身体健康，上岗前要体检，领健康证；

2）肉类加工前用肥皂或清洁剂将手洗干净并消毒，再用毛巾擦干手后方可加工肉类；

3）工作服与工作帽应保持干净，并且每日更换清洁的工作服；

4）在肉类分切当中，不可用衣袖或直接用手擦汗水，要用清洁的毛巾擦拭；

5）禁止有传染病或皮肤病及皮肤创伤并脓肿的员工接触肉类，员工要每年体检一次；

6）员工外出或从洗手间回来后，要重新洗手、消毒后再触摸肉类。

3.13.8 水产加工车间的卫生管理

良好的卫生环境是确保优良品质的必要条件。做好卫生管理和温度管理，就等于做好了鲜度管理，也是抑制鱼体的自身分解、细菌繁殖最好的方法正是低温管理，而减少细菌或污染源的最佳手段则是做好卫生管理。

由此可见，做好卫生管理是非常重要的。卫生管理分为水产部操作间卫生管理和水产部员工卫生管理。

（1）水产加工车间卫生管理

1）水产部操作间使用的设备材料及结构须符合以下要求：

A. 容易拆卸及清洗；

B. 与食品接触的表面要光滑无凹凸及隙缝；

C. 避免焊接缝口；

D. 避免锐角，所有连接应为圆角；

E. 不可以用腐蚀或有毒性的金属，如铝、铜、铅、锌等为设备材料；

F. 所有水产部设备的装置，应做到本身及邻近地区都易于清洗。

2）水产部设备使用时应注意事项：

A. 经常接触水产品的表面必须经常清洗，清除聚集的尘埃、污积、残渣等；

B. 已洗净和消毒好的器具应存放在妥善之处，不可以直接放置在地面。

3）水源卫生：

A. 用水：水量足，水质要符合安全，水压要求足够；

B. 废水：废水及排出物均应处理，使其不含食物的污染物，要求沟渠管系完好。

4）其他：

A. 水产加工区必须随时进行清洗，确保空气清新，环境清洁；

B. 加工区尽量减少堆放物品，杜绝卫生死角，防止蝇、虫滋生；

C. 用于清洁的各种化学物品统一存放，不得与水产品混放；

D. 加工区的清洁池不能混用，充分利用灭蝇灯，灭鼠器等除"四害"；

E. 鱼池、电子秤、包装机、冷藏（冻）库（柜）等设备都要安排专人负责清洁保养，主管不定时检查；

F. 严格遵守商品分斗分类存放，以防止食品的交叉污染；

G. 每日的垃圾应及时加以合理的存放，（如垃圾必须套垃圾袋，带垃圾盖），每日至少清理垃圾两次（早班下班前清理一次，晚班下班前清理一次），避免垃圾堆积而发出臭味和成为害虫的宿所。

（2）水产部员工卫生管理

1）个人卫生

A. 要求每天洗澡保持身体高度清洁，上班必须身穿公司规定的清洁的工作服（包括帽、鞋、围裙）防止头发，皮屑、灰尘、细菌等污染；

　　B. 工作期间禁止从业人员工戴手表、戒指、首饰，蓄留长指甲，长头发（以耳缘为准）；

　　C. 经常保持双手清洁，尤其在以下情况须注意：

●工作前；

●抽烟饮食后；

●从地上拾起任何物品后；

●以手蒙上咳嗽后；

●如厕后；

●手触及土壤和污染后。

　　D. 养成良好习惯不随时吐痰；

　　E. 工作场所禁止有食、饮、抽烟、咀嚼口香糖等行为；

　　F. 个人衣物要妥善放置，勿成死角；

　　G. 分割水产品时，尽量避免谈话；

　　H. 主管每日上班应对以上项目进行检查登记。

　　2）伤病者的管理

　　A. 每个员工都必须持有健康证才可聘用，每年应做身体检查一次；

　　B. 凡属传染病患者化脓创伤者都不可在加工区内；

　　C. 患有传染病或身体受伤，即向人事部门说明，以便调查；

　　D. 受不严重的非化脓性刀伤或擦伤人员应将伤口用防水绷布包裹，若伤在手掌或手指时应牢牢的包裹至手腕处。

第4章　生鲜运营工具篇

4.1　场地选址技巧

配送中心的选址是一件非常重要的工作，选址的好与坏，不仅对整个公司配送中心的发展起到关键的作用，同时也对整体公司业绩的提升有着很大的影响。一个高效的配送中心可以有效提升业务，就如同一支作战部队，好的战场可以大大提升员工的士气和战斗力。那么，如何选择一个好的配送中心地址，需要有一系列的数据、条件进行参考，下面就此展开论述。

4.1.1　环境要求

（1）地理方位

配送中心选址必须从整个城市的区位因素考量，要根据实际情况 （租金、交通、配送半径等）做具体参考。

（2）周边环境

必须要保证周边环境无污染源、无化工厂等容易造成污染的企业，这是必须达成的硬指标。

（3）配送半径

即指配送中心配送到各客户地址半径的平均值，这不仅可以有效提高配送效率，节约送货成本，同时也能大大提高配送的应急性，解决客户紧急订单的要货需求。一个好的配送中心，标准的配送半径要求达到30～50公里（大的城市可扩展到50～100公里），这也是投建配送中心的一项硬指标。

（4）城市规划

投建一个配送中心是一个重大的项目，为了规避投建带来的风险，必须要了解清楚该物业的城市规划，也就是该地段属于城市市政建设的哪个阶段，如果属于计划改建区域，就要放弃选址，开发区或城乡结合部区域为最佳选址。

环境评价指标：

● 第（2）（3）项必须满足。

● 满足4项以上，计5分。

● 满足3项以上，计3分。

● 满足2项以上，计2分。

4.1.2　仓库基本情况

（1）设计用途

最佳选址为仓库建筑，其次可以考虑厂房建筑。但标准仓库建筑平面面积较大，占地面积大，租金相对较高，并且建筑的数量较少，比较难于找寻。厂房建筑相对较多，比较容易找寻。

（2）单层建筑面积

不低于 600m² 佳，各公司可根据具体规模，考虑选择楼层数量，但一定要从底层开始。一般操作区域都尽量在底层，比如验收区、复核区等，存储区可以设定在楼上。要根据配送中心的规模确定楼层面积，因配送中心各个功能区划分较详细，因此建议单层面积至少不能低于 600m²。（如果是创业起步阶段为节约运营成本，也可以从 200 平方的配送中心开始，随着业务的增加再扩大场地）

（3）建筑平面结构

少立柱，且立柱分布均匀，无立柱为佳，标准仓库是框架结构，很少有立柱，但作为厂房来讲，尤其是楼房，立柱却必不可少，这就要考虑立柱的占比，如果立柱较多，不仅浪费使用面积，并且各个区域规划（包括垫板位置、货架位置，通道规划及宽窄等）都会受到影响。

（4）楼层数

不超过 4 层，可以根据各自的规模选择具体的楼层数量，一般以 2 层为最佳，底层做功能操作区，二层做仓储存储区。

（5）楼板承重

不低于 1000kg/m²。一定要求楼板的承重达标，这样才能保证商品存储安全。

（6）楼层举架高度

首层≥5m，第二层（含）以上≥3.6m，如果使用高架立体货架，就要选择层高较高的仓库，正常 3.6 米高的楼层，可以使用普通重型货架和中型货架。

（7）地面情况

耐磨耐压，不起尘，水磨石或金刚砂地面为佳，这是做仓库必备的条件，如果达不到要求，可以使用后进行地面装修。

（8）墙体、楼顶隔热情况

尽量选用水泥建造的楼房或仓库，这样保证墙体隔热效果好，选定楼房时，尽量避免顶层，因顶层夏季温度较高，即使加修隔热层，效果也不佳，这样不仅使工作环境变恶劣，同时也会增加制冷费用。

（9）窗户情况

要保证密闭防雨，以数量少、结构小为佳。

（10）仓库面积利用率

以 80% 为佳，尽量减少楼梯、辅助房间，立柱数量等。

仓库基本情况评价指标

●第（3）（4）（5）（6）（7）项必须满足。

●满足 10 项以上，计 5 分。

●满足 7 项以上，计 3 分。

●满足 5 项以上，计 1 分。

●满足 5 项以下，计 0 分。

4.1.3 仓库基础设施

（1）停车场

独门独院停车场，停车位不少于 5 个，最好入口、出口分开，保证出货、收货顺畅。

（2）装卸月台

必须有足够的长度，2 个以上最佳（收货月台和发货月台），每个月台长度以 40 米以上最佳，宽度以 4 米以上最佳（可以摆放 2 块垫板），高度以 1.1 米左右最佳。另外，一定要有雨棚。

（3）电梯

尺寸 3*3，不低于 2T 的载重量最佳，同时 2 部电梯最佳，一部做收货电梯，一部做出货电梯。

（4）水、电、通信情况

工业用电、消防用水、通信资源充足。

（5）配套办公设施

有配套的办公室、更衣室、休息室、卫生间等。

（6）配套生活设施

宿舍、食堂、商超等，或周边有方便员工吃饭的食堂及快餐店。

（7）温湿度设施情况

建筑结构要有排风口，配备有空调或取暖设备最佳。

仓库基础设施评价指标

● 第（1）（3）（4）项必须满足。

● 满足 6 项以上，计 5 分。

● 满足 4 项以上，计 3 分。

● 满足 3 项以上，计 1 分。

● 满足 3 项以下，计 0 分。

4.1.4 交通情况

（1）附近是否有城市快速通道

方便送货。

（2）附近是否有国道

方便送货。

（3）离高速公路的距离

方便送货，提高送货灵活性。

（4）离主干道的距离

方便送货。

（5）公交车线路

是否有多路公交线路，方便员工出行。

（6）公交站点距离

方便员工出行。

交通评价指标

● 第（2）（4）（5）项必须满足。

● 满足 5 项以上，计 5 分。

● 满足 4 项以上，计 3 分。

● 满足 3 项以上，计 1 分。

● 满足 3 项以下，计 0 分。

4.1.5 费用情况

（1）月租金价格

不高于当地水平。

（2）押金

不高于两月租金。

（3）物业管理费用

不高于当地水平。

（4）租赁发票

正规发票。

（5）水、电费用发票

单独装表，正规发票。

（6）电梯维护费用

签订维护保养合同。

费用评价指标

● 第 1 项和第 4 项必须满足。

● 满足 5 项以上，计 5 分。

● 满足 4 项以上，计 3 分。

● 满足 2 项以上，计 1 分。

● 满足 2 项以下，计 0 分。

以上 5 个大项，33 个小项，合计满分 25 分，如果能租赁到 20～25 分的厂房，就非常适合，可以做首选，不需要再去另外选址对比；15 分以上为合格，可以作为组建的对象，通过和其他选址进行各方面比对，再最后确定；其他低于 10 分几乎可以当即放弃。

不过，上述几个项目只能作为一个配送中心的基本条件，还要根据各个公司的实际情况来做最后的确定，比如公司规模、业务分布、配送规模、员工倾向等等。

目前，很多公司是总部职能部门和配送中心在一起，因此配送中心的选址就要更多考虑一层，比如职能部门人员情况以及对外业务交通等等。

此外，地域区分，如南方、北方地域的差距，以及气候的影响，对仓库选址也会带来不同的标准。北方的仓库要考虑冬季保温，不单是员工工作环境的温度，最主要是商品储存环境的温度，这就需要增加空调、取暖设备等。如果没有适宜的自然环境，就会造成养护压力及费用支出增加，因此北方仓库的选址一定要更加谨慎。

4.2　场地设计技巧

生鲜配送中心从场地选址到规划建设，后期会深远影响到生鲜配送企业整体的采配效率、商品品质、运营成本、业务拓展等方方面面。如何选址、如何科学合理的规划好生鲜配送中心的各个子仓库、功能区、作业动线等内容，下文将会以理论结合实例进行分析。

以下是我们结合自身经验，简单规划的一个常见600～1000平米左右的全品类生鲜配送中心场地平面参考图。我们可以从该图一一分析如此规划的思路和要点（如图4-1所示）。

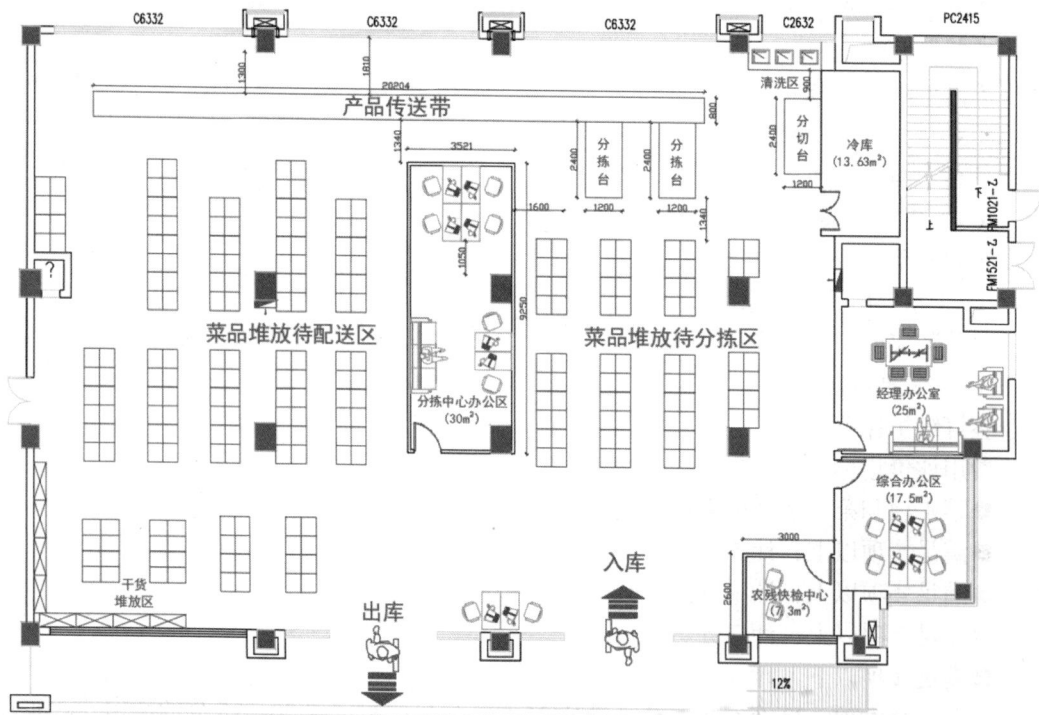

图4-1　常见600～1000平米左右的全品类生鲜配送中心场地平面参考图

4.2.1　整体区域的规划布置

首先，根据配送中心现有的业务量和未来的业务拓展计划，确定仓库大致的整体使用面积和未来可能拓展的面积大小；其次，根据现有的和未来要拓展的经营品类、作业类型决定仓库有哪些子仓库和功能区，以及根据各自业务量确定各自区域的面积分布；最后，要根据所有（主要的）作业动线，合理规划各子仓库、功能区的位置安排，保证作业效率的最大化，最终形成草图（如图 4-2 所示）。

图 4-2　整体区域的规划布置

　　这里还有一个要关注的就是每个子仓库、子功能区之间和内部功能区根据作业的实际情况，要规划好出入口，核心原则是避免出入口同时作业造成的堵塞。整体规划图完成后，最好要贴于大门处，以供工作人员和相关人员知悉。

4.2.2　主作业动线的规划

　　仓库布局与作业动线有非常大的关系，专业的仓库设计需要模拟各种作业流程和工作量，经过详细计算后得出仓库布局的合理性。首先我们假设 4 种主要（作业频次高）的作业动线（实际的作业动线类型可能更多，真正在设计的时候需要列出所有可能发生的作业动线，并分析这些动线的作业频次和行走距离）：

　　（1）加工类产品收货后按客户分货：

　　收货计重\质检——商品加工\包装——称重贴标——按客户分货——出货装车

　　（2）非加工类产品收货后按客户分货：

　　收货计重\质检——称重贴标——按客户分货——出货装车

　　（3）库存商品按客户分货：

　　收货计重\质检——产品入仓——产品出仓称重贴标——按客户分货——出货装车

　　（4）库存商品按订单拣货：

　　收货计重\质检——产品入仓——按订单拣货称重\计数出仓——拉至待发区——出货装车

以图 4-3 为例，根据以上四种主要作业动线，我们在规划的时候就可以针对性的设计从收货区到出货区、各仓库位置的布局。首先针对第一、二种频次最高的作业动线，我们可以设计两个收货口，保证加工与非加工产品在各自的收货区域完成收货后，都能第一时间就近进入到下一个作业区。

其次，参照第三、四种作业动线，各仓库先根据储藏货品的出入库频次，按从高到低的原则来排列离收货口的距离，最大化提升整体作业效率，同时设计时要注意出库后能第一时间就近进入下一个作业区（称重贴标区）。

接下来在称重贴标和分货区，要按照行走距离最短的原则，规划设计好整体面积、设备布局（建议可用方形，集货点居中：面积的利用率和行走距离才能最优化）。

作业动线的最后一个环节就是出货，因此出货口一定要靠近商品待发区，并注意出货口不要和入货口同用一个，各区域和仓库作业都要预留通道，才不会造成作业堵塞。

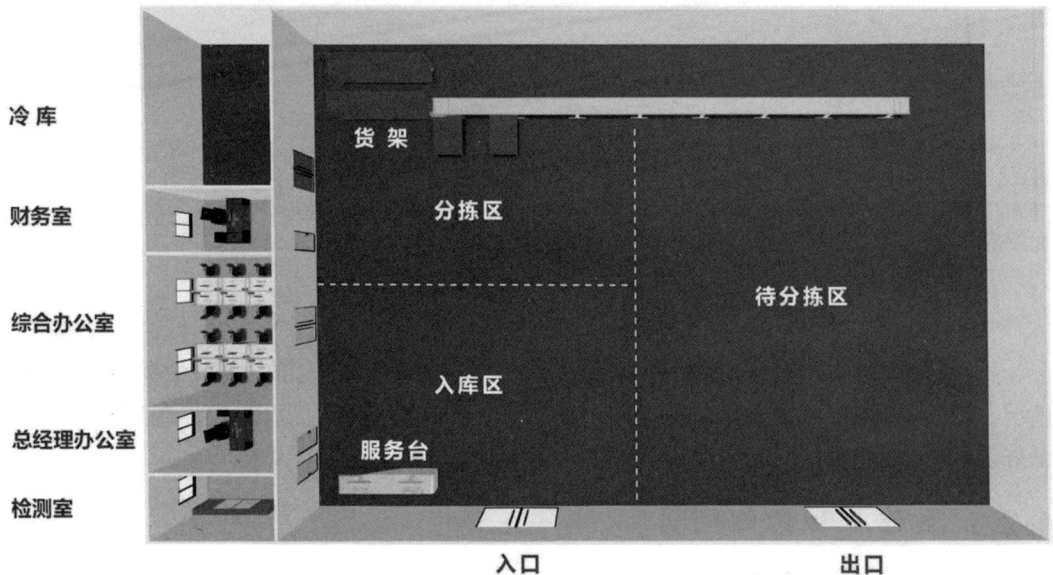

图 4-3　菜东家通渭冷链物流配送中心平面布局图

4.2.3 各子仓库的规划

（1）冻库、冷库

如果有储藏冷冻肉品的需要，那么一般需要规划一个零下 18 度的冻库，可供冷冻的肉类、水产类储藏使用。果蔬的储藏量比较大的话，为保证品质，也最好规划 2 个温度区，像叶菜类、菌类，多数适合保存的温度是 0 度，根茎类的多数适合保存的温度在 5 度左右，水果的保存温度根据品种差异巨大，建议在冷库门口贴上各种果蔬的保存温度、天数（冷冻天数也会影响到品质），以供仓库管理人员入库、保管的时候对照入仓和管理。

各种蔬菜水果的适宜储藏温度温度以及储藏的时间具体见表 4-1。

表4-1 各种蔬菜水果的适宜储藏温度温度以及储藏的时间

	瓜类（温度可均控制在8对左右）			
	品种	储藏温度℃	储藏湿度%	储藏时间
高温储藏	南瓜	10℃～13℃	85～95	2周
	冬瓜	10℃	85～95	1周
	佛手瓜	7℃	85～95	4周
	丝瓜	5℃～8℃	85～95	1周
	苦瓜	5℃～8℃	85～95	3周
	黄瓜	8℃～10℃	85～95	1周
	绿叶菜类			
	品种	储藏温度℃	储藏湿度%	储藏时间
低温储藏	菠菜	0℃～2℃	90～95	7～10天
	椰菜	0℃～2℃	90～95	7～10天
	香菜	0℃～2℃	90～95	7～10天
	花椰菜	0℃～1℃	90～95	7～10天
	大白菜	0℃～1℃	90～95	20～25天
	芹菜	-2℃～1℃	90～95	90～100天

（2）常温库（生鲜）

根据不同季节、时间仓库所在地的室内温度，也可以利用起来放置一些产品，节约冻库\冷库的空间和能源，甚至加上一些简单的风机、风扇、加湿机等设备，最大化利用原有场地低成本储藏商品。

（3）标品库

标品库指配送商品内可以用条码管理的标准商品，可以是计数商品，或是称重商品，常见的如各种调味品、干货、包装食品等，这里为方便拣货，不建议分太多子仓，除非涉及各类非食品的百货用品才要分开仓库储藏（如一些化学洗涤用品气味可能会影响到食品的储藏）。标品库多数可用货架的方式来管理，固定住商品的库区库位（贴上商品条码信息标签），这样就可以使用条码采集器（PDA）进行方便快速的日常仓库管理（盘点、出入库、查仓等）。另外，如果存在货量较多的不同批次的产品，也需要在货架上按不同批次的商品贴上批次日期，方便货品的先进先出。

（4）耗材\行政库

该仓储主要存放非配送类的货品，可包含包装耗材、行政用品、机械、设备等等，主要满足配送中心日常运营配套的一些耗材、办公用品等物品的存放。根据实际情况需要可进一步按货品的分类、完好程度、存储量细分该类仓库的子区域。

4.2.4 各子区域的规划

（1）收货区

收货区内一般还可以分为卸货区、待验区、已验区，不合格货物的可拉至退货区；收货区高度为保证与一部分车辆的车厢平行，还可以在规划设计的时候将地面垫高，方便平行卸货，具体的区域布置和面积大小可根据作业的实际情况和单位时间货量进行规划。收货区的户外停车位的数量要根据业务量做好预备，并合理规划好行车通道，避免堵塞。

（2）中转区\退货区

在收货区的附近，我们还可以设计一个中转区\退货区，一方面，收货不合格或者有疑问的货可以拉到该区域，退货给供应商的可直接拉走；另一方面作为中转区，如不同仓之间的中转货物暂放，或者无需分拣即卸即走的货物，可以放置到该区域，具体的区域布置和面积大小也根据作业的实际情况和单位时间货量进行规划。

（3）加工\包装区

生鲜配送中心的商品，根据业务的不同和客户的要求，往往需要进行各种加工和包装，我们先来说加工：从简单的蔬菜切根去皮、杀鱼去肚粗加工（A进A出），到深度的卤煮、包子生产等（多进多出），现场的温度控制、设备、用水排水、人员要求、环境要求完全不一样，所以这里应该根据自己和未来业务发展的实际情况，合理的规划该区域，商品包装的业务作业区域规划也是同理。

图4-1仅仅是针对一般中小型生鲜配送仓库的商品粗加工规划的临时区域而已，同时在该区域，还要规划好作业时耗材的存放位置，方便拿取，同时对于加工或者包装产生的废弃物，要根据废弃物的种类规划好相应的区域、容器或者排水渠。对于类似中央厨房类的净菜加工区，有更严格的要求。

（4）称重贴标区

一般采用播种式（按客户分货）分拣的配送中心，可以设计称重贴标区域，收货、加工包装后或从仓库出库后的生鲜商品，都可以直接进入该区域，根据不同的客户和不同要货量，进行称重贴标（标签一般包含客户名称、编码、实拣量等信息），然后通过传送带（或者直接人工拉送）到下一个分货区，按客户进行分货。可依据作业动线，在进入该区域的前一个区域接壤处设置移动\非移动的称重设备，设备配置和数量根据商品品项、单位重量、业务量来决定。称重贴标完成后的商品，也可以规划一个待分区（待人工拖走去分货区）放置，也可以直接放置到传送带上传输到分货区分货。

（5）分货\待发区

不管是播种式（按客户分货）或摘果式（按订单拣货）的商品，最终都要按客户放置到相应的货位上，以方便按客户装车发货，这个区域一般称为待发区。各客户的货位上一般采用客户名称或者编号标注（根据经验以编号标注在分货的准确率上更高），名称或编号可以用吊牌、立牌等方式呈现，客户货位也建议使用标准卡板，有利于使用器械移动，货品建议可使用中转筐装置，既方便堆垛又节省放置空间和避免挤压。

货位布置的方式，常见的有以下三种，具体应用以实际业务和场地为准：

（6）发货区

发货区内一般还可以分为待验区、已验区、装车区，若发货前发现商品质量或数量有差异，在待验区可及时更换或增加商品；发货区与收货区一样，为保证高度与一部分车辆的车厢平行，在规划设计的时候可将地面垫高，方便平行装货。具体的区域布置和面积大小可根据作业的实际情况和单位时间货量进行规划。发货区的户外停车位的数量也要根据业务量做好预备，并合理规划好行车通道，避免堵塞。

（7）办公区\检测室

办公区的规划除财务室需考虑安全性和预留对外单据窗口（如司机领取配送出库、供应商对账单），其他功能区域可根据实际需要设置及分配大小，常见的办公区域如：前厅、招待\会客室、办公区、会议室、总经理室等。考虑到生鲜配送中心多数必须设置检测室\实验室，所以也要给予预留空间，其可以紧挨办公区，方便实验检测人员快速进入。

在众多的仓库加工、分拣等作业区域附近，还需要设置休息区、茶水间，方便大量体力工作的员工休息或者补充食物、饮水。

（8）员工宿舍

员工的宿舍尽量不要安排在配送中心内部，容易产生管理漏洞和造成不必要的监管推诿，建议设置在配送中心附近，既有利于管理、方便员工上下班，同时员工的正常生活也不会和配送中心互相影响。

总结：以上仅以一个中小型的全品类生鲜配送中心为例进行规划分析，并借此提出一些配送中心规划的理论和要点。实际的生鲜配送中心规划要更加的复杂，需要结合客户的实际情况及未来规划，收集各种业务和数据，经过科学缜密的计算来布置各区域、仓库的位置、面积和内部功能。只有把配送中心的布局规划好，才能为配送业务更好更快的发展打下扎实的基础。

4.2.5 场地设施设备

（1）办公设备的日常使用与维护管理

办公设备包括计算机及附属设备、网络设施、电话机、复印机、传真机、考勤机、音响及附属设备、投影仪等专用于公司办公、开会及培训所用的资讯设备。

职责所属：

已下发的办公设备，由使用人负责该办公设备的日常维护与保养。

未划分责任人的办公设备，由领用部门负责人指定人对办公设备进行日常维护与保养。

各部门负责人负责办公设备的申购，供销部门负责办公设备的采购，人事行政部负责与办公设备维修保养单位的联络及日常管理等工作，设备工程部负责制定报废认定程序等。

办公设备的使用与维护：

计算机及附属设备由使用人负责保管，除电脑工程师外，任何人不得私自拆开计算机及附属设备、更换配置、随意搬离办公地点。若出现人事变动（调岗、离职等），办公设备交接参照公司《员工入职、离职管理制度》执行。计算机使用人要负责所使用的计算机及相关设备始终处于整洁、无灰尘的状态。在工作时间内不得做与工作无关事情，禁止在计算机上安装各种游戏。人事行政保卫部门对上述违纪现象须作定期或不定期抽查，并对违纪行为作出处罚建议，交主管部门执行。

接收 e-mail 的时，须使用杀毒软件彻底查收邮件无病毒后，才能打开邮件以免带入病毒影响公司计算机网络。

禁止私自更改计算机的 IP 地址，以免影响网络上其他计算机的正常工作。

电脑使用人在利用网络给其他员工共享文件必须设置密码，以免被他人给破坏。

电脑使用人须遵守公司的保密规定，电脑信息属公司机密，不得向公司外部人员泄露。

电脑使用人不得有意破坏电脑硬件设备，若经发现、核实后，照原价进行赔偿。

电脑使用人在关机时，不得强行切断电源进行关机，应按操作规范进行关机。

计算机使用人要做好日常数据备份工作，坚持做到数据备份，重要文件资料可以备份到软盘。如有特殊要求，可以把季度或年度的资料汇总做成光盘作永久性保存。

打印机的日常使用中，色带、墨盒用完时需及时更换，更换时须严格按操作说明操作。

电话机、传真机、复印机、音响及附属设备、投影仪等办公设备的使用与维护。以上办公设备操作，详见使用说明书，出现故障须通知专业人员维修。若在使用过程中出现人为损坏，经发现和核实后，须照原价进行赔偿。

（2）仓储设备的日常使用与维护管理

仓储设备：普通仓库、冷藏仓库、垫板、货架。保质期较长的生鲜产品可以放在仓库预先储存，而对于商品需要使用货架来进行分类存放。

职责所属：仓储设备由公司仓储部负责管理工作，生鲜品控部负责检查和监督。

仓储设备的使用与维护：

冷藏库温度要求≤-18℃（温度波动≤±1℃）；鲜品库温度控制在0℃～4℃，鲜品库湿度控制在75%～84%。每月冷库至少一次除霜、除冰工作，以保证库温，同时库管做好相关记录。

库内垫板要保持清洁卫生，不得有霉斑；鲜品库不得使用木质垫板。所有工作人员进出库要随手关门，不得随意打开库门，以减少温度波动确保库温处于最佳状态。

仓库要做好五防工作：防尘、防火、防盗、防潮、防暑。

保持商品离地面和墙壁有一定的距离，保持空气流通，保持干燥避免阳光直接摄入，保持所需湿度和温度，定期对仓库进行清洁工作。

（3）运输设备的日常使用与维护管理

运输设备：前移式叉车、电动托盘搬运车、电动堆高叉车、手动液压搬运车等设备。

职责所属：运输设备由公司生产部负责管理工作，生鲜品控部负责检查和监督。

运输设备的使用与维护：

1）电动叉车

● 操作前检查启动、转向信号、电频电路、货叉、轮胎等使之处于完好；

● 开动叉车前环视四周及叉车后方，并鸣喇叭；

● 行驶过程中注意行驶方向的行人或危险，了解摆尾的距离，转弯前确认摆尾区域无物，以免使人受伤；

● 脚踩踏板一定要踩到位，避免刹车片过早磨损；

● 原则上不允许坡度大于15%的长坡上使用叉车。

2）电动托盘搬运车

● 装卸作业时，严禁调整机件或进行检修保养工作；

● 启动时保持适当的启动速度，不应过猛，在行走过程中，不允许波动方向开光而改变行驶方向，改变运行方向时等车完全停止后操作，以防烧坏电器元件和损坏齿轮；

● 行驶时，严禁高速急转弯行驶；在潮湿或较滑路面上行驶，转向应减速；

● 严禁载人运行，严禁超载作业，货物中心应与车体中心在一条线，不允许偏载；

● 在搬运大体积货物时，货物挡着视线，应倒车低速行驶。

3）手动液压搬运车

●手动液压搬运车不允许重载长期静置停放物品；

●手动液压搬运车有相对转动或滑动的零件应定期加注润滑油；

●严禁将货物从高处落到手动液压搬运车上；

●移动液压车时需要慢行，注意脚轮压脚，多人操作时统一指挥。

4.3　企业 VI 设计

4.3.1　企业 VI 设计

　　企业 VI 设计是企业形象识别系统设计的简写，它可以将公司的绝大多数主题内容通过整合设计，并通过风格统一，可以为企业形象宣传企业品牌保证充足的方便快捷，可以让一部分转变成为能看得见，将公司的核心理念与文化艺术融为一体其中，展现出一个拥有唯一性的企业品牌形象，为公司的营造独具特色的识别性。

　　例如菜东家公司 logo 与中英文标准字组合规范：　logo 与标准字的组合，是企业视觉识别系统最基本元素的规范组合。为保证企业视觉识别系统对外的一致性，企业 logo 与企业标准字体的各种组合，包括位置、距离、大小等标准均做了详细的规定，以建立各种基本设计要素的组合形式，并使其标准化。请严格遵守 logo 与中文全称二者间相互位置及比例关系，不得随意更改（如图 4-4 所示）。

图 4-4　菜东家公司 logo

4.3.2 墙体宣传

企业墙体宣传可以彰显企业的实力，是一种强有力的直接宣传方式，让人对企业留下深刻印象；对内，企业文化墙也是提升员工企业凝聚力的一种方式，让企业文化真正深入人心。企业文化墙是企业文化建设的一把利器。

4.3.3 生鲜运营中心业务画册

一本好的宣传画册对内要激励员工，凝聚力量，赋予员工由衷的自豪感和归属感，对外则要展示企业实力，树立企业品牌，俘虏受众，征服客户。宣传画册不是艺术品，而是营销之利剑，品牌之标杆。画册的设计必须整合公司的文化、理念，是一个将公司形象具体化的过程。

4.4 生鲜运营中心员工手册

4.4.1 员工手册的意义

"员工手册"是企业规章制度、企业文化与企业战略的浓缩，是企业内的"法律法规"，同时还起到了展示企业形象、传播企业文化的作用。它既覆盖了企业人力资源管理的各个方面规章制度的主要内容，又因适应企业独特个性的经营发展需要而弥补了规章制度制定上的一些疏漏。

站在企业的角度，合法的"员工手册"可以成为企业有效管理的"武器"；站在劳动者的角度，它是员工了解企业形象、认同企业文化的渠道，也是自己工作规范、行为规范的指南。特别是，在企业单方面解聘员工时，合法的"员工手册"往往会成为有力的依据之一。

《劳动法》第二十五条规定的用人单位可以随时解除劳动合同的情形中包括"严重违反劳动纪律或者用人单位规章制度的"，但是如果用人单位没有规定，或者规定不明确，在因此引发劳动争议时，就会因没有依据或依据不明确而陷入被动。制定一本合法的"员工手册"是法律赋予企业的权利，也是企业在管理上的必需。

《劳动合同法》和《劳动争议调解仲裁法》相继颁布，出于保护劳动者的立法宗旨，对企业的人力资源管理提出了更高的要求。因此，从调整企业人力资源管理理念，提升员工关系管理水平，避免劳资冲突，建立和谐的劳动关系等各方面来讲，根据企业规模、经营管理特点、行业特点、用工方式及种类，量身打造精品员工手册对于企业的成长和发展至关重要。

4.4.2 员工手册的内容框架

（1）手册前言

对这份员工手册的目的和效力给予说明。

（2）公司简介

使每一位员工都对公司的过去、现状和文化有深入的了解。可以介绍公司的历史、宗旨、客户名单等。

（3）行为准则

一般包括礼仪守则、公共财产、办公室安全、人事档案管理、员工关系、客户关系、供应商关系等条款。这有助于保证员工按照公司认同的方式行事，从而达成员工和公司之间的彼此认同。

（4）任职聘用

说明任职开始、试用期、员工评估、调任以及离职等相关事项。

（5）考核晋升

一般分为试用转正考核、晋升考核、定期考核等。考核评估内容一般包括：指标完成情况、工作态度、工作能力、工作绩效、合作精神、服务意识、专业技能等。考核结果为"优秀、良好、合格、延长及辞退"。

（6）员工薪酬

员工最关心的问题之一。应对公司的薪酬结构，薪酬基准，薪资发放和业绩评估方法等给予详细的说明。

（7）员工福利

阐述公司的福利政策和为员工提供的福利项目。

（8）工作时间

使员工了解公司关于工作时间的规定，往往和费用相关。基本内容是：办公时间、出差政策、各种假期的详细规定已经相关的费用政策等。

（9）行政管理

多为约束性条款。比如，对办公用品和设备的管理、个人对自己工作区域的管理、奖惩、员工智力成果的版权声明等。

（10）安全守则

一般分为安全规则、火情处理、意外紧急事故处理等。

（11）员工岗位职责

使员工了解公司组织架构，部门职能工作。

（12）手册附件

与以上各条款相关的或需要员工了解的其他文件。如财务制度、社会保险制度等。

4.5　分拣中心物品清单

为业务做好服务支撑是合理购置物品的基础，不能盲目购买更不能因节省些成本而减少购买，或购买不合适的物品。对于生鲜配送来说，除了大的设备像冷库、车辆、加工机械等投入，还有很多虽不起眼却可以助力我们工作的工具。

（1）分拣设备

触摸屏分拣电脑、蓝牙智能称、针式打印机、激光打印复印一体机、热敏条码打印机、

分拣一体称、分拣工作台、分拣传送带、蔬菜捆扎机等;

（2）耗材

小票打印纸、A4 打印纸、三联打印纸、食品包装袋、捆扎耗材等;

（3）存放工具

卡板、菜框、货架等;

（4）配送工具

小推车、手动叉车、电动叉车等;

（5）清洁工具

垃圾桶、扫把、拖把、水桶、抹布等。

分拣中心物品清单表见表 4-2。

表 4-2　生鲜配送分拣中心物品清单表

序号	品名	规格/型号	用途	网络定价	预计数量（50 个客户）	图片
1	富士通 DPK800 DPK810 DPK810P 平推式证件票据高速针式打印机	BP-750K（参考）便宜的打印速度慢,建议用此品牌	配送三联单打印	2000	2	
2	蓝牙智能称	TCS-500KG 台面（50*60）	入库称重	1800	2	
		TCS-400KG 台面（40*50）	地上分拣	1600	2	
		TCS300KG 台面（30*40）	台面分拣	1200	2	
3	A4 打印机复印机扫描一体机	无限制打字复印一体机	采购单打印及日常文件打印		1	
4	佳博热敏式条码打印机	GP-3120TL	分拣小票打印	370	4	
5	分拣工作台	长 2.4 米　宽 1.2 米　高度 0.75 米	分拣用	860	2	
6	触摸屏电脑	15 寸电容触摸一体机全封闭防尘后盖配置:J1800 主板,双核 2.41G, 4G 内存, 64G 固态硬盘,信步主板,USB 接口 6 个,串口一个,并口一个,网口一个, PSkB 接口一个	入库、分拣　触摸分拣用,电容屏为好,电阻屏有水不好使	2050	4	

续表

序号	品名	规格/型号	用途	网络定价	预计数量（50 个客户）	图片
7	卡板	1200*1000*140	商品摆放	86	40	
8	13#菜箩	710*492*375（带耳环）	商品装框配送	65	40	
9	23#菜箩	690*480*370（带耳环）	商品装框配送	59	30	
10	B4#箱	410*305*147	商品装框配送	12	20	
11	超静音平板小推车	88*58（参考）	大宗商品运输	270	2	
12	手动叉车	3000KGS	大宗商品运输	1250	1	
13	垃圾桶（大）	中号	分拣垃圾	65	3	
14	食品袋	20*30 25*35 30*35 35*45	分拣蔬菜装封	18~25	常备	
15	蔬菜捆扎机	无限制	蔬菜扎口机	18	3	
16	木夹板	A4	配送单、食堂信息	2.5	40	
17	传送带（规模配备）	带宽>200mm	分拣商品运输	（视情况添加）		

续表

序号	品名	规格/型号	用途	网络定价	预计数量（50个客户）	图片
18	货架	不限制	调味品放置	110	（视情况添加）	
19	刀具	不限制	分拣使用	100	2套	
20	三联打印纸	三联 二等分和三等分各备			一箱	
21	打印标签纸	注意：□规格： 40*60 横版 要常备，不要买错了，注意规格。			一箱	
22	分拣一体称	应对停电停网，可装 4G 网络、自带电池。Intel Bay Trail J1800 双核 2.41Ghz / 4GB DDR3 或以上可选扩展升级 64GB 固态硬盘 或以上可选扩展升级 15 寸液晶带触摸屏（分辨率 1024*768）58mm 热敏打印机或 108mm 标签打印机 62*8mm 可视 LCD 5 位重量显示 1*LVDS；1* 前置音频插针；DC12V5A（带 30Ah 锂电池组）		6900	2	
23	电动托盘搬运车	西林 1.5T 轻型锂电池搬运车	货物搬运	5900	1	

4.6　生鲜 ERP 管理软件

4.6.1　如何选择生鲜 ERP 管理软件

在 2020 年疫情的助推下，生鲜配送行业已经成了一个非常热门的行业，随着进入这个行业的创业者越来越多，生鲜经营者面临的竞争压力也越来越大。要做好生鲜配送，就要有一个良好的生鲜配送系统做支撑。

好的生鲜配送系统，不仅可以帮助企业提高管理效率，还可以缩短配送的时间，降低因为配送过程中的人为因素，造成不必要的成本。企业想要发展，一定要配备一款适合自己的生鲜配送系统。那生鲜经营者想上一套适合自己的生鲜配送系统一般需要多少钱？选择的时候都要考虑哪些方面？

（1）价格

不同的生鲜配送系统，价格都不相同，便宜的可能就需要一两万元，贵的可能就需要十几万元。市场上的生鲜配送系统有很多，很多企业、商家都不知道如何选择，毕竟一个配送系统的价格并不便宜，需要不小的支出。面对价格相差这么多的系统，如何选择，需要企业我们认真思考。

（2）结合自身实际

选择生鲜配送系统时一定要结合自身实际。配送系统的模块很多，功能也很丰富，有着不同的版本。比如就分标准版和专业版。标准版是商家通用的版本，就足够支持大多数商家使用。有的商家实力强大，希望有更好的发展，对配送系统要求更高，就可以使用专业版或定制版，功能更为强大。

（3）多进行比较

生鲜配送系统一般多少钱？一般都在万元以上，有的系统价格能达到 10 万元以上。因此选择配送系统一定要慎重，如果没有选择好合适的系统，这么大的一笔支出，就会严重影响经营者的利润。创业者一定要多做市场调查，了解同行都用哪些系统软件，多比较，选择适合自身的系统。

（4）良好的功能

选择生鲜配送系统时，一定要对其功能模块有充分的了解，各种功能齐全，才能充分发挥智能系统的作用。比如订单管理、智能分拣、成本核算等功能都是配送系统最基础的功能。这些功能齐全，使用简单方便，才能充分提高生鲜配送效率。选择配送系统，要了解自身需要哪些功能，这样选择才有针对性。

（5）比较服务质量

对于生鲜配送系统，不能只关注价格，更重要的是要比较服务质量。配送系统各方面做的都不错，在使用过程中才不会轻易出现问题。如果贪图便宜，选择的配送系统经常出现问题，会严重影响配送效率。配送系统服务质量好，及时进行功能升级，时刻跟上时代的发展，有助于企业提高自身竞争力。

（6）系统研发公司是否会自己使用

市场上研发配送系统的公司非常多，但你可以关注一下，这些研发公司有多少家是自己在使用的，而不仅仅是在市场上出售。懂研发的团队很多、懂生鲜运营的也很多，同时具备研发与运营的团队实属凤毛麟角。菜东家正是技术研发与生鲜运营同步壮大的发展之路，在成立研发团队之初公司就制定了必须先由自营配送公司使用再向市场推出的营销策略。所以菜东家的研发团队也是从熟悉的工作场景中，贴合客户实际需求不断的升级迭代，自用就是给客户最好的展示。

4.6.2 生鲜 ERP 管理软件的特点

（1）理解生鲜配送企业日常的难点

生鲜配送企业每天都会面对的难题：

1）商品管理难：生鲜类非标商品管理难，商品品名难统一，一个商品就有多种叫法，一个叫法又有多种品质，管理商品全凭老板的经验，老板不在全乱套。

2）定价难：生鲜市场价格波动频繁，每天改价痛苦万分。针对不同的客户属性又要设定不同的报价，让报价更是难上加难。

3）上手难：生鲜行业招人难，好不容易招来了人想教都不知道怎么培训，全靠员工自学成才，上手时间太长，学会了也快离职了。

4）接单难：微信、电话接单、图片菜单、手写菜单等等五花八门，容易看错、听错、写错。

5）汇总难：每天人工汇总商品需求，耗时耗力，容易错漏。采购单更是漏洞百出，错单漏单只能反复购买，让采购人员苦不堪言。

6）协作难：岗位之间每天对接单据，既费时，又容易丢失，存放之后，查找也十分困难。

7）分拣难：每天要打印分拣单，分拣员称重、填写斤两，既耗人工，又容易出错。

8）算账难：每天、每月产生大量单据，核对统计繁杂琐碎，算账、做报表困难重重。

9）管理难：各种数据不及时、不精准，损耗高，责任不明确，做事效率低，人工成本高。

4.6.3 ERP 管理系统助力生鲜企业的管理

核心功能：全流程助力生鲜企业提升效率

包含从商城、订单、采购、分拣、库房、配送、财务等生鲜核心各板块的管理体系智能化，全流程提升人效！

（1）商城全渠道，企业获客下单更简单

架构：菜东家商城打造"微信小程序+微信公众号+App"的全渠道覆盖。同时还有 PC 端的全渠道占领，提升企业获客能力！"客户的时间在哪，我们就出现在哪"。

商城：菜东家 UI 设计师针对商城界面进行合理构架，专业打造"生鲜商城"，企业还可自定义商城颜色。"商城是企业形象的展示窗口"。菜东家致力于帮助生鲜企业，树立品牌形象。从系统商城界面到操作，便于用户，提升下单效率！

营销：随着节日营销的普及，B 端生鲜配送企业也可趁势营销，提升客户活跃度与复购率！菜东家打造整套营销体系，包含限时抢购、优惠券、积分商城、满减满增等多种营销方式。助力企业，用营销驱动业绩增长！

（2）双端便捷采购，询价报价提升利润！

"采购环节是最影响生鲜配送企业营收的因素。"生鲜企业采购做得好，省下来的每一分钱都是纯利。菜东家通过完整采购流程，采购员可通过采购端，分配、管理采购任务，灵活进行采购。同时为生鲜配送企业配备供应商管理端，实施同步配送单，还可由供应商代分拣、送货。菜东家通过供应商端，新增询价报价功能：企业针对采购商品，可以发给不同的供应商进行询价、供应商进行报价。企业可根据方案，选定性价比最优的供应商进行采购。一切通过系统快捷操作、迅捷反应。一键防腐败，多方比价提升利润！

（3）智能分拣降人力，一键操作提效率！

分拣员如何傻瓜式操作分拣业务，提升企业分拣效率，节省50%人力成本？菜东家推出智能触摸屏+导航式+图片分拣模式：通过智能分拣秤+一键录入商品信息+自动打印标签，完成分拣环节的所有系统操作。分拣人员通过智能分拣模式，可大大降低分拣出错率，有效减少客诉。责任明晰，后续可奖励到岗、可追责到人。同时支持固定分拣台流水线分拣+移动分拣模式。助力企业灵活分拣，操作更便捷！

（4）精细化库存管理，库房数据随心查看！

生鲜产品如何做好库房管理？如何做到规范化、高效运作？菜东家打造掌上库房App，企业管理者实时掌握库房动态。在进行库存操作时，可多人协同，进行移动作业。库存商品一物一码，支持扫码收货、扫码入库、扫码盘点，库存统计不出错，商品入库更简单。商品多批次管理，库房数据更精准！企业可以从商品的"保质期"出发，根据"先进先出"的原则，规范商品的出入库，保证了商品流通的可追溯性。支持一键多批次出货，发货更简单。

（5）地图可视化排线，司机配送更迅捷！

客户总嫌送货慢，司机抱怨路线有问题，如何才能达到最优配送效率？菜东家在系统-物流配送体系中，具有多场景排线功能，在地图排线模式下：企业员工可以通过地图，直接选取客户，进行可视化的物流排线。以菜东家合作客户为例，2000家配送客户，通过地图排线只需要1位员工，30分钟即可处理所有排线规划。同时，为生鲜配送提供专属司机App，支持司机点货专车、按照规划路线轻松导航，商品送达实收变更。轻松处理售后收款，效率更高更便捷！

（6）多功能报表集合，财务数据精细化管控！

生鲜产品"下单时一个价（商城价）、采购完一个价（采购价）、净菜后一个价（损耗）、送完货抹零又是一个价（实重）"，各个环节如何进行财务计算？菜东家通过完整的财务体系，理清企业内部财务情况。利用互联网化运作优势，实现数据可追踪、账目清晰，减少生鲜财务人员工作量。在商品毛利报表的基础上，推出进销存报表、损耗报表。企业可查看商品的期初库存，入库、出库、期末库存等，以及生鲜流通各环节的损耗数据。避免应账务不清，造成欠款烂账！

4.6.4 科技驱动运营：赋能生鲜配送转型产业互联网

从数据大屏"生鲜数据大脑"全数据管理分析，到农残检测数据监控、农产品溯源系统、资金结算服务等为生鲜配送企业提供强劲动力！

（1）生鲜大脑，立体化展现企业经营数据

菜东家"生鲜大脑"，通过对客户分拣进度、商品分拣进度、运营数据、分类销售数据、商品贡献率等进行统计展示。能够准确而高效、精简而全面地传递企业运营情况。促使生鲜企业的决策从"业务驱动"转变"数据驱动"，实时掌握决策风向标。

（2）溯源升级，助力农产品安全流通

国家质量监管总局对农产品质量安全，扩大追溯对象，落实追溯主体，明确追溯依据，严格法律责任。菜东家应用先进的物联网、一物一码等技术，搭建了农产品安全溯源系统。"为每一份农产品制作独一无二的溯源档案"。

菜东家 ERP 管理系统可以助力生鲜配送企业，打造全面展示自身品牌实力、营销优质农产品，让客户放心购买产品的信任利器。每个送到客户手中的农产品上面的小票上都会有二维码显示，客户扫描二维码之后，可以看到完整的农产品溯源信息。（包含溯源编码、商品信息、农产品农残检测报告、农产品流通许可证、采购信息、分拣信息、下单数量和实际重量信息）。

（3）财务报表，用财务数据助力企业增长

忙活一整年，每到年底，其他的配送企业只能算个总账，无论是挣了还是亏了数据都是一锅粥。挣了想知道挣在哪里，亏了更想知道亏在哪里？不然下一年的努力方向又要老板凭感觉了。试想一下，如果生鲜配送企业可以全方位快速的做各项数据分析，比如单个客户毛利率、单个商品毛利率、客户投诉率、分拣时效率、员工人效率、客户流失率、商品采购波动率等等，会带来怎样的效应？相信我们会根据各项数据重点部署下一步工作安排，将公司利润与品牌等做到双向提升，助力企业更快增长！

（4）分仓管理，连锁门店客户自主下单

菜东家 ERP 生鲜管理系统，具有分仓管理功能，满足生鲜配送企业，分仓管理的需要。

（5）平台接口开放，菜东家可互联世界

菜东家深耕行业多年，与数千家企业合作。在企业的运作过程中，很多大型企业都拥有自己的财务系统、CRM 系统、门店系统、ERP 等多套管理系统。内部管理系统都需要和菜东家 ERP 管理系统对接，相关数据进行互联互通，以更好的实现企业信息化的全流程全方位的信息交互，立体化的视角来管理企业的信息和数据。菜东家开放平台，提供了互联互通的桥梁。企业的系统都可以与菜东家生鲜供应链系统进行互联，如第三方用友、金蝶等财务软件、餐饮管理系统、零售收银系统进行对接。打造强大的生鲜供应链开放生态！

4.6.5 全线业务赋能：行业深耕拓展企业增长引擎

强劲动力：为生鲜配送企业持续拓展，菜东家的 ERP 管理系统提供多城市分仓功能、净菜加工版块、学校营养餐解决方案。每一个模块的完善，都是为解决生鲜配送企业，内部运营的痛点和难点，提高企业的效率，更好的将生鲜农产品送达客户手中、服务好客户。

（1）多城市系统，集团管理连锁经营！

随着本地市场竞争激烈，生鲜配送企业如何向外拓展？菜东家顺应合作伙伴发展形势，重磅推出多城市运营方案：生鲜配送企业可以通过菜东家系统，以本地作为总城市，扩展城市作为子城市，在多个城市同时展开自营业务，或者以连锁加盟方式进行运营。通过业务的复制扩张，企业可以降低项目启动成本，在实际运营中，通过采购规模化、配送集约化，迅速抢占市场，可以极大提升企业利润。助力企业市场拓展，迈入增长扩张的良性循环！

（2）学校营养餐，营养计划正式"开餐"！

菜东家推出套餐管理功能，针对学校营养餐客户群体量身打造，学校人员只需要确认每天食堂的就餐人数，就能在商城轻松完成下单工作。配送商可以根据学校的菜单搭配不同的套餐"食谱"。早餐、中餐、晚餐，周一至周五全部规划轻松完成。响应国家农村义务教育学生营养改善计划，给学校开餐。

（3）净菜加工系统，挖掘央厨千亿市场！

菜东家通过市场调研及行业预估，推出菜东家净菜加工系统，解决了生鲜加工业务中的难题，通过：智能生成原料采购计划、合理安排加工任务、原料与成品库存成本独立管理，统计生产成本对成品合理定价、加工过程信息化、加工出成率可视化。帮助企业提高净菜加工管理效率，降低采购、生产成本。将净菜加工和配送系统完美融合，开辟生鲜配送新千亿市场。

4.7　生鲜运营工作制度

4.7.1　食材进货验收制度

为加强食品质量安全监督管理，确保按照法定条件、要求从事食品经营活动，销售符合法定要求的食品，保护采购方的食品安全，结合实际，特制定本制度。

（1）凡进入公司库房的食品都应当实行进货检查验收，审验供货方的经营资格（包括：食品流通许可证、食品生产许可证、工商营业执照等），验明食品合格证明和食品标识，索取相关票证；应当检验检疫的，还应当向供货方按照产品生产批次索要符合法定条件的检验机构出具的检验报 告或者由供货方签字或者盖章的检验报告复印件。

（2）对食品包装标识进行查验核对，内容包括：

1）中文标明的商品名称、生产厂名和厂址；

2）产品质量检验合格证明，认证认可标志；

3）限期使用商品的生产日期、安全使用期（保质期、保鲜期、保存期）和失效日期。

（3）法律、法规规定必须检验或者检疫的农产品及其他食品，必须查验其有效检验检疫证明，未经检验检疫的，不得进货。法律、法规没有明确规定的，应经有关产品质量检测机构或市场设立的检测点检测合格才能购买。

（4）经常检查食品的外观质量，对包装不严实或不符合卫生要求的，应及时予以处理，对过期、腐烂变质的食品，应立即停止销售，并进行无害化处理。

（5）在进货时，对查验不合格和无合法来源的食品，应拒绝进货，发现有假冒伪劣食品时，应及时报告当地工商行政管理部门。

4.7.2　各类食品、调味品进货验收制度

（1）为把住食品进货关，保证进货渠道正规和质量安全，切实履行法律规定的食品

质量义务，保护自身和消费者的合法权益，依据《中华人民共和国产品质量法》、《中华人民共和国食品安全法》、《中华人民共和国消费者权益保护法》等法等法规规定。

（2）列入进货查验的食品主要包括肉、禽、畜、粮食及其制品、蔬菜、水果、奶制品、饮料和调味品等。

（3）购进食品时，应查验证明供货方主体资格合法的有效证件，并按批次向供货方索取证明食品质量符合标准或规定，以及证明食品来源的票证，并保存原件或者复印件。

（4）在购进食品时，必须对食品标识、外部感观和内在质量进行查验，确保食品质量可靠、标识正确。

（5）进货食品检查验收的内容：

1）产品及包装上的标识是否真实；

2）产品质量检验是否合格；

3）是否有中文标明的产品名称、厂名、厂址；

4）根据产品的特点和使用要求，需要标明产品规格、等级、所含主要成分的名称和含量，是否有中文标明；

5）需事先让消费者知晓的，在外包装上标明，或者事先向消费者提供有关资料；

6）限期使用的产品，期，安全使用期，失效期；

7）使用不当、容易造成产品本身损坏或者可能危及人身、财产安全的产品、有否警示标志和中文警示说明；

8）是否是国家明令禁止生产的淘汰产品；

9）产品是否掺杂、掺假；产品是否以次充好、以假充真。

（6）通过看、摸、揉、捻、嗅、品等方式，对所进食品进行感官判定，把好进货食品质量关。

（7）对进货食品的内在质量发生怀疑，自身具备食品质量检验能力和条件的，自选检验验收，不具备条件的，委托法定食品检验机构进行验收检验。

（8）在进货时，对查验不合格或无合法来源的食品，拒绝进货。发现假冒伪劣食品时，应及时报告当地工商行政管理部门。

4.7.3 食品原料保管制度

（1）严格对库存各种物品、食品的规格、性能及保管注意事项、保质保鲜期。

（2）账物相符，即要求库存商品账，入库、出库记录同实物相符。

（3）库内各种物品的保管符合要求，生熟分离，种类分离，各种物品的存放 离墙离地。

（4）存在质量问题的物品、食品严格不入库。

（5）物品的出库坚持先入先出的原则。

（6）非库房工作人员不得允许进入原料库房。

4.7.4 食品采购索证、进货检查及建立完善财务台账制度

（1）各种食品及其原料必须有专人负责采购，采购的食品及其原料必须符合 国家有

关卫生标准和规定，采购食品时必须索证、进货验收并建立台账。

（2）实施采购索证和进货验收制度的食品包括：

1）食品（食用油及食品原料）；

2）食用农产品；

3）食品添加剂；

4）省级卫生行政部门依法规定的索证项目。

（3）在采购以上食品时，应到证照齐全的食品生产经营单位或市场采购，索证销售者或市场管理者出具的购物凭证并留存备查，购物凭证包括发票、收据、供货清单等。

（4）从食品生产企业或批发市场批量采购食品时，应查验食品是否有按照产品生产批次由符合法定条件的检验机构出具的检验合格报告或者由供货商签字（盖章）的检验报告复印件，不能提供检验报告或者检验报告复印件的产品，不得采购。

（5）采购生猪肉应查验是否为定点屠宰企业屠宰的产品并查验检疫合格证明，采购其他肉类也应查验检疫合格证明，不得采购没有检疫合格证明的肉类。

（6）从固定供货商或供货基地采购食品的，应索取并留存供货基地或供货商的资质证明，供货商或供货基地应签订采购供货合同并保证食品卫生质量。

（7）严格进货验收和台账记录制度，在食品入库或使用前核验所购食品与购物凭证是否相符，并进行台账记录。

（8）台账应如实记录进货时间、食品名称、规格、数量、供货商及其联系方式等内容。

（9）妥善保管索证的相关资料和验收记录，不得涂改，伪造，其保存期限不得少于食品使用完毕后 24 个月。

4.7.5 采购查验管理制度

为了使公司对食材商品的质量实施有效控制，确保采购物资的质量符合规定要求，价格合理、交货及时，特制定本制度。

（1）工作程序

采购应及时收集填制供应商档案表，内容包括：供应商的名称、产量、供货能力、质量保证能力和供货情况等方面的资料，由主管人员汇总分门别类建立档案。

供应商的档案，包括：

1）法人资料、资质、资信等；

2）产品质量状况；

3）价格与交货期；

4）历史业绩等。

（2）对合格供应商的控制

1）质检员对供应商每次供货时进行抽样检验；

2）供应商每次供货如产品质量不合格按我单位《不合格品控制程序》执行，如交货期，交货数量等没按合同进行时，可由采购员对供应商提出警告，严重时发出暂撤销供应商关系的通知。

（3）采购资料

1）对主要食材商品的采购由采购部门根据订货合同对原材料的需求量要求和库存情况制定采购计划，注明品名、规格、数量、采购依据等报总经理批准；

2）在《合格供应商名单》上选择供应商，并与之取得联系，拟制采购合同，《采购合同》的拟制必须符合国家《合同法》有关规定。

（4）采购产品的验证

必须符合相应的国家标准、行业标准、地方标准、及相关法律、法规和规章的规定。实行生产许可证的坚决采购有 QS 标志的产品，质量检验科严格按照标准要求进行验收，不合格的拒收，合格的办理手续入库。

（5）验收

从合格供应商采购的原辅材料，供应商应提供有关证明材料，食材商品进厂后质检部进行验收的同时还需对供应商名称、货证是否相符等相关资料进行核对。

具体控制如下：

1）采购产品进厂时要严格控制其验收检验过程，供应商必须提供其营业执照、卫生许可证、生产许可证（如在发证范围）和出厂检验合格证明；

2）如供应商未提供或证明内容与规定不符时，应视情况对其采购产品拒收或单独存放，待证明材料重新提供后再进行核对，符合要求的即可办理入库手续；

3）来自非合格供应商的货物拒收；

4）到期未提供官方合格证明资料或与要求内容不符，应停止其合格供应商资格直到提供资料齐全为止；

5）连续 3 次发生偏差的供应商应停止其合格供应商资格；

6）运输车辆是否卫生；

7）外包装是否有破损、有油污等；

8）验证货证是否相符，货证不符的拒收或单独存放并做好标识；

9）标识是否清楚、正确，标识不清楚的单独存放；

10）采购部每年对合格供应商进行一次复评。

（6）采购产品的质量跟踪

采购部门定期或不定期对正式供货方进行质量跟踪并填写《质量跟踪报告》，对质量下降的供应商由采购部门及时反映给供应商，并限期整改。到期无改进的供应商，报总经理批准取消其供货资格。

验收记录应及时、准确、完整、有效，并按规定归档、保存。验收记录保存期限不得少于二年。

4.7.6 搬运注意事项处置方案

（1）搬运注意事项

1）搬运重物之前，应采取防护措施，戴防护手套、穿防护鞋等，衣着要整齐、轻便。

2）应用于手掌紧握物体，不可只用手指抓住物体，以免脱落。

3）搬运重物时，应特别小心工作台、斜坡、楼梯及一些易滑倒的地方，经过门口搬运重物时，应确保门的宽度，以防撞伤或擦伤手指。

4）搬运重物时，重物的高度不要超过人的眼睛。

5）当有两人或两人以上一起搬运重物时，应由一人指挥，以保证步伐统一及同时提起及放下物体。

6）当用小车推物时，无论是推拉，物体都要在人的前方。

7）所有货物应固定牢靠，以避免搬运中造成伤害。

8）确保搬运过程中道路畅通，以免绊倒。

9）所有货物应堆放合理、稳当，防止滑倒和倒塌。

4.8　生鲜运营中心管理表格

4.8.1　人事管理类

1．人员招聘需求申请表如图 4-5 所示。

武汉恒康捷餐饮管理有限公司

人力资源需求申请表

申请部门		申请日期		申请人	
申请岗位		定编职务		需求人数	
紧急程度	□特急(3天)　　□急(7天)　　□一般（15-30天）　　□有合适人选再安排				
到岗日期		工作地点			
申请原因	□扩编　□岗位空缺　□离职补充　□人员储备　□其他:				
增补人员工作职责、内容、权限					
任职资格要求					
性别要求		年龄要求		婚育要求	
学历要求		专业要求		语言要求	
身高要求		外貌要求		户籍要求	
工作经验					
工作技能					
其他要求					
审批意见					
部门负责人	人事行政部		执行董事		董事长
审批结果	□同意招聘、招聘人数_____人；　□暂不招聘　□不同意招聘				

图 4-5　人员招聘需求申请表

2. 面试登记表如图 4-6 所示。

武汉恒康捷餐饮管理有限公司
面 试 登 记 表

您好！

欢迎您来到我司参加面试，我们真诚的欢迎您的到来！希望尽您的最大努力发挥您的所长，我们将提供给您广阔的舞台！

我们将为您提供良好的学习、成长机会，给予您广阔的发展空间！在填写过程中，请务必如实遵照个人真实资料填写，如有不实之处请自行承担任何不良后果，良好的书写习惯是成功的开始。祝您在职场旅途快乐成长！

求职岗位：　　　　　　　　　求职日期：　　　　　　　　　信息来源：

个人基本资料

姓名		性别		出生年月		生　日	
籍贯		民族		健康状况		婚姻状况	
政治面貌		身份证号码		户籍地址			
最高学历		专业		毕业院校			
现住址					联系电话		
紧急联系人			关系		联系电话		

教育经历（由高至低）

起止时间						教育机构	专业/证书名称
年　月　日至　年　月　日							
年　月　日至　年　月　日							
年　月　日至　年　月　日							

培训学习经历（由近至远）

培训学习时间	培训学习机构	培训学习课题
年　月　日		
年　月　日		
年　月　日		
年　月　日		

工作经历（由近到远）

服务时间				所服务公司	职务	离职原因	证明人	联系电话
年　月至　年　月								
年　月至　年　月								
年　月至　年　月								
年　月至　年　月								

个人技能/特长/爱好

外语语种		掌握程度	说（□优秀 □熟练 □一般 □略懂）读（□优秀 □熟练 □一般 □略懂）写（□优秀 □熟练
电脑水平		掌握软件	□Word □Excel □Powerpoint □Photoshop □Coredraw □CAD □其他：
其他技能			
个人特长	（至少列举一项）		
个人爱好	（至少列举三项）		

个人诉求

薪酬要求	元/月	社保	□必须购买 □可有可无 □不购买	食宿	□必须提供 □可有可无 □不需要

图 4-6　面试登记表

3. 员工入职档案表如图 4-7 所示。

员 工 入 职 档 案 表

部门岗位：						入职日期：	

基本资料

姓　　名		性　　别		婚姻状况		照片
籍　　贯		民　　族		政治面貌		
健康状况		身　　高		体　　重		
身份证号码				生　　日		
户口地址						

常用QQ		常用邮箱		联系电话	
学　　历		技术职称		所懂语言	□普通话 □粤语 □英语 □其它
兴趣爱好				特长	
紧急联络人	姓　　名		关　　系	电　　话	
是否曾经在我司工作	□是 □否	离职原因			
有无亲戚朋友在我司任职	□有 □无	姓　　名		关　　系	

家庭成员	与本人关系	姓　　名	职　　业	工作单位	联系电话

学习经历	学习起止时间	毕业院校	专业	统招/自考

工作经历	工作起止时间	单位名称	职务及职称	证明人及电话

入职人员承诺书

1.与原工作单位已终止劳动关系。（离职证明：无□ 有□ ）

2.有无慢性或重大疾病史。（无□ 有□ _____ ）

3.与原工作单位不负有竞业限制或竞业限制期限已经结束。

4.应聘时所填写的个人资料内容真实。

5.提供的证件、证明文件真实有效。

6. 本人已详细阅读《员工手册》及《入职须知》，愿意遵守公司规章制度，如有违反本人愿意接受处分。

7.因上述承诺不诚实守信，而造成后果本人愿承担一切后果以及赔偿责任。

承诺人：		日期：	

公司聘用意见

人事行政部确认		总经理		董事长	

图 4-7　员工入职表

员工入职档案表第二页——员工入职须知如图 4-8 所示。

员工入职须知

亲爱的新朋友：

您好！欢迎您加入恒康捷公司！

为了能让您有一个更好的工作环境，使我们的合作轻松愉快，请您仔细阅读本公司《员工入职须知》：

1 新入职的员工必须填写好《员工入职登记表》、《劳动合同》，并将毕业证、资格证、身份证原件、彩色小一寸照片三张、民生银行卡复印件前来办理报到手续，您必须确保向公司提交的所有证件及资料均为真实有效，否则我们可将随时解除劳动关系，且不承担任何责任，并可追究当事人的相关经济、法律责任。

2 公司的正常规定的作息时间一般情况下在您面试该岗位时，我们的同事已经向您清晰说明您的工作时间和班次安排时间，如不清楚可再次确认。如部门有工作任务加急，由员工本人提出加班申请，报请审批后加班，按照加班时长，再行安排调休，如不能调休加班按法定支付加班费用，管理部门须加强程序和加班控制。

3 员工在第一天正式上班时，请到人事行政部完成人脸识别考勤注册手续，打卡时间办法：严格遵守打卡秩序，不迟到，不早退，不打假卡，违者将受到行政警告一次处罚。

4 新员工必须参加人事行政部组织的1-2天的入职培训，培训合格方可上岗。

5 员工工作时间必须着工装，严格按照公司的礼仪规定处理个人仪表仪容，正确佩戴员工牌上班，违者每次行政警告一次。

6 保持良好的工作习惯，注意工作区域的设备、灯光、冷暖气的关闭和开启；时刻保持工作区域的整洁有序。

7 员工必须严格服从上级领导的工作安排。如有特殊情况需要请假，必须向你的部门经理申请并得到批准，未经批准擅自离岗按旷工处理。

8 公司工资发放日，正常情况在每月15日发放上个月的工资，如遇特殊情况，由公司提前说明。

9 公司各种奖金、提成、津贴、补贴等不属于正常工作时间的工资。

10 新入职员工，应对《员工手册》详细阅读，如对公司的管理制度等各方面如有需要了解的，可以咨询直接上司或人事行政部。

欢迎您成为我们的一员，因为有了您的加入公司的明天将会更加辉

签收人：

签收日期：　　　年　　月　　日

图 4-8　员工入职须知

4. 员工转正审批表如图 4-8 所示。

试用期转正申请表

姓　名		部　门		岗　位	
入职日期		试用期限	年　月　日至　　年　月日，共　个月		

1. 入职以来所做的工作内容（主要的）：

2. 工作目标完成情况：

3. 学习到的知识、技能：

4. 对以后工作的计划及个人职业发展规划：

签字：　　　　　　　日期：

请认真、坦诚地填写各项内容，这有助于增加公司对您的了解，有助于您的工作开展，也有助于公司的管理提升。

图 4-9　员工转正审批表

5. 职务变更申请表如图 4-10 所示。

员工职位变动申请审批表

								年	月	日
姓名		性别		年龄		学历		入职时间		
原任部门					新任部门					
原任职务					新任职务					
原综合薪资					新综合薪资					
执行时间										
申请原因						签字: 年 月 日				
变动前部门负责人意见	签字: 年 月 日				变动后部门负责人意见	签字: 年 月 日				
主管领导意见						签字: 年 月 日				
人事行政部意见						签字: 年 月 日				
执行董事意见						签字: 年 月 日				
总经理/董事长意见						签字: 年 月 日				

图 4-10 职务变更申请表

6. 离职申请单如图4-11所示。

辞职申请单

编号：

辞职申请人填写部分：				
姓　　名		入职日期		
部　　门		职　　位		
辞职原因		申请人：		年　月　日
申报审批部分：				
部门主管		主管领导		
人事行政部		总经理/董事长		
批复离职日期	年　月　日　签名：			年　月　日
备注	员工辞职须提前提交给本人的上级领导，待层级审批完成后，然后方由人事行政部进行预离职面谈后予以最后离职日期批复。			

※ 辞职审批完成之后方可走以下流程

交接日期：	年　月　日	本职工作交接事项
客户资料、工作交接（可另附交接清单）		
人事	□剩余入职照片　□解除或终止劳动关系的证明文件　□辞职申请表（辞职信） □保密协议　□竞业协议　□知识产权协议 □其他： 　　　　　　　　　经办人：　　　　年　月　日	
行政	□办公室钥匙　□文件柜钥匙　□办公桌钥匙　□文件资料　□邮箱 □图书　□笔记本　□笔筒　□电话机　□文件架 □手机　□计算器　□公司通讯录　□名片　□铭牌 □收回借用笔记本　□电脑配置检查： □其他： □出勤：自　年　月　日至　年　月　日，共出勤　天 　　　　　　　　　经办人：　　　　年　月　日	
交通违章	□违章扣款： 　　　　　　　　　经办人：　　　　年　月　日	
财务部	□借支费用：　　　　　　□其它： 　　　　　　　　　经办人：　　　　年　月　日	
其他工作交接	经办人：　　　　年　月　日	

交接人签名				离职切结声明
接交人		监交人		本人声明：自本离职交接单签署完毕，本人与公司劳动合同关系已终止，不再产生任何与公司既往劳动关系的后续纠纷，离职后一切不法行为与公司无关。 声明人： 年　月　日
职务	签名	职务	签名	

图 4-11　离职申请单

7. 薪酬调整表如图 4-12 所示。

薪酬调整申请表

姓名		部门		岗位	
入职日期			申请日期		
原薪酬			申请调整薪酬		
调薪申请理由					
阐述本人调薪申请原因，简述本岗位工作取得的成绩等。					
申请人签字					
部门负责人意见					
人力资源部					
总经理					
执行董事					
董事长					

图 4-12 薪酬调整表

8. 员工动态表如图 4-13 所示。

员工动态表

□入职定薪　　　　□调薪　　　　□升职　　　　□变更公种　　　　□降职　　　　□其他

姓名		工号		入职日期		年　　月　　日		
部门		岗位		拟调入部门		拟调整岗位		
类别	正常工作时间工资	岗位津贴	技能津贴	加班补贴	社保补贴	全勤奖金	绩效	其他	合计
变更前									
变更后									
补充说明事项									
变更原因									
申报日期					申请人				
部门负责人审批									
人事审批									
总经理审批									
执行董事审批									
董事长审批									
人事入档	签名：				入档日期：　　年　　月　　日				
员工本人签名确认	签名：　　　　　　　　　　年　　月　　日								

图 4-13　员工动态表

9. 请休假申请单如图 4-14 所示。

请 休 假 申 请 单

员工姓名		所属部门		工作岗位	
请假时间：____年____月____日____时至____年____月____日____时共____天____小时					
请假类别：□工假（加班值班轮休、停工医疗） □公假（年假、产假、婚假、丧假、护理假） （请勾选）□病假（需提供市二级以上医院证明、挂号记录、病历本） □事假 □其他（请说明）					
交接事项				工作代理人	
销假时间	____年____月____日____时，实际____天			签名确认	
人事核实实际天数：____年____月____日____时至____年____月____日____时共____天____小时					
备注：1. 依请假程序办理； 2. 依授权审核核准； 3. 权限审批完成后方可开始休假。					

公司领导： 主管领导： 部门主管： 申请人：

图 4-14　请休假申请单

4.8.2　行政管理类

1. 会议签到表如图 4-15 所示。

会 议 签 到 表

编号：　　　　　　　　　　　　　　　　序号：

会议主题			
会议地点		会议时间	
召集部门		主持人	
与会人员签到			
部　门	姓　名	部　门	姓　名

图 4-15　会议签到表

2. 行政奖励申请单如图 4-16 所示。

奖惩申清单

表单编号		保存期限	1年	流程：奖惩提出→部门审核→人事行政审查→核准→人事行政存档
奖惩人员				
所属单位			申请人	

奖惩事由	事件发生时间：_____年_____月_____日　　地点：_____			

奖惩依据及内容	奖励	依据奖惩管理办法，给予： √嘉奖_____次　√小功_____次　□大功_____次	人资审查
	惩处	依据奖惩管理办法或规定给予： √申诫_____次　□小过_____次　□大过_____次 □调整岗位　□降职降薪　□解除劳动合同	1. 审查附件：_____件 2. 审查结果：
管主			总经办：
管主			

图 4-16　行政奖励申请单

4.8.3 生产管理类

1. 净菜成品率如图 4-17 所示。

净菜成品率

日期	品名	产量	原料	成品率	备注

图 4-17　净菜成品率

2. 白夜班工作交接追溯表如图 4-18 所示。

白夜班工作交接追溯表

班次日期	序号	事项描述	移交人	需处理人	完成情况	备注
	1					
	2					
	3					
	4					
	5					

图 4-18　白夜班工作交接追溯表

3. 退换货登记表如图 4-19 所示。

退换货登记表

日期	产品名称	数量	退货单位	退换货原因	经手人	库管	处理意见	质检员

图 4-19　退换货登记表

4. 仓库温湿度记录表如图 4-20 所示。

仓库温湿度记录

温度：10℃-22℃			温度：50%~60%			
年　　月	上午		下午		记录人	备注
日	温度（℃）	相对湿度（%）	温度（℃）	相对湿度（%）		
1						
2						
3						
4						
5						

图 4-20　仓库温湿度记录表

4.8.4 食品质量管控表

1. 食材供应商合规性管理控制表如图 4-21 所示。

食材供应商合规性管理控制表

供应商名称		联系人	
地址		电话	
产品名称		物资分类	
合规性检查内容	明细	编号	审核
	1. 营业执照		□有　□没有
	2. 有效期内的食品经营许可证或食品生产许可证		□有　□没有
	3. 有效期内的，与购进批次产品相适应的合格证明文件（检验报告）		□有　□没有
	4. 生产、加工、储存场所		□合格　□不合格
	5. 食材种类、数量、质量		□合格　□不合格

说明：

1. 供应商定期资信检查三证及检测报告是否在有效期内、是否证、资质和服务一致。

2. 我司随时突击性对供应商进行资质证件和实地检查，并填写《质量跟踪报告》

图 4-21　食材供应商合规性管理控制表

2. 供应商质量跟踪报告如图 4-22 所示。

供应商质量跟踪报告

供应商名称			联系人	
地址			电话	
产品名称			物资分类	
评价内容	明细		编号	审核
	1. 营业执照			□有　□没有
	2. 有效期内的食品经营许可证或食品生产许可证			□有　　□没有
	3. 有效期内的，与购进批次产品相适应的后格证明文件（检验报告）			□有　　□没有
	4. 生产、加工、储存场所			□合格　□不合格
	5. 食材种类、数量、质量			□合格　□不合格
	6. 食品包装、合格证等其他资料			□合格　□不合格
	7. 质量稳定性			□合格　□不合格
	8. 交付及时性			□合格　□不合格
	9. 服务情况			□合格　□不合格
	10. 现场考察情况			□合格　□不合格
结论	□合格供应商　　　　　　□不合格供应商			
评价人	姓名：　　　　职务：　　　　评价时间：			
	姓名：　　　　职务：　　　　评价时间：			
审批	□同意列入合格供应商名录 □同意列入合格供应商名录 姓名：　　　　职务：　　　　审批时间：			

图 4-22　供应商质量跟踪报告

4.9　岗位说明书

4.9.1　岗位说明书编写说明

（1）岗位名称

任职岗位的称谓，如财务部总监、会计等。

（2）岗位编号格式

为恒康捷—部门—编号，如 HKJ-CWB-008：HKJ 为恒康捷的拼音缩写；CWB 为财务部的拼音缩写；008代表该职员编号。

（3）直属上级

在工作上给予直接指令的上级，如会计的直接上级是财务总监。

（4）所属部门

该岗位员工工作关系隶属的部门，如会计所属部门为财务部。

（5）岗位目的

是设置该岗位的最重要的原因，用一句话概括。

（6）工作内容

填写该岗位员工80%以上工作时间从事的具体工作。

（7）工作职责

着重强调必须完成的任务，一旦发生过失应受到惩罚。

（8）岗位资格要求

列明承担该岗位者需具备的学历与工作经验，学历项可注明相关专业，如大学本科以上，管理相关专业。本说明书未特殊说明者均为包含关系，即大学本科以上=大学本科及以上。

（9）岗位技能要求

列明专业知识和能力两类，专业知识指与所从事工作职能及工作内容相关的知识，能力指从事该工作所必须的主要能力。

4.9.2 岗位说明书示例

1. 总经理岗位说明书见表4-3。

表4-3 总经理岗位说明书

岗位名称	总经理	岗位编号	HKJ-ZJB-001
所属部门	总经办	岗位定员	1人
直属上级	董事会	直属下级	各分管部门总监、部长
岗位目的	领导制定和实施公司总体战略，完成董事会下达的年度经营目标；领导公司各部门建立健全良好的沟通渠道；负责建设高效的组织团队；管理直接所属部门的工作。		
工作职责及内容： 1. 领导制定公司的发展战略，并根据内外部环境变化进行调整； 2. 组织实施公司总体战略，发掘市场机会，领导创新与变革； 3. 根据董事会下达的年度经营目标组织制定、修改、实施公司年度经营计划； 4. 监督、控制经营计划的实施过程，并对结果负全面责任； 5. 组织实施财务预算方案及利润分配、使用方案； 6. 负责与董事会保持良好沟通，定期向董事会汇报经营战略和计划执行情况、资金运用情况和盈亏情况、机构和人员调配情况及其他重大事宜； 7. 领导建立公司与客户、供应商、合作伙伴、上级主管部门、政府机构、金融机构、媒体等部门间顺畅的沟通渠道； 8. 领导开展公司的社会公共关系活动，树立良好的企业形象；			

续表

9. 领导建立公司内部良好的沟通渠道，协调各部门关系；

10. 主持、推动关键管理流程和规章制度，及时进行组织和流程的优化调整；

11. 领导营造企业文化氛围，塑造和强化公司价值观；

12. 负责公司员工队伍建设，选拔中高层管理人员；

13. 主持召开总经理办公会，对重大事项进行决策；

14. 代表公司参加重大业务、外事或其他重要活动；

15. 负责处理公司重大突发事件，并及时向董事会汇报；

16. 领导建立健全公司人力资源管理制度，组织制定人力资源政策，审批重大人事决策；

17. 领导建立健全公司财务、投资管理制度，组织制定财务政策，审批重大财务支出；

18. 领导建立健全行政与后勤管理制度。

权利：

1. 公司重大问题的决策权；向董事会提出公司经营目标的建议权；

2. 对总监、部长、经理等的人事任免决定权；

3. 对公司各项工作的监控权，对公司员工奖惩的决定权；对下级之间工作争议的裁决权；

4. 对所属下级的管理水平、业务水平和业绩的考核评价权；公司预算内的财务审批权。

内部协调关系：董事会，高层管理人员，公司内各部门。

外部协调关系：上级部门、政府机构、客户、供应商、合作伙伴、金融机构、媒体等。

岗位技能要求：

通晓企业管理知识、具备技术管理、财务管理、质量管理、法律等方面的知识；了解公司经营产品技术知识；具有很强的领导能力、判断与决策能力、人际能力、沟通能力、影响力、计划与执行能力、客户服务能力。

2. 生产部主管岗位说明书见表4-4。

表4-4 生产部主管岗位说明书

岗位名称	生产部主管	岗位编号	
所属部门	生产部	岗位定员	1人
直属上级	生鲜事业部经理	直属下级	普工、线长
上班时间	13:00－21:00	工作地点	生产车间
岗位目的	负责制定生产部相应的管理制度和政策，建立生产部运营框架、各环节负责人的工作职责、负责外包车辆考勤和内部考勤监督，确保生产过程到出品物料的安全运行，控制成本保证公司利益最大化。		

工作职责及内容：

1. 统筹生产部工作，根据岗位不同，制定岗位标准，文件记录标准。包括：净菜作业、肉品作业、分拣作业、投递作业、及其他作业流程。

2. 制定生产与非生产区域的卫生标准和清理时间节点，督查所有工作区域的卫生清理及消毒落实情况，不合格区域的卫生及时作出整改并追责当事人。

3. 根据系统订单准确无误的挑拣、分拣订单内容，确保每个品项的质量、数量及美观度达标，按要求完成当天所有的加工任务。实时记录好所有加工数据过程与时间节点，合理有效调配好现场人员劳力分配及时间节点，完成好上级安排的其他工作事项。

4. 生产工具及配送工具的盘点，车辆、机器设备、相关工具的保养。 5. 客户临采、线路经理、其他报销、奖惩收发等环节需要报销与发放的现金及票据，由生产主管严格审核，核对无误后并走完相关程序，最后到财务报销并逐一发放到每个线路组长及经理。 6. 安排下属主管对工作的有序开展，确保每个环节在适宜的时间节点加工与出品，做好相关培训工作。 7. 解决生产工作环节异常，制定出合理方案并执行。	
内部协调关系：采购部 仓储部 团餐事业部　中央厨房　计划部 品控部	
外部协调关系：客户	
岗位技能要求： 从事生鲜行业工作 3 年以上经验，熟悉深加工工作环节及工作流程，具有独挡一面的工作能力、强有力的执行力，具备较强的食品安全意识，能按时完成上级交代的其他工作事项。	

3. 净菜生产主管岗位说明书见表 4-5。

表 4-5　净菜生产主管岗位说明书

岗位名称	净菜生产主管	岗位编号	
所属部门	生产部	岗位定员	1 人
直属上级	生产部主管	直属下级	普工、线长
上班时间	13:00－21:00	工作地点	生产车间
岗位目的	确保所管辖加工品项的出品数量、质量、损耗率等，实时记录好所有加工数据过程与时间节点，合理有效调配好现场人员劳力分配及时间节点。		

工作职责及内容：

1. 逐一比对计划部或其他渠道提供的加工指令单，加工指令单务必准确无误的分化给操作员，并督导完成。

2. 对净菜加工及包装物料的出品率、损耗率、记录与换算。

3. 对净菜加工及包装物料感官检测，协助品控部检测判断是否可以继续使用。

4. 发现的一切安全隐患，及时制定相关的安全措施并执行，相关事件及时上报。

5. 在现场工作中督查不符合生产运行的穿戴等行为表现、及时纠正并追责等。

6. 做到随时随地及时清理现场，现场垃圾及时清理，保证现场环境的整洁、无异味、工具有序摆放等，巡检卫生作业结果，监督相关值班工作安排。

7. 卸车物料及时安排适合生产运行的地点位置，减少现场空间的压力。

8. 组织召开部门会议，及时奖惩相关事件员工，总结上周工作的不足，下周及时整改或部署，并上报上级。

9. 早上完成待出品的所有物料工作，协助装车等相关工作。

内部协调关系：采购部 仓储部 团餐事业部　中央厨房　计划部　品控部	
外部协调关系：客户	
岗位技能要求： 　从事生鲜行业工作 3 年以上经验，熟悉净菜加工工作环节及工作流程，具有独挡一面的工作能力、强有力的执行力，具备较强的食品安全意识。	

4．粗分拣主管岗位说明书见表 4-6。

表 4-6　粗分拣主管岗位

岗位名称	粗分拣主管	岗位编号	
所属部门	生产部	岗位定员	1 人
直属上级	生产部主管	直属下级	普工、线长
上班时间	13:00－21:00	工作地点	生产车间
岗位目的		根据系统订单准确无误的挑拣、分拣订单内容，确保每个品项的质量、数量及美观度达标，按要求完成当天所有的粗加工任务。	

工作职责及内容：

　　1．每天在定位的物料库房领取所分拣的物料，分拣剩余物料由分拣员自行码放到定位库房位置，禁止乱丢乱放，放置其他不属于自己分拣台定位的位置。

　　2．分拣避免累计加重重复、电子秤有无负数、筐子皮重是否去皮、深加工的物料避免重复分拣、及时发现问题及时找相关人员协助解决等。

　　3．分拣必须先分拣库存物料，在分拣当日回采物料，时时对接净菜加工主管，协助其完成净菜加工任务。

　　4．及时更换打印标签 ，及时清理电脑缓存，让电脑保持畅通运行。

　　5．不断提高分拣效率，找寻更适合公司发展需要的分拣方法。

　　6．作业完毕时，及时关掉电脑及电子称，清洗消毒分拣时防止电脑进水及其他零件损坏等。及时回收分拣袋及蔬菜筐，确保分拣袋与蔬菜筐第二天重复使用。

　　7．监督分拣数量误差控制在 0.3 斤之内，选择适用的食品袋包装，禁止浪费各种易耗物料，每个包装袋或筐都必须贴标。

　　8．组织召开部门会议，及时奖惩相关事件员工，总结上周工作的不足，下周及时整改或部署，并上报上级。

内部协调关系：采购部　仓储部　团餐事业部　　中央厨房　计划部　品控部

外部协调关系：

岗位技能要求：

　　从事生鲜行业工作 3 年以上经验，熟悉生鲜配送工作环节及工作流程，具有独挡一面的工作能力、强有力的执行力，具备较强的食品安全意识。

第5章 生鲜企业风险篇——经营风险及未来发展

5.1 生鲜企业经营的各类风险

5.1.1 生鲜企业经营的风险类别

本节聊聊作为一家企业、一位企业家、一名老板最基础，也是最重要的职能——如何管理企业，尤其是初创企业的风险。

首先大家都知道，创业意味着高收益同时也伴随着高风险。社会中不乏很多人用豪赌的心态来创业，然而真正的企业家，绝不是风险的赌徒，相反，他们都是风险管理大师。在创业过程中，首先要做的事就是消除企业经营中的不确定性，尽量规避风险，从而保证企业可以存活。

在这里需要提醒创业者们，规避风险，并不意味着一次性要解决所有的风险，倘若这样来想，那创业的想法本身也会夭折。

所以管理风险的第一步，是识别不同类型的风险。这一点对企业的生死存亡，极其重要。

（1）产品风险

产品风险在农产品行业中，也是食品安全风险。你所经营的产品质量足够好吗？你对自己的产品有万全的信心吗？在生鲜经营企业中食品安全问题是致命的风险，一旦大规模食物中毒事件发生，企业将会迎来灭顶之灾。

解决食品安全风险，通常会涉及到供货商的筛选、审查、管理、维护，采购人员的专业度、责任心，品控人员的检测抽查力度、库管人员的日日管理之功、分拣配送规范等多维度管理。

（2）全员树立食品安全理念

"民以食为天，食以安为先"企业全员应树立食品安全大于天的安全责任意识，企业才可以把食品安全贯彻始终。需要定期对全体工作人员进行系统的培训，包括食品营养知识、食品卫生知识、食品安全知识、食品安全意识、职业素质、职业道德、职业技能及相关法律法规等等。

（3）搭建产品溯源体系

纵观整个行业现状，不难发现越来越专业的生鲜运营企业开始从田间地头、加工车间、整个物流流转通道搭建起了全流程的溯源追踪，明确每个产品它的身份属性，这样才更容易控制风险。

（4）供货商资质审查

作为企业经营管理者，假如你觉得前期调查的成本太高，那请试试看发现食品安全风险的代价有多大。所以要多去了解合作伙伴对品质的要求，是不是符合他们的要求；同时多去调查合作伙伴的场地环境、员工、售后、紧急事件处理能力等等。

（5）食品检测实验室

自检自查，让不合格的产品严禁流出，不光是保护客户，也是保护自己的武器，所以为安全起见企业一定要建立小型食品检测室。

（6）千万保额的食品安全险

食品安全险是生鲜企业产品风险的最后一道防线，更是保护企业的最后一张金盾牌。经营企业除了管理者自身的经验，更多的是依靠系统的力量，来有效地降低产品风险。

5.1.2 市场风险

这类风险的关键不光在于经营的产品本身是不是优质，更主要的是市场能否接受你的产品，同类产品的竞争对手表现怎么样，以及这个市场的法规、监管将如何变化等等。例如消费者的需求变动，竞争对手突然变动的促销行为等等。

要经常分析竞争对手的优势和劣势，再反观自己的优势劣势。从产品、消费者信息、市场需求量、购买力、竞争环境综合分析来规避市场风险。

（1）做好产品定位

产品满足的是谁的需求？企业经营的产品是什么？谁才是最重要的人？谁需要企业的产品？这才是经营中最应该关注的一块内容，必须考虑好产品定位来规避市场风险。

（2）分析目标市场

所经营的产品需要在哪一个市场出售？以什么样的方式出售？产品的目标市场必须明确，这不光关乎产品的目标市场，也可用来规避市场风险。

（3）做好需求定位

做任何产品都需要进行客户需求调查和分析，而且前期的工作是一个比较长的过程，确定需求定位对企业后期开拓市场会大有帮助。

（4）分析产品优势

综合分析企业竞争者和他们的产品，自己的产品与他们相较，好在哪里？差在哪里？优劣势和其他方面都必须了解清楚。另外除了与竞争者相比，还要认真分析产品本身，搞清自己的产品优势，不然市场定位及市场竞争力肯定是不相符的。

（5）增大市场占有率

什么样的产品适合用什么样的方式去宣传，宣传的时候就需要尽可能的去挖掘市场中潜在的目标客户，营销方式同样也决定了客户的选择，所以需要适合的方式来对产品进行宣传，让市场占有率提升，从而对抗市场风险。

（6）做好价格定位

价格定位在很大程度上决定了企业所服务的客户归属哪一层次，也就是属于自己企业的客户购买力在哪个区间。如果所经营的产品划分有不同的客户区间，那就更要做好分析，区分流量产品和利润产品，以及核心产品等等。

5.1.3 政策风险

政策风险通常是指因国家宏观政策（如货币政策、财政政策、行业政策、地区发展政策等）发生变化，导致市场价格波动，从而致使实际的经济效益与预期的经济效益相背离。通常企业都会面临的政策风险，包括国家宏观调控政策、财政货币政策、税收政策。

企业发展与国家宏观经济息息相关，国家政策的制定和出台是一个复杂和长期的过程，政策制定的周期往往滞后于企业和行业发展的现状，这给企业经营造成一定的决策盲区。所以必须把握宏观经济规律，了解国家经济政策方向，及时调整企业发展战略，转变发展方式，才能抢抓市场成长机遇，迅速做大做强。

那么生鲜行业如何应对政策风险？

其实关于生鲜行业，更多的是因为地方政策的变动，从而引起企业业务的变化。例如一家企业现在所做的业务主要是供应校园食堂的生鲜食材，如果现在当地政府出台政策内容为由教育部统一管理全市的学生营养餐食材供应，而自己恰恰不在供货商名单里，那这块业务的丢失将直接让企业陷入绝境。又或者政策规定符合质量管理体系要求的企业才可以开展农产品经营业务，而因企业各方面条件不具备相关条件时那只能以歇业告终。

所以如何应对政策风险？企业可以提前做好以下几个方面的工作：

（1）熟悉国家政策走向。企业在国家各项经济政策和产业政策的指导下，汇聚各方信息，提炼最佳方案，统一指挥调度，合理确定企业发展目标和战略方向。

（2）加强企业内部管理，提高服务管理水平，降低运营成本，努力提高经营效率，形成企业的独特优势，增强抵御政策风险的能力。

5.1.4 税务风险

税务风险管理是企业风险管理的一部分，企业的各项活动均会由会计进行核算，会计核算的方法直接导致企业税务核算。税务风险的表现形式通常为：因没有遵循税法可能遭受的法律制裁、财务损失或声誉受损。

企业税务风险主要包括两方面，一方面是企业纳税行为不符合税收法律法规规定，应纳税而未纳税、少纳税，从而面临补税、罚款、加收滞纳金、刑罚处罚及声誉损害等风险；另一方面是企业经营行为适用税法不准确，没有用足有关优惠政策，多缴纳了税款，承担了不必要税收负担。通常会面临下面几个问题，需要经营者及财务人员了解并规避。

（1）政策变化更新快，造成信息滞后

由于税收规定较繁琐，政策变化更新速度快，企业财务人员往往无法很准确的把握其当期规定，造成信息滞后的风险。

应对措施：负责税务的人员应及时整理最新下发的政策，深入研究，发现对企业的影响点，进行相应的会计处理。

【同步案例】

《财政部税务总局关于支持个体工商户复工复业增值税政策的公告》（财政部税务总局公告2020年第13号）规定的税收优惠政策，执行期限延长至2021年12月31日。其中，自2021年4月1日至2021年12月31日，湖北省增值税小规模纳税人适用3%征收率的应税销售收入，减按1%征收率征收增值税；适用3%预征率的预缴增值税项目，减按 1% 预征率预缴增值税。

（2）税务处理流程失误，导致潜在税务风险

一些税务处理流程，导致的潜在的税务风险，业务本身是没有问题的，但是涉及到一些混合销售或销售时点的问题，企业往往不能很好的区分，这些知识是税务处理人员的盲点，会计人员的处理已经存在滞后性，不能挽救已经造成的税务错误。应对措施：必须从业务处理流程上入手，才能从根本上解决此类税务风险。

【同步案例】

初级农产品的税率是 11%。按照规定，对从事农产品批发、零售的纳税人销售的部分鲜活肉蛋产品免征增值税。所以销售白条鸭属于免税项目，不用缴纳增值税，购进时取得增值税专用发票，不能抵扣进项。只能开具免税的增值税普通发票，不能开具增值税专用发票。

在实际过程中，商品新增价值或附加值在生产和流通过程中是很难准确计算的。因此，国家也采用国际上的普遍采用的税款抵扣的办法。即根据销售商品或劳务的销售额，按规定的税率计算出销售税额，然后扣除取得该商品或劳务时所支付的增值税款，也就是进项税额，其差额就是增值部分应交的税额。

农产品的税来率，与开具什么发票没有关系，与生产销售农产品的企业有关系。如果是农业生产者销售自产农产品，免征增值税，只能开具增值税普通发票，开具增值税普通发票时选择"免税"或者"税率 0"。

如果是经销蔬菜、肉蛋禽（仅限猪牛羊鸡鸭鹅）的纳税人，免征增值税，同上。

如果是经销除上述以外的农产品，一般纳税人按照 11% 税率计算应纳增值税（销项税额），小规模纳税人按照 3% 征收率计算应纳增值税。开具增值税发票知（包括增值税专用发票和增值税普通发票），必须按照其适用税率 11% 或者征收率 3% 开具。

（3）决策者对税务不清晰，造成无意识决策错误

由于决策者在决策时未对税务进行研究，造成无意识的少缴或多缴税款。应对措施：在企业做决策时，提前咨询一下相关人员。

农产品免税的情况，主要有以下六种：

1）销售自产初级农产品；

2）农民专业合作社销售本社成员生产的农业产品；

3）采取"企业+农户"经营模式销售畜禽；

4）制种企业在特定生产经营模式下，生产销售种子；

5）从事蔬菜批发、零售的纳税人销售的蔬菜；

6）部分鲜活肉蛋产品。

5.1.5 资金风险

企业的发展与企业资金有着直接的关系，它是企业各项经营活动的"血液"，也是财务管理的核心内容。资金链是否安全直接关系到企业的正常运转，如果资金链断裂企业就有可能陷入破产的境地。为保障资金的使用安全，企业必须有对抗资金风险的能力和制度，

也是企业必须思考的问题。

（1）缺乏风险意识

受传统粗放式管理思想的影响，企业领导层虽然对于资金回收工作足够重视，但对资金风险的认识有待提高，对于资金的年度预算、使用及监管等缺乏有效管理，风险管理意识比较淡薄。另外，因企业领导层缺乏风险管理意识，企业的整理理财水平较低，有的企业甚至能过短期负债筹措资金来满足资金长期流动的需求。

应对措施：定期对员工开展资金风险安全意识培训，让每一位员工都能对资金风险有足够的认识，尤其是管理层，更要带头树立资金风险意识，在企业上下形成资金管理的良好氛围。

（2）资金内控不到位

在实际的管理中，企业普遍存在重核算轻控制的问题，对于企业资金风险管理中潜在的威胁缺乏足够的认识，对于资金风险的分析及防范水平有待提高，给企业的经营管理造成不利影响。

应对措施：强化内控机制建设。企业必须完善内部资金控制机制，针对经营中涉及资金的各项风险点，完善事前预防、事中控制、事后监督的内控机制，提高对企业资金的使用效率。我们需要在采购、加工、销售等多个环节建立严格的内控制度，确保对资金的合理使用，避免和减少资金损失。再者，应按照内控制度建立要求，本着精细化管理、简化操作的理念，将每项工作作为一个指标纳入标准化绩效管理系统，实行"周记录、月小结、季考核、年评价"的管理制度，做到过程留痕，责任可追溯。

（3）资金使用效率低回款慢

很多企业资金管理分散，特别是涉足多个项目时，多头开户的现象比较突出，资金管理几乎是失控的状态。这导致企业资金的筹集、使用与回收都存在较多问题，资金管理失误也有所增加，本就困难紧张的资金问题又雪上加霜，企业短期支付能力、长期偿付能力都受到影响，资金使用效率低下。还有些企业存货资金占比较大，应收账款过多，导致企业资金流动缓慢，流动资金紧张，直接削弱了企业盈利与发展能力。

应对措施：企业要增强资金时间价值观念，提升资金周转效率，对企业的经营管理进行优化，调整产品结构，提高自身生产效率，增加产品销售，提升销售利润，从而提升资金的使用效益。其次，企业要严格库存管理，盘算存量，快速处理积压产品，争取做到少库存为零库存。再次，应做好应收款与存货管理，控制好应收账款的增长速度和规模，加快应收款的回收。企业还可建立资金风险管理小组，对合作客户的信用背景进行调配，为客户建立档案，根据客户信用情况设置不同的信用等级，减少信用问题引起的资金管理风险。

企业应当采取资金集中管理的模式，把各部门的收付款都纳入财务部门的控制之下，由财务部门负责资金调度及分配，做到资金的统一管理，减少资金的在途时间，这样既可以提高工作效率，又能减少财务费用。

5.1.6 法律风险

（1）企业管理的法律风险点

1）慎重签署企业合同

应完善企业印章特别是公章、合同专用章、财务专用章的保管、使用制度，杜绝盗盖印章等可能严重危及企业利益的行为。在签署多页合同时加盖骑缝章并紧邻合同书最末一行文字签字盖章，防止少数缺乏商业道德的客户采取换页、加页等方法改变合同内容，给企业带来风险。

2）关于子企业运营

民营企业大多是由小到大，规模不断扩张，有的民营企业家在观念上将子企业财产与母企业财产混同，容易造成母企业与下属子企业之间存在大量借款往来、人员身份混同等情形，可能会导致母企业与子企业之间承担连带责任，增加母企业经营风险。

3）企业财产独立

独立的财产和经费是法人承担责任的基础。企业的财产要清晰，财务要独立，账目要规范。要确保企业财产与股东财产相互独立，不能产生混同。否则，有限责任企业的股东可能会对企业的债务承担连带责任。

（2）企业在合同管理方面的法律风险防控

1）订立合同尽量采用书面形式

内容完备的书面合同有利于确定当事人的权利义务，保证交易安全。合同中应载明当事人名称（姓名）、标的、数量、质量、价款或报酬、履行期限、地点及方式、违约责任等，合同要一式多份，合同各方均妥善保存。变更合同内容时，注意留存双方洽谈的电子邮件、微信截图等。

2）签订合同时明确相对方

根据合同相对性原则，通常情况下，合同只能约束签约双方，对合同之外的第三人不产生约束力，如果签约主体和履行主体不一致，在合同履行过程中往往容易产生纠纷，合同双方均有可能存在维权障碍。实践中，有部分企业缺少警惕意识，在对方负责人出席签订合同时，未要求对方企业加盖公章，导致双方对合同关系的主体是个人还是单位产生争议，从而发生不必要的纠纷。或者未要求对方代表出具授权委托书并签字，一旦加盖的公章存在瑕疵，将为合同效力认定带来难以预见的风险。

3）对员工授权委托的管理

在委托企业员工对外签约时，应在有关介绍信、授权委托书、合同等文件上尽可能明确详细地列举授权范围；业务完成后应尽快收回尚未使用的介绍信、授权委托书、合同等文件；企业员工离职后，在与其办理交接手续的同时，应向该员工负责联系的客户发送书面通知，明确告知客户该员工已离职，从而防止企业员工离职后仍以企业名义与客户联系业务，避免构成表见代理等情形给企业造成损失。

4）在合同中约定送达地址

企业与合同相对方发生纠纷后，可能存在诉讼过程中无法确定对方送达地址的情形，不但增加了法院送达工作的难度，也给当事人及时维权带来了障碍。

5）妥善保管合同履行的有关资料

在合同履行过程中，应妥善保管与合同签订和履行相关的送货凭证、汇款凭证、验收记录以及在磋商和履行过程中形成的信件、数据电文（包括电子数据交换和电子邮件）等资料，一旦双方因合同发生纠纷，有充分证据证明合同履行情况。

6）卖方应注意在合同中对价款结算进行约定

合同中应明确约定货款数额、付款方式、付款期限，这有利于保护卖方的权利。对于卖方而言，先行收取全部价款再交付货物是最安全的交易方式。如果约定分期付款，应明确约定各期付款期限、延期付款违约金，并约定延期一定期限后，可以立即解除合同。当买受人迟延支付货款后，即使合同中未约定逾期付款违约金，出卖人也可以按中国人民银行同期同类贷款逾期罚息利率主张逾期付款损失。

7）卖方应保存交付货物的证据

买卖合同中交付货物时，送货单经常由对方的业务员或者经理等人员进行签收。如果产生纠纷，而卖方无法证实该签收人员身份时则可能承担不利后果。因此，卖方送货时，一定要求对方加盖公章，如果每次加盖公章不方便，也可在合同中约定一个或几个指定人员收货，卖方交货时直接交由合同中约定的指定工作人员签收，可以有效证实货物的交付情况。

8）存在持续买卖合同关系的双方应定期对账结算

存在持续买卖合同关系的双方当事人应定期进行对账，并在对账单和结算凭证上加盖公章。在确定付款方式时，无论是付款方还是收款方，除了金额较小的交易外，应通过银行转账进行结算，尽量避免采用现金结算的方式。

（3）企业在融资担保方面的法律风险防控

1）严格审核贷款合同

如贷款合同中贷款目的及贷款用途不正确填写，将会使企业面临随时被要求还贷的风险。此外，企业法定代表人及经办人还存在因此触犯骗取贷款罪的法律风险。建议企业严格审核贷款合同，对合同中的非格式部分审慎对待。

2）注意借新还旧中的风险

借款合同当事人协议以新贷偿还旧贷，新加入的保证人应当在充分考虑借款人的经营情况、资信状况和偿债能力的基础上决定是否提供担保，尽可能降低担保风险。

3）避免为有违法违规嫌疑的借款合同提供担保

现实中，部分借款人提供虚假材料或伪造材料骗取银行贷款被追究刑事责任，此种情形下并不免除担保企业的担保责任。因此，企业在为他人提供担保，特别是互保、联保的企业，在办理贷款手续时，要严格按照银行的操作规范及工作流程进行，杜绝参与制作或提交虚假材料，审慎审查借款人的偿债能力，降低担保风险。

4）防止企业实际控制人以企业名义贷款

企业控制人或者法定代表人以企业名义借款后，将借款占为己有的，根据相关法律规定，由企业实际控制人或者法定代表人与企业承担共同还款责任，情节严重的，企业实际控制人或者法定代表人可能因此构成犯罪被追究刑事责任。因此，从企业角度讲，要完善企业内部治理结构，对外贷款需经过股东会决议，其他股东应履行监督职责，降低因企业实际控制人以企业名义贷款给企业带来的风险。

5）防止陷入担保圈或担保链风险

在经济下行期，企业应充分认识互保及联保中的法律风险，谨慎选择互保和联保的对象，尽可能采用抵押、质押等方式借款，减少联保互保方式进行融资，同时也要科学合理经营，避免因盲目扩张提高负债包袱，降低经营风险。

6）防止空白合同引发的风险

企业在签订保证合同时应避免在空白合同上签字，签订空白合同可能面临担保数额不确定的风险，企业需要承担对方补记空白合同部分内容产生的法律后果，担保人应在实际借款范围内承担保证责任。

7）防止抵押、质押物重复抵押的情况

一些企业为提高融资数额，以同一抵押物向多家银行借款，银行应尽到审慎审查义务，严格审慎核实抵押物价值，减少重复抵押，减少贷款损失风险。

8）审慎使用过桥资金

在经济下行期，企业经营状况不良时，往往会通过使用过桥资金的方式与银行协商续贷事宜。此种情况下，应充分考虑企业自身经营状况及银行发放贷款的可能性，避免因使用大量过桥资金加重企业的债务负担。

（4）企业在知识产权保护方面的法律风险防控

1）及时申请商标注册

品牌建设是企业发展的重要内容，及时注册商标是品牌建设的基础。在申请注册商标时，应当尽量避免使用地名、产品通用名称等作为商标的文字，商标的设计应当具有显著性特征且便于识别。申请注册商标前，应注意对在线商标注册信息以及同行业企业字号进行充分检索，避免权利冲突，否则极有可能侵犯他人在先权利，或落入他人驰名商标跨类保护的范围，企业不仅会遭受损失，还可能会面临权利人的索赔。

2）有效避免侵害他人注册商标专用权

未经商标注册人的许可，在同一种商品或者类似商品上使用与其注册商标相同或者近似的商标，构成商标侵权，应当承担停止侵权、赔偿损失等民事责任。生产者在生产商品，或者服务商在提供服务过程中，要尽到合理审查义务，通过检索商标注册机构网站等方式，获知他人注册商标信息，避免构成商标侵权。故意为侵犯他人注册商标专用权行为提供仓储、运输、邮寄、隐匿等便利条件的，也属于商标侵权行为。

3）合法注册并规范使用企业字号

将与他人注册商标相同或者相近似的文字作为企业的字号在相同或者类似商品上突出使用，容易使相关公众产生误认的，属于商标侵权行为。申请注册企业名称时，应认真检索相关商标注册信息。企业名称注册后，应规范使用企业名称的全称，如果突出使用与他人注册商标文字相关或近似的字号，容易导致相关公众混淆的，应承担商标侵权责任。

4）注意保存相关证据

《商标法》第六十四条第二款规定，销售不知道是侵犯注册商标专用权的商品，能证明该商品是自己合法取得并说明提供者的，不承担赔偿责任。为防止因不慎销售侵权商品而承担高额赔偿责任，应注意相关证据的收集和保存，如增值税专用发票、正规商业发票、合同等，发票与所销售商品应具有对应性。

5）关于商业秘密

商业秘密有两种：经营信息和技术信息。经营信息包括：客户名单、经营计划、财务资料、货源渠道、标底、标书等。技术信息包括：产品配方、工艺流程、设计图纸、产品模型、计算机源程序、计算机文档、关键数据等。

6）商业秘密的保护

企业在产品研发过程中，由于研发尚未完成，尚不能申请专利保护，因此应特别注意对商业秘密的保护，以避免他人利用企业的研究成果抢先完成产品研发，抢先申请专利。在产品研发完成后，应及时通过申请专利或采取保密措施进行商业秘密保护，否则将可能导致企业的技术信息被公开，或被他人抢先申请专利，造成损失。在生产过程中，应注意对涉及商业秘密的技术信息资料以及生产流程加以物理隔离，以防因保密意识不强导致泄密。委托他人加工时，应与对方签订保密协议进行约束。

7）完善员工保密管理措施

企业员工负有对企业的忠实义务，可在劳动合同中明确约定其内容，包括对工作中接触到的经营信息进行保密的义务。

8）重视自有著作权保护

应当注意对软件、文字、图片、图案、花型等作品著作权的保护，所形成的电子文档，应当尽量运用电子数据认证、加盖时间戳等现代网络技术手段加以固定，作为完成作品时间的证据，作品完成后应及时到版权部门进行著作权登记。

9）避免侵害他人著作权

未经著作权人许可，不得在产品以及产品说明书、广告宣传册、企业网站上，使用他人享有著作权的图片、文字说明等。在企业门户网站上，不得擅自上传或链接他人的音乐作品、电影、电视剧等。否则将面临被著作权人追究法律责任，承担高额赔偿的风险。

5.1.7 用工风险

企业招工难，用工更难。面对企业用工风险和劳动成本逐年飙升，提前做好用工风险防范，降本增效是每一个企业必须解决的问题。

（1）企业经常碰到的用工难题

1）没有给员工缴纳社保、员工离职企业要赔偿；

2）因未签订劳动合同而赔偿二倍工资；

3）劳动合同终止、企业支付经济补偿金；

4）工资发放、加班工资、带薪年休假、业务提成不明确、企业要支付赔偿金；

5）员工违纪、旷工、不辞而别，企业解除劳动合同，却支付高额赔偿金；

6）老员工因消极怠工、不胜任岗位而裁员或企业搬迁离职为由，向企业恶意索要高额赔偿金。

（2）企业为什么要加强用工风险防范

1）败诉率高：100个劳动纠纷中，有85%企业要赔钱，企业败诉率太高；

2）管理被动：劳动者维权意识加强，用人单位不敢严厉要求，员工可以随意离职，企业不能随意开除，开除了赔钱又闹心；

3）传染性强：劳动争议具有传染性，企业一次败诉，员工积极效仿起诉；

4）秋后算账：入职时什么都同意，离职时抓住"小辫"要赔钱；

5）成本极低：劳动仲裁免费，员工打官司比"打的"还便宜，轻松获赔；

6）劳资平衡：劳动者与用人单位需要建立一个用工风险平衡点，在劳动者权益被保护的前提下，企业也能安全、稳健的发展。

（3）企业如何做用工风险的管控

1）聘请专业的 HR 和法律顾问：HR 是企业文化的倡导者和推进者，人才使用过程中的监督管理者，劳资关系的维护者。从某种意义上来讲，专业的人力资源管理者是为维护企业利益而聘用的特殊员工，经常会被派到一线去监督管理员工的工作甚至生活。专业的人力资源管理者又是企业投资人与员工之间的桥梁，需要像"和事佬"那样极力维护好双方的相互依存关系，并推进劳资关系的和谐发展。当然，做"和事佬"并非无原则地"和稀泥"，而是要在坚持原则的前提下，向员工传达和解释企业的管理理念、政策和要求，向管理层反馈员工的意愿与需求，将有可能会导致企业与员工之间产生误会、矛盾甚至纠纷的任何苗头都尽量消灭在充分的沟通中，使企业与个人的意愿达成一致，使双方的目标趋于一致；

2）劳动合同管控：学习用人过程中的法律风险，设计适用企业的劳动合同。完善和运用劳动合同的各项条款在劳动争议中占主导地位；

3）勤制度管控：考勤制度、考勤表设计、年休假等内附 防范技巧，避免"泡病假、旷工"等疑难问题复杂化；

4）薪资筹划管控：利用工资表设计、加班工资、收入证明的正确设计，工资管理法则等做薪资筹划管控；

5）社会保险管控：企业有缴纳的义务，所以尽量要给员工缴纳社会保险。如果因员工自身问题没有缴纳的，也要通过工资的设计和签署相关协议，来规避社保相关风险；

6）离职程序管控：掌握风险最小的离职方式，有效保护企业核心机密及技术；

7）劳动争议管理：企业要收集相应证据链体系的技巧及劳动争议时间节点的把控。

5.1.8 运输风险

作为生鲜配送企业，每天都有无数的车辆穿行在城市的各个角落，这些区域往往又是人员密集区，区域特性造成企业的运输风险加大。那如何防范运输风险也是生鲜配送企业重中之重的工作。

（1）运输过程中经常遇到的安全风险

1）司机安全意识弱，不遵守交通规则，容易违章扣分罚款；

2）车辆未做定期保养、检修，小毛病不当回事，车辆容易带病上路；

3）由于车辆管理人员的疏漏，造成车辆保险脱保上路，安全风险大增；

4）因配送时间多为早晨，司机易疲劳驾驶，也会造成风险增加；

5）由于暴雨、洪水、暴雪、冰冻等灾害造成的道路运输中断，从而造成货物延时到达产生的风险；

6）货物由于在运输中受到震动、碰撞、挤压而造成的货物的破碎、损坏等风险；

7）装卸搬运过程中的风险，由于搬运不当造成的货物损坏或人员受伤；

8）第三方外包配送服务由于合同不规范，出现安全事故时引起的诉讼风险。

（2）运输风险的应对措施

1）对全员进行定期安全培训，司机必须遵守《中华人民共和国道路交通管理条例》及有关交通安全管理的规章规则，安全驾车；

2）对全员进行定期装卸车注意事项培训，对装卸车过程中潜在威胁人员安全、货品安全的不良习惯进行杜绝；

3）招聘司机时需要对其进行职业背景调整，有无酗酒后驾车史、有无经常飙车史、有无经常违反交通安全管理条例等不良行为；

4）全员定期培训，出车前，要坚持"车辆检查"制，做到机油、刹车油、防冻液、轮胎气压、制动转向、喇叭、灯光的安全可靠，保证车辆处于良好的安全状态。司机应经常检查所开车辆各种证件的有效性，出车时保证证件齐全；

5）制定安全事故处理流程，并全员培训，一旦出现事故时，司机应能做出应急处理，并第一时间向办公室和总经理报告；

6）委托第三方配送的，要对委托协议严格慎重对待，最好有法务审核后再进行签署，可以把因委托产生的风险降到最低。

5.1.9 高管人员职业风险

企业高管，专门指企业的高管人员，具体涵括企业管理层中担任重要职务、负责企业经营管理、掌握企业重要信息的人员，主要包括经理、副经理、财务负责人，上市企业董事会秘书和企业章程规定的其他人员。

高级管理人员的职业风险，受贿和职务侵占最容易触犯刑法！高管在享受高薪薪酬福利待遇的同时，也承担着很高的职业风险，这里的职业风险指的是高管在工作过程中，如果不遵守法律，很有可能触犯刑法。高管涉及刑事犯罪时，可分为个人犯罪和单位犯罪两类。

（1）个人犯罪

1）行贿罪

非国家工作人员受贿罪，如在为单位进行采购时，可能会被利益驱使，接受贿赂，触犯法律。企业、企业或者其他单位的工作人员利用职务上的便利，索取他人财物或者非法收受他人财物，为他人谋取利益，或者在经济往来中，利用职务上的便利，违反国家规定，收受各种名义的回扣、手续费，归个人所有，数额在五千元以上的，应予立案追诉。

【同步案例】

2020年，某生鲜巨头企业因涉嫌商业贿赂被公安部立案调查，该企业人力资源部总监、法务总监等4名高管被拘留。

2）职务侵占罪

企业、企业或者其他单位的工作人员，利用职务上的便利，将本单位财物非法占为己有，数额较大的，处三年以下有期徒刑或者拘役，并处罚金；数额巨大的，处三年以上十年以下有期徒刑，并处罚金；数额特别巨大的，处十年以上有期徒刑或者无期徒刑，并处罚金。

【同步案例】

2015 年 6 月至 2017 年 1 月间，被告人雷某利用其担任企业副总经理的职务之便，在负责企业对外采购中虚增设备、配件价格，后从供应商处以回扣的形式拿回企业多支付的价款，非法占为己有，雷某合计从供货单位收取回扣 24 万多元。

判决结果：雷某作为企业管理人员，利用职务之便，非法侵占企业财务，数额较大，其行为已经构成职务侵占罪，应予以处罚，雷某归案后能如实供述自己的罪行，可以从轻处罚，案发后，雷某退还职务侵占全部所得，并得到单位谅解，可以从轻处罚，判处有期徒刑一年，缓刑一年六个月。

3）挪用资金罪

挪用资金罪是指企业、企业或者其他单位的工作人员，利用职务上的便利，挪用本单位资金归个人使用或者借贷给他人，数额较大，超过三个月未还的，或者虽未超过三个月，但数额较大，进行营利活动的，或者进行非法活动的。挪用资金罪作为企业企业内部比较常见的犯罪之一，有的当事人例如部门主管、财务人员、采购人员、业务人员可能完全知晓自己的行为属于违法犯罪却仍然为之，这种当事人在案发后通常会选择自愿认罪认罚，以争取从宽处理；但有的当事人作为企业的股东、法定代表人、总经理等，在使用企业资金时，并不认为自己的行为属于违法犯罪，这种当事人在案发后通常会不认罪，其实这些都是不懂法律的表现。

【同步案例】

某配送企业业务员张某，于 2020 年 1 月将收回的货款，利用职务之便将 5 万元挪作他用并未上交企业，于 2021 年 6 月在财务核查应收账款时与对方企业财务人员核对才发现，张某挪用资金的事实。直至 2021 年 8 月归还，其行为已构成挪用资金罪。

4）侵犯商业秘密罪

作为一个生鲜运营企业，商业秘密一般包括商品供销渠道、客户名单、价格体系、经企业多年沉淀形成的保鲜加工技术、工艺流程等经营与技术秘密。

【同步案例】

某生鲜净菜企业在研发、生产、销售净菜加工过程中形成了相应的商业秘密，并制定保密制度，与员工签订保密协议，明确对商品供销渠道、客户名单、价格等经营秘密及配方、工艺流程、图纸等技术秘密进行保护。企业高管叶某掌握供销渠道、客户名单、价格等经营秘密；赵某作为生产部技术工程师，是技术秘密、配制配方、工艺参数及配制作业流程的编制人；宋某任项目工程师，掌握施工、安装图纸等技术秘密。三人均与企业签有保密协议。被告人彭某为企业的供应商，在得知企业的生产技术在行业内处于领先水平，三人与企业签有保密协议情况下，与三人串通共同成立企业，依靠三人掌握的企业技术、配制配方、工艺参数、配制作业流程及客户渠道等商业秘密经营与企业完全相似的产品并挖走大部分客户，造成江西某生鲜企业很多客户流失，减少近1000万元的营业额。

（2）单位犯罪

在发生重大劳动安全事故，重大食品安全事故、工程重大安全事故，教育设施重大安全事故，消防责任事务，违规披露重要信息，妨碍清算，虚假破产，违法运用资金，强迫职工劳动，雇佣童工从事危险劳动，私分罚没财务等事件时，对直接负责的主管人员和直接负责人可以判处刑罚。

作为企业无论是因管理不善引起的重大安全事故、各种违法，或因企业高管的个人行为造成的犯罪，都会引起企业的重大变动。

1）高管非正常离职风险

劳动者离职时，往往也是用工风险爆发之际。离职管理本应是用人单位人力资源管理的重要组成部分，目前却被很多用人单位所忽视，和一般劳动者相比高管的离职更应该格外被重视，如果没有处理好高管的离职，给用人单位会带来巨大的风险，当然处理得当，离职后的高管也会为企业未来的发展构筑一个良好的外部生态环境。

企业应当与掌握核心技术或者核心资源的高管签订保守商业秘密协议、竞业限制协议，防范高管突然离职带来的风险。

对于高管离职后解除劳动关系前，高管工资发放标准可以在劳动合同、规章制度等文件中予以约定，例如通过分解工资构成，扣减职位工资，计算出相应的工资发放标准。

企业要对人事、财务或保管公章的高管选任一定要极为慎重，如果此类人员离职时与用人单位发生纠纷，会给用人单位带来巨大法律风险。经营企业的任何时间段，都要有不同岗位的职业备份留有备胎，才不至于在突发性核心人员岗位变动时影响企业正常运营。

5.2　生鲜企业经营的生命周期

5.2.1　如何理解企业的生命周期

企业如人，都会经历出生、成长、成熟、衰退的一般过程，具有自己的成长规律。虽然不同企业的寿命有长有短，但各个企业在生命周期的不同阶段所表现出来的特征却具有某些共性。我们了解这些共性，便于企业了解自己所处的生命周期阶段，从而修正自己的状态，尽可能地延长自己的寿命。企业生命周期理论认为，企业存在生命周期现象，而且企业生命周期各阶段都遵循大致相同的规律。大多数都将企业生命周期简单划分为五个阶段，即：孕育期、初创期、成长期、成熟期和转型期。企业在不同的阶段所追求的目标、关注的重点问题和所存在的风险不同。

作为生鲜企业，其中一大部分创业者是从夫妻店一步步发展成规模型企业，另一部分则从生鲜打工者管理者转为创业者，用自己在行业中积累的经验开启生鲜路，还有一部分跨行业转型涉足生鲜行业。无论以什么样的方式进入生鲜行业，都会面临各个阶段的挑战。作为企业的创始人如何引领企业迎接各个阶段的挑战是创业中的必修课。

5.2.2 企业生命周期不同阶段的发力点

（1）孕育期：要量力而行

企业发展的第一阶段称为孕育期。这是企业诞生之前的阶段，企业将要诞生，它还只是表现为一个想法。在孕育期的关注点是想法以及未来的可能性。发起此项目的创始人会很兴奋、充满激情，向身边的每个人"推销"他的想法，描述那个想法的美好前景。他是在向谁推销他的想法呢？最难的是要说服谁呢？正是他自己。

在孕育期对创业项目有所疑虑是正常的，相反，没有疑虑却会在以后的道路中产生致命问题。创业者应当思考以下问题：

1）为什么要做这件事情？做生鲜的初衷是什么？养家糊口还是要实现什么理想，或者是要解决什么问题；

2）由谁来做？自己、家人、朋友、同学、等等；

3）打算做的究竟是一件什么样的事情？是开个生鲜店为社区服务、农贸市场开个菜店为个人服务、还是开一个生鲜配送企业为单位服务、或者做一个中央厨房做食品加工等等；

4）将如何来做这件事？如何做市场调研、可行性研究分析、落地执行方案、利润分析等等；

5）应该在什么时候做这件事？设定启动时间，做时间点规划及时间节点控制等等；

6）准备了多少的资金来做这件事？前期的启动资金及后期周转资金，在这个项目上能调动多少资金等等；

7）这个项目时间和金钱的止损线是多少？时间能等多久、资金我能亏多少，设好投资的止损线等等；

请注意，重点是为什么 → 谁 → 什么 → 如何 → 何时，要去做，而不是为什么 → 谁 → 什么 → 如何 → 何时，才要去做。创始人必须从一开始就意识到这是自己不可能单打独斗做事情的。需要制定做这件事情的初心，需要找到志同道合的战友，需要认真思考这个项目如何落地，什么时候启动，需要多少的启动资金及后期周转资金，创始团队所以承担的最大风险是多少？这些都需要在孕育期筹备期首先考虑的事情，量力而行是创业的最安全行为，现在已经不是胆大就能成事的时代，是靠综合实力才有机会胜出的时代，希望各位在创业这条路上量力而行稳操胜券。

（2）初创期：要能活下来

马云说过一句话："今天很残酷，明天更残酷，后天很美好，但是绝大多数人死在明天晚上，见不到后天的太阳。"对中小企业来说，这句话尤其现实和残酷。

据统计，我国每年约有数百万家企业倒闭，平均每分钟就有 2～3 家。中小微企业，存活 5 年的不到 7%，存活 10 年的不到 2%！也就是说，超过 98% 的初创期企业在创办 10 年内都会走向死亡。故马云说："小企业的战略就是两组词：挣钱，活下来！至少在创业阶段，最重要的是先挣到钱，保证企业活下来，然后再考虑进一步发展壮大的问题。"

所以在这里想着重强调一下：初创期企业没有战略，不谈架构，同时别去想跨越式发展，更不要讲情怀与文化。而是想尽一切办法去修炼独门绝技，活下去才是王道！这是重中之重，因为只有活下去，才有资格去想其他的。

那么，初创期企业如何才能活下来呢？牢记这六个字："快、准、新、专、巧、聚"。

"快"就是管理层级少决策速度快。一点点小事不需要层层汇报处理事情很灵活，没有繁杂的管理制度约束，对市场的变动可以随机调整。为什么说夫妻店是最具有顽强生命力的，因为对市场的适应性强，决策快，只要能活着什么都可以干。

"准"就是看得准。看得准有三层含义：一是看得准市场的前景，二是看得准自己的优势和实际能力，三是看得准对手的弱点，三者缺一不可。初创期企业基础差底子薄，资源有限，绝对禁不起折腾，交不起学费，即绝不能摔跤。像百米赛跑，跌倒了就没有爬起来追赶的机会了。所以，任何的决策投入都要尽量看得清、看得准。看准了再投入，叫适当冒险；看不准就急着投入，叫冒傻。

"新"就是创新。创新是企业的灵魂，对初创期企业来说尤其重要。任正非说："创新虽然很难，但它是唯一的生存之路，是成功的必经之路。"创新不仅仅是产品，还包括服务和管理。作为初创期企业，你和其他企业尤其是大企业比，无论是品牌、团队、实力、经验乃至于资金等均无法正面对抗。所以只有创新，在某一点上出其不意、新模式、新做法，用独特之处去竞争，才有可能争得一席之地。

"专"就是专注专一。初创期企业无论是选择市场，还是选择客户产品定位，均须牢记一点，专注专一。即在分析调研细分市场目标用户群体的精准需求的基础上，专注于以极致有效的产品和服务去满足用户需求。千万不能好大喜功，贪大求全，同时面对不同目标消费群而推出多款产品。且在解决用户需求时也要先考虑围绕某一痛点把功能做到极致，树立竞争优势而不是功能很多但都不出色的平庸产品。

"巧"就是别出心裁，四两拨千斤。面对强大的竞争对手，初创期企业没有实力硬碰硬，只有在巧字上下功夫。巧，可以是设计巧妙、沟通灵巧或采用相应的营销技巧。巧的核心是"不对称竞争"，如果资源少、实力差，那么在同别人的竞争中只能找死，只有使用巧力，用自己的优势PK对方的弱点，集中火力攻其最薄弱一点，才有可能巧妙胜出。

聚，就是聚集、汇聚，指的是把细小的碎片化东西聚集起来。即把别人看不上的、过于分散的碎片化东西集中起来，做深做透，变成自己的生意。例如在生鲜创业的前期，承接不了大的业务，但是可以把小客户服务好，做好口碑，小客户一样可以汇聚成大业务。

管理学中有一个法则：所谓成功者，与其他人的唯一区别就在于，别人不愿意去做的事，他去做了，而且全身心地去做，坚持做，做极致。

（3）成长期：要成长要管理

到了成长期，企业在市场上有了一定的影响力和覆盖率，客户也在逐渐增多，客户的要求也在一步一步提高，客户的层次也发生了变化，客户对企业的关注不仅仅是产品质量，更多地关注企业的售前服务、售中服务、售后服务，稍有不慎，就有可能导致客户流失。

随着客户的增多，作为企业面临的外部因素也开始增多例如销售款项的催收、售后服务的跟踪、客情的维护、政府部门的应对、供应商的管理等等。

内部管理的因素也逐渐增多，例如商品库存、产品定位调整、产品质量的稳定、各项损耗、成本核算、薪资界定、考核体系搭建等等。

内部管理的复杂性也开始提升，内部管理的链条也开始有所拉长，靠老板一个人已经无法实现"抬头就能总揽全局，抬眼就能一览全貌了"的情况，必须要开始搭建结构布局、设计管理流程、明确岗位分工、确定工作标准等等，唯有确保企业的运营处于顺畅化，企业才能在成长阶段一步一步朝前健康发展，所以，此时，步入成长期的企业必须要注重内部基础管理。

（4）成熟期：要流程要规则

成熟期的企业，业务模式步入正轨，业务模式相对比较清晰，企业发展日趋稳定。此时，企业业绩上升速度不会飞快，但也绝不会输于市场。通常情况下，企业毛利也相对固化，但成本在不断提高，这时就需要通过流程的控制、精细化的管理来从管理中提高利润。企业需要从人治阶段进入法治阶段，更多通过企业的流程和规则进行管理。

此阶段需要企业能够有更明确职级体系，更清晰的人才培养体系，让员工和管理者能够看到在企业发展中的希望，而不是瓶颈。

此阶段，企业往往既有成熟业务，也有新业务。薪酬激励体系要能够与业务相结合。对待成熟业务，可以采取具有竞争力的高基薪，低奖金的薪酬结构，来保持人才队伍的稳定；对新业务，可以采用相对低基薪，高奖金的薪酬结构，来激发人才促进业务快速增长的斗志。

另外，对于市场上的热门职位，可以采取岗位津贴的方式，既保证薪酬的外部竞争性，又保证内部薪酬的公平性。企业文化可以紧贴业务，沟通是关键。沟通的内容包括对业务发展、员工发展、社会责任等多个方面，以满足不同员工个性化的需求。同时，沟通需要多频次和多层次，同时，关注员工服务，提升员工对服务的体验。这个时候员工和团队是成熟型企业突破发展瓶颈的重要因素。

成熟期后期：企业生命周期中的第一个衰老阶段，创业精神已经日渐减少。企业依然强健，但企业开始丧失灵活性、创造力、创新精神及鼓励变革的氛围。员工对成长的期望不高。对占领新的市场、获得新的技术的期望值也越来越少。沉醉于昔日的辉煌，而对企业的发展远景失去了兴趣。依靠老市场、老客户维持生命，对创新产生了疑虑。这个阶段企业要不断强化危机意识，提醒目前存在的忧患；要不断地重新激发创新能力，可建立创新奖励机制；避免整个企业出现老态龙钟的现象。

（5）转型期：要新的增长点

企业到了成熟期，就意味着成功，能一直基业长青，永续经营吗？不是。很多企业这辈子只能成功一次，转型成功一定是小概率事件。创业期注重活下来的战略，成熟期注重管理，到了转型期，又要注重战略。转型，就是第二次创业。成功，进入下一个成熟期；失败，就是衰退。那转型期该怎么办？方法论是什么？如何找到新的点？

企业就像人一样，人也想长生不老。人为了基因能够延续，会怎么做？生孩子。而且在壮年的时候生孩子，给孩子最好的资源，用自己的年富力强陪伴孩子成长。企业也想延续"基因"，怎么办？所以，企业转型也可以考虑用"生儿育女"的方式进行，而不是一味追求母体企业的转变。

【同步案例】

老李辛辛苦苦经营了10年的卖菜小店，受突然而来的生鲜互联网大战影响，营业额降到冰点。老李碰到的经营问题已经不是他个人的管理问题，而是行业变革时代所引发的商业模式重构。如果还按这10年积累的传统经验来经营这个小店，很快就会淹没在商海当中。求变、转型找到新的增长点才可以突破死亡的瓶颈。这个转型是在老李生意不错的时候就要考虑的战略，菜店服务的小区业主都是老李的老顾客，所以是不是可以考虑组个微信群，平时的特价菜、新品菜、新鲜刚上架的菜都可以在群里告知大家，甚至可以送到客户家里也就几步路。在群里拼个水果，生活用品团啥的都会有销路。还可以为客户做些其他随手的服务，收个快递、寄存个东西等等。为什么要这么做？菜店的深入社区无障碍连接服务是任何互联网大佬所不能替代的，人性化的服务永无替代性。

再者老李在经营卖菜小店的同时，还发现了一个现象。因为旁边都是小餐馆不少餐馆的小老板看他店里的菜平价又新鲜，总要求老李送货上门。几家要求送货上门的还好，这家数一多就服务不过来了，要专门弄一个分拣场地才好。可是在前期考虑到增加成本增加额外的人工，就没去成立独立的团队来做。现在想想如果5年前就着手开辟这个业务，配送业务已经初具规模，也不怕菜店会倒。你看市场不是没有给老李机会，老李完全可以借助他采购的优势、对菜品品质管理的优势成立新的业务，孵化出新的企业。

人要在年轻力壮的时候生孩子，企业也一样需要在自己有能力的时候开辟新的业务增长点应对市场的变化。

5.3 生鲜企业的未来方向

5.3.1 坚持长期主义

长期主义是近期特别火的一个词，经常被一些商业的大佬在各个场合提起，但长期主义并不是新兴的一个理念，而是优秀的个人及优秀的企业一直在做，一直在践行的动作。因为，优秀的企业家心中装的不是一时一刻，不是短期，而是一个更大的东西，长期主义。

2020年年初一场突如其来的疫情让很多城市按了暂停键。疫区最严重的武汉更是封城数月之久，恒康捷和菜东家用数年的行业口碑承载食材保供的重任。恒康捷在此期间负责武汉方舱医院、武汉红十字医院等医务工作者和患者的餐食服务。菜东家在当地政府支持下承担隔离小区、政府机关单位的食材配送服务。配送期间听到最多的话是，你们怎么这么幸运各行各业都停摆了，你们却有业务还有钱挣？还有很多个人和企业看到有利可图，投身进来做食材、口罩、消毒液等与之相关的生意。谁知一入豪门深似海，送菜的钱不好挣、口罩的生产不是想象中的简单、消毒液的利润还支撑不起运输费。匆匆忙忙投身进来又悄无声息离场，这个世间的法则不会因谁取巧就能随便成功，现在的经济已经走出此起彼伏的红利期。长久成功的，必然是长期主义者。

　　此书的开篇以护城河为切入点展开运营的基本法则，以长期主义为经营战略的公司都在深挖自己的护城河。护城河，不需要剪彩仪式，低下头去挖的第一锹，就是开始。挖护城河的人通常不说太多，所以越相信长期主义的企业家，愿意用越长的时间，来挖这条河。有了护城河，才有长期；有了长期，才能谈主义。

　　坚持做好服务和口碑深挖无形资产的护城河，用精细化管理企业规模深挖成本的护城河，将上下游供应链打通多业务模式平台化建设深挖网络效应的护城河，将用户接受服务的习惯、用户数据资产的沉淀深挖迁移成本的护城河。让企业的长期主义体现在行动中，一个经营食材的百年老店说不定在未来就实现了呢。

5.3.2　有利他之心

　　《心》的作者是被誉为"日本经营之圣"的稻盛和夫，作为收官之作，在这本书中他全盘托出了自己的"成功之道"——别无他法，唯"利他"之尔。

　　（1）消费者获益

　　让消费者获益，为消费者提供健康且价格合理的食材是业务的起点，有了这个起点生鲜经营企业才可以立足生存。在日常员工的培训当中问的最多的一句话是："如果你是客户你愿意购买公司提供的菜品吗"？如果说"是"，那你作为客户还需要公司改善什么？什么地方还可以做的更好？如果说"不是"，那所提供的菜品肯定不是客户所想要的，问题出在哪里？这个问题不解决拿什么吸引客户？所以需要以用户思维经营企业，企业才会拥有未来。

　　这些听上去显而易见，每位生鲜经营者及管理者一定都知道，但是如若没有利他之心，自己也很难活下去的时候，势必会在消费者获益和自己获益之间无比纠结难以取舍。所以大部分人不是不知道，而是做不到。在任何时候坚守利他之心都需要巨大的定力，需要用微薄的利润先让自己活下来，再有"长期主义和利他之心"作为护身符，就可以坚定地创造"客户价值"，从容地成长为巨人。

　　注重眼前利益的人，拼命压榨"价值空间"，一点"价值空间"都不想留给对方。

　　注重利他之心的人，拼命退让"价值空间"，想要"价值空间"最大化留给对方。

　　注重眼前利益的人，一时赚得盘满钵满，未来路却越走越窄。

　　注重利他之心的人，一时利润不尽人意，未来路却越走越宽。

　　（2）供货商获益

　　供应链中的任何企业既是上游企业的客户，又是下游企业的供应商，特别是当产业链条中所有企业的关联越来越紧密的时候，与供应商的密切合作对于企业来说是非常重要和必要的。让供货商从中获得应得的利润更是能长久合作的前提。优质的供应商不仅为企业提供符合要求的产品，还可以降低企业的资金压力。

　　与供应商的合作实质上也是对供应商有效管理的一种表现形式。因此，在确定符合公司战略特征的供应商时，应首先对所有供应商进行评估，并将供应商进行分类，针对不同类型的供应商，制订不同的管理方法，根据需要可采取恰当的合作方式，并且事先与各利益相关方进行充分沟通，以获得供货商的支持，最终要随着公司的发展带领供货商共同成长，双方都能获利。

对于采供双方的战略合作，特归纳了几种表现方式，可供参考。

1）让供应商参与新品上线。

在新产品上线早期就让供应商参与进来，弥补产品调研人员对产品的市场认可度、定价方式等了解不清造成的盲目定位，来降低新产品库存成本。例如有客户反馈需要一款酱油，但公司的产品目录里面没有，如果是小客户或者偶尔有需求也是好解决的，关键是这个客户的需求大，且要长期供货。那产品调研人员就可以协商让供货商参与进来，共同解决产品的上线评估、定价方式、库存账期等问题。

2）让供应商参与企业管理。

企业方在建立双向交流的过程中向供应商学习，从供应商处取得宝贵意见，获得持续性改善。企业方和供应商通过共同制订食品质量方案，确定合作目标而获得高度整合。让供应商了解、认可、共同参与企业的管理模式和质量要求，可以最大限度提高产品质量稳定性。例如与蔬菜生产基地合作，可以根据客户的要求进行产地菜品的筛选，可以减少多个环节的流通损耗，达到降低成本的目的。

3）与供应商信息共享。

双方相互公开和分享产品方面的信息，以降低信息流转过程中的错位，最大限度地发现参与到供应链的每一家企业的长处。现在的生鲜 ERP 管理系统几乎都有供应商后台，可以用最短的时间做到信息的传递和共享。

4）共同制订长期发展规划。

公司可以同供应商深度沟通，了解对方在管理、产品、成本等方面的决策，共同制订有利于双方持续性发展的战略联盟目标。菜东家会定期的举行供应商交流会，与各供应商深度交流年度、季度目标达成情况，制订互利互惠的长期合作规则。

5）合作财务分析。

与供应商建立联合的绩效标准及数据跟踪系统，共同分析成本和利润，共享利益以及分担风险，或与供应商共同制订价格策略，保证双方具有相应的利润。企业可与供应商建立联合任务小组，以解决共同关心的问题；或者通过双方经常性地互访，及时发现和解决合作过程中各自出现的问题和困难，让合作更有效率。

（3）员工获益。

让员工获益除了物资上的获得外，也要让员工感觉到幸福，这样在工作中可以呈现出自己最好的状态，从而创造出最好的业绩。作为管理者我们必须知道的一些工作小技巧，让员工在企业里得到幸福感：

以微笑面对员工。每天你用微笑面对员工，会让他们感到高兴，感到幸福。

尊重员工。尊重员工实际很简单，管理者要经常与员工谈话，问他们一些问题，认真倾听员工的心声，这会让员工感受到被尊重。在工作中管理者对员工每做的一件事，表达谢意，也会让员工感觉到被尊重。

让员工有知情权：要让员工充分了解自己工作的实际情况，针对工作不清晰的地方都可直接问，当员工清晰周围发生的和与他们自己工作有关的所有信息时，会感觉到幸福，同时也能应付突发状况。

多鼓励、表扬，当员工取得成绩时要给予奖励。当员工尝试新的工作方法时，要多给予鼓励；当员工取得成绩时，要给予及时的肯定和表扬；当员工做出贡献时，要及时给予奖励。

做员工的良师益友。要通过各种方法帮助员工学习新知识，帮助员工成长，提高员工的工作能力，为员推荐值得阅读的文章或书籍，为员工提供学习成长的机会，为员工提供工作上的指导，与他们并肩作战。

给员工自由和保护。在工作中要尽量给予员工自由，让他们用自己的工作方法完成任务。在工作中要避免员工受到他人的否定、无礼的对待，要与员工站在同一战线，当他们感觉有安全感时，会感觉更加幸福，会更加愿意做出贡献。

支付员工高薪。员工为公司做出贡献，应该给予他们相应的奖励和报酬。当你给予员工超出其期望的薪酬时，他们会更积极更主动。请记住，高薪是低成本，因为优秀的员工为公司做出的贡献会远远大于其所获得的薪酬。当然有条件的公司对核心层员工进行股权激励更可以增加员工的创造力。

（4）承担社会责任

行为是自己做出的，而名声是别人根据其所作所为而赋予的。获得社会认可，争取个人荣誉，是人之常情。好名声取决于他人评价，但归根结底是先从修身养德做起。对企业而言，好名声体现在承担社会责任上。社会责任是企业的重大命题。企业做得越大，社会责任、道德责任就越大。

菜东家创立的初心就是让老百姓的餐桌更健康，解决农产品滞销问题。这么多年走来这个初心从未更改，也一直在践行这份初心。从 2016 年开始持续上门收购农户生产的农产品，为农户勤劳致富助力。2020 年年初疫情封路封村，农户的菜只能眼睁睁的烂在地里，菜东家因了解各村的蔬菜种植情况，第一时间就主动请缨逐村上门收菜，再把收上来的菜派送到千家万户。

（5）助力乡村振兴

2021 年中央一号文件提出全面推进乡村振兴，乡村振兴最关键的是要使农产品销售渠道进一步畅通。

对于农产品流通行业，可以通过农产品交易数据平台化、种植基地建设标准化、公司建设科技化的思路，从满足消费者需求出发，增强蔬菜种植的针对性，在一定程度上去破解农村卖菜难、养殖难、销路更难的问题。进而促进农业供给侧结构性改革，增加农民收入。通过农产品需求引领，扩大种植规模，市场要什么就种什么，以此延伸以销定产范围。同时，通过公司进一步拓展服务思路，拓宽服务范围，让绿色生态农特产品实现订单生产、订单销售。以特色打造品牌，还可以进一步的扩大规模，拓展销路，让农特产品向餐馆、食堂、超市迈进，向大中城市进军。在加强基地建设中，促使基地建设形成规模化、标准化、科学化，较好地发挥龙头示范作用，促进了规模化农业的提升，有力去推进乡村振兴的步伐。

后记：鲜活的生鲜人

鲜活的生鲜人——菜东家联合创始人朱珍 2020 年回顾

2020 年在收看《时间的朋友》跨年演讲直播中开启，我的 365 天开篇日志："感谢时间对我的厚待，使我健康平安且在成长中走进 2020 年，我期待继续做时间的朋友，在 2020 年探索发现创造更有潜力的自己，并用坚持自律书写精彩的 2020 年。"回望这即将走过的 365 天，我是不是兑现了对自己的承诺？是不是可以自信且无遗憾地与 2020 年挥别？而今可以大声说我不负时间。

我用 365 天的日志记录了自己琐碎的一年，细细翻来竟百感交集。我的学习、工作、生活、家庭、情感、喜怒哀乐都鲜活而生动，日子普通平凡却真实可爱，那些笑中有泪、泪中有沮丧、希望甚至绝望的时刻竟也温柔起来。

这一年菜东家集团南昌总部基地乔迁之喜，拉开全国布局的快车道；年初菜东家投入抗疫保卫战中，为人民群众菜篮子安全尽全部力量；九江菜东家配送中心投入运营并取得成绩；南昌菜东家配送中心启动；菜东家供应链大平台上线；甘肃菜东家启动；菜东家武汉研学基地即将启动；全国各地的城市合伙人业务也在蒸蒸日上……感谢董事长创始人钟亮先生，感谢联合创始人冯毅先生，感谢菜东家团队，这一年疫情的冲击，经济形势的不稳定使得我们在团结中更有力量。

这一年新余、南昌、九江成了不停往返的办公日常。这一年郑州、德州、潍坊、阜阳、信阳、商丘、霍山、合肥、济南、昆明、保山、长沙、武汉、武夷山、上海、井冈山、上饶、抚州、湛江、惠东、兰州等等祖国的大江南北都有我出差的足迹。感谢菜东家遍布在全国各地的合作伙伴，到任何地方都超五星接待，这盛情会用一生的合作和友谊来回报。

这一年每天不低于 3 小时的学习时间，让我点燃了未知。我用学来的知识转化成处理工作的日常，转化成人际交往的行动力，转化成与爱人孩子家人相处的诀窍，转化成修身养性变美的秘方；365 天课程学习，365 天日志总结，365 天思考反省；我用一条条记录一页页笔记给时间做注解；这一年感谢"得到""樊登读书""三江合股权商学院""工商联 MBA 管理研修班"给我的知识养分，感谢这一年身边的同学、朋友给我的启发与帮助。正因为有了学习的平台与优秀的你们才可以促使我更加努力日日精进。遗憾的是我的 300 天运动计划，只完成了一半，看来 2021 年要加油哟。

这一年心中的内疚全在家人，远方的爸爸妈妈弟弟妹妹无暇顾及；爱人和儿子的陪伴也屈指可数；家人的深爱与包容让我孤身一人在外的时光也有了勇气。无论身处何地，我心中的目的地都是那盏亮起的家之灯光，爱和希望就是牵引我的导航。

我的年总结标题为"鲜活的生鲜人"，也是对 2021 年的新期许。2021 年我将用更加鲜活的每一天去工作、生活、认识新朋友，也会用更加热忱的赤诚连接更多的生鲜从业者，做价值传递。

生鲜事业这一生的梦想与追求，如星辰大海，但我喜欢这个超长期的挑战。

2021 年每天持续学习不低于 3 小时；2021 年全年不低于 1000 公里跑量保持精力充沛；2021 年做具体且真实的事情，解决现实的挑战，为更多人创造价值。

未来有太多的变化等在前方，让我们一起努力，彼此照亮。

朱珍 2020 年 12 月 30 日江西新余

鲜活的生鲜人——菜东家联合创始人朱珍 2021 年回顾

亲爱的朱珍，你好！

我是天天陪你的时间，让我们一起做个约定，以"鲜活的生鲜人"为年终总结，给自己写个十年系列。去年年终我记录了你"鲜活的生鲜人"的第一年，那今年你想对自己说点啥呢？时间都迫不及待地想知道了。

时间呀你真的好不经用，时间呀你也真的好经用！

一个人，首先应该要有一个成长的内核，具有成长内核的他必须是一个学习的机器。看一个人健康，看他吃什么；看一个人的前程，看他学了什么；看一个人的价值，看他做了什么，收获了什么，给予了什么。

2021 这一年，我学到了非常多重要的东西，更收获了非常多重要的时刻。借此机会，我把那些高人传授的本事，点亮过我的思想，给过我启发的东西写一些出来，也请你见证我这一年的成长。

一、洞察关键时刻、落地关键时刻

这个启发，来自汪志谦老师的抓住品牌增长的关键时刻。什么是关键时刻？客户逛商场，选择进入你家店的那个瞬间。用户在各大购物平台刷手机，对你的商品动心的那个时刻。所以关键时刻是影响客户决策认知的重要动作。那我们身为企业的负责人，必须找到自己品牌增长的关键时刻。而我也要一直用洞察的眼睛去找到菜东家品牌增长的关键时刻。

用这些关键时刻去分析菜东家的消费者行为，那些爱菜东家的人为什么爱我们，我们的什么行为让客户成为铁粉。并且要时刻问自己，这些此刻爱我们的客户明天还会爱我们吗？那些不爱我们的人为什么就是不跟菜东家合作？是不知道菜东家，还是知道就是不合作呢？是营销推广问题还是转化成交问题？那些爱过我们的人，为什么只合作了一次就走了呢？我必须正视爱过菜东家的客户，找到问题的关键，让这些客户再次选择菜东家。

二、我们可以对命运有更多的主动权

这个启发来自万维钢老师的"祝君好运"。我们都希望在新的一年有好运气，但是你知道吗？好运有四种，有些运气是可以争取的，有些是必须等待的，有些运气取决于别人，有些取决于自己。

第一种好运是"盲目的随机性"，随机性是人人都有的，最不可控，用处也最小。第二种好运是"跑出来的机会"，由行动决定的，它任何时候都可以争取，用处也最多。第三种好运是"有准备的头脑"，取决于你的知识积累，它不能临时突击得到，比的都是以前的功夫。第四种好运是"人设的吸引力"，是自我奋斗和历史行程共同的产物，你不努力不行，光努力也不行，它取决于使命的召唤。

我在笑迎"随机性"的好运，更用行动去争取"跑出来"的好运，用知识去堆积"有头脑"的好运，用使命去打造"人设的吸引力"好运。我在用时间的力量等待命运的召唤。

对自己工作和自身成长的盘点与期许

感谢菜东家创始人钟亮、联合创始人冯毅的支持，我们在互相扶持、互相提醒中走过了一年，菜东家即将迈入第七个年头。菜东家是就读小学的小学生了，我们看着菜东家这个小伙子，营业额在增长，子公司、分公司、合伙人、客户也不停地在增长，员工的人数在增长，办公场所在增加。增长的同时他也需要更多的养分、更多的资源、更多的资金、更多的人才来支撑。所以我们的路、我们未来的艰辛会更长更多。但我已经做好了带领全体员工把集团公司的营业额和利润明年再翻一番的决心与落地执行策略。

2021 年生鲜运营指导草稿完成，预计 2022 年 12 月可以出版发行。

2021 年生鲜课堂试讲，2022 年用时间每个月去交付 2 次讲座。

2021 年 365 天不间断学习 1600 小时，87 门课程，听书 656 本，2022 年再精进。

2021 年全年跑量突破 1000 公里，已完全达成计划，2022 年继续加油。

2021 年陪父母、爱人、儿子的时间仍是少之又少，2022 年要抽出时间多陪亲人。

2021 年出差在路上，看风景看人拓业务，2022 年远处的风景与客户还请多多关照。

……

"鲜活的生鲜人"，是我对事业的期许，也是对自己成长的期许。2022 年我将用更加鲜活的每一天去工作、生活、认识新朋友，也会用更加热忱的赤诚连接更多的生鲜从业者，做价值传递。

生鲜事业这一生的梦想与追求，如星辰大海，但我喜欢这个超长期的挑战。

2022 年做具体且真实的事情，解决现实的挑战，为更多人创造价值。

告诉时间，我从未长大，但我从未停止成长！

朱珍 2021 年 12 月 31 日江西新余